確率と曖昧性の哲学

確率と
曖昧性の哲学

一ノ瀬正樹

岩波書店

序　不確実性のリアリズム——決定論の虚妄性

不安感がいつもつきまとう。小さいときからそうだった。外出すると何か怖いことが起きそうに思うし、電車や飛行機に乗るとアクシデントが起こってもすぐに降りられないということへの恐怖感がつのる。安心感とか安定感とか、そういうのは瞬間的な感覚にすぎず、すぐに不安感が勝ってしまう。手や足の裏に冷や汗をかいているのが常態なのである。それでも、何とか大人になるまでやってきた。何かに没頭したり、熱中したり、要するに気を紛らわすことで、不安感をやり過ごしてきたのである。不安定な状態にいつも置かれているという感覚を何とか押さえ込んできたのである。一種の病理なのかもしれないとも思う。しかし、ひるがえって、こういう不安感・不安定感と一切無縁な人生を送っている人など果たしているのだろうか、とも思う。多かれ少なかれ、みな同じなのではないだろうか。人々は、いやおよそ生物は、いつでも何かに身構え、何かを恐れるという態勢のもとにある。何かははっきり分からないけれども、何かが起こってしまうかもしれない、という得体の知れないことへの可能性あるいは危険性を、いつも頭の片隅に置いてしまうという構えのもとにある。実のところ、そうでなければ、実際にことが起こってしまったときに、ただただそれに呑み込まれる一方となってしまう。生き残るチャンスを失ってしまう。そして、うがった見方をするならば、言葉だって音楽だって、そうした得体の知れないものへの身構えとして発祥したのではなかろうかとも思えてくる。警告したり、助けを呼んだり、一時的に不安を打ち消したりするために。もしそうなら、人間の文化というのはおしなべて不安感・不安定感に由来しているとさえ言えるのかもしれない。

このような私たちのありようを、もう少し厳密な言い方で述べるならば、私たちはいつも不確実性に取り囲まれている、と表現することができるだろう。何がどうなってしまうのか確実には分からない、だからつねに不安感が生じてしまうのである。そして、こうした不確実性こそが、私たちの日常、私たちの常態なのだとしたら、むしろそれを私たちの現実、私たちのリアリティとして受け取るべきなのではないか。人間や生物を眺めるとき、こうした「不確実性のリアリズム*」の立場に立つことはとても大切なことなのではないかと思う。もし未来の希望がありうるとすれば、それは不確実性から目をそらして不安を打ち消すことによってではなく、むしろ私たちのリアリティである不安と不確実性をそのまま受け入れ、まずはそこに浸りきることによってこそ開けてくるのではないか。逃げたりごまかしたりすることからは、本当の実体的なものは何も生まれないからである。そして実際、いかなる意味においても不確実性を免れているというのは、この世の存在者にとっての定義違反であり、ありえない。誰もが、不確実性の中で、いわば身を賭して、瞬間瞬間を生きているのである。しかし、哲学のあり方を顧みてみると、必ずしも「不確実性」は核心的主題をなしてこなかったように思える。やはり、確実性、必然性、決定性といった、不確実性の対極をなすような概念こそが主役の位置を占め、確実な知識、必然的な関係、決定されている世界のあり方、といったトピックが依然として哲学の本筋をなしているように見える。これは、物理学、生命科学、統計学、経済学などの諸学問がとうの昔に「確率革命」を経て、いわば不確実性をデフォルトとして捉えてきていることに照らすとき、哲学の頑固な保守性あるいは後進性を表しているように一見思われる。

＊「リアリズム」には多様な意味がある。認識作用とは独立しているとか(認識論)、真と偽の二値のみを帰しうるとか(ダメット風)、ルールや原則などないとする立場とか(戦争倫理)、などである。しかし、ここで私の言う「リアリズム」とは、きわめてシンプルに、ありのままを素直に受け入れるということにほかならず、どちらかというと、芸術の領域で言われる「リアリズム」に近いものである。

しかし、なぜそうなってしまうのか。答えは簡単である。哲学では、理想・理念あるいは規範として、確実性・必然性・決定性(確実性群と呼ぼう)が語られているのである。いわば、知的ユートピア論のようなものとして、そうした確実性群が主題化されてきたのである。つまり、仮説的にこうした確実性群を理念として立てたならば、どういう理解が得られるか、あるいは、そうした確実性群を前提すべきかどうか、といった問いを立てて、そのことで現実のありように関する分析を果たそうという道筋である。もちろん、ユートピア論が正義論や制度論において有効なように、これはこれで有効である。けれども、ときどき一部の議論において、こうした確実性群が単なる理念ではなく、現実に成り立っているリアリティであるかのような錯覚が混じり込んできてしまっている。その典型は「決定論」に現れる。哲学者の中には、世界のありようは決定されている、とする決定論を文字通りに受け入れてしまっている人がいるのである。しかし、これは著しく不合理な態度だろう。そもそも「世界のありようは決定されている」と主張する以上、過去から未来にわたる森羅万象が決定されている、ということが意味されているはずである。けれども、私たち生身の人間が、果たしてどのようにして、どのような資格で、未来にまでわたるすべてのことが決定されているなどと主張あるいは断定できるのだろうか。こうした断定は、冷静に考えて、途方もなく尊大な振舞いではなかろうか。私は、文字通りの主張としての決定論なるものはクレイジーな「虚妄」であると捉えている。

ただし、こうした虚妄が生み出されてしまう背景があることは推定できる。過去の確定性が決定論という虚妄を生み出すのではないか、というのが私の見立てである。すなわち、

(a) すべての事柄はすでに確定してしまっている

という過去に関する主張(これでさえ、必ずしも絶対正しいとは言えないが)を受け入れた上で、そこでの「確定性」を、はじめから「決定」されていたという意味だと、(無根拠な)翻訳あるいはすり替えをして、

(b) すべての事柄はすでに決定されてしまっていた

という主張を導き、そしてそれを、なぜか無時制的に一般化して、

(c) すべての事柄は決定されている

という、いわゆる決定論の主張に至る、というのが真相なのではないだろうか。* 私はこうした「確定/決定されていた」(was fixed/determined)から「決定されている」(is determined)を引き出してしまうという、誤った、あるいは無根拠な議論を、「決定論的誤謬」(deterministic fallacy)と呼びたい。「何々である」(is)という事実記述の命題から、「何々すべきである」(ought to)という規範命題を定義

してしまうということが、G・E・ムーアによって「自然主義的誤謬」(naturalistic fallacy)と呼ばれていたという故事に倣った命名である。「決定論的誤謬」は以下、本書の中で何度か言及されるだろう。

＊ もっとも、過去の時点に立って現在を眺めると、一種の未来であり、そしてそうした現在が確定されてしまっていることは、ある意味で未来に関する決定論のようなものを(錯覚的に)誘導する。こうして、未来に関する決定論が導出されるとも考えられる。私は、一ノ瀬(2006)第1章において、このような、過去に遡った上で、現在へと眺め返すことで現れる(未来にまでわたる)決定論のことを「ブーメラン決定論」と呼んだ。

本書は、以上に素描したような「不確実性のリアリズム」の観点に立って、とりわけ不確実性を「確率」と「曖昧性」という概念のもとで表象することによって、*認識や評価についてのいくつかの現代哲学的な問いに立ち向かおうという試みである。換言するならば、確率や曖昧性によって描写されるような不確実な事態を、現実のリアリティとして捉えていこう、とする試みである。議論は、「シンプソンのパラドックス」や「ソライティーズ・パラドックス」といった、いわば「不確実性のパラドックス」を検討することを踏まえて、「生物学の哲学」の基本問題の吟味を経て、最後に「自由の程度説」を打ち出す、という流れになっている。しかし、問題はきわめて困難であり、錯綜しているので、少しでも見やすい指針を打ち出そうと、各章を問いの形で展開した。その問いに答えることを目指して、議論が展開されるという形式である。しかし、まさしく「不確実性」を主題とするにふさわしく、議論は確定的な像を結ばず、むしろ、同様な論点や方向性が行きつ戻りつ、らせん状の動きをしていくことになるだろう。そのように揺り戻りつつ、全体として、それ自体ゆらぎゆく、いわば雲状の議論が浮かび上がってくること、それを私は意図した。何かが伝わることを願うばかりである。

では、まず「自然化された認識論」の検討から「不確実性のリアリズム」の輪郭を描き出し始めよう。

＊ ただし、私は、「不確実性」は「確率」と「曖昧性」によって捉えきれると主張するつもりは毛頭ない。たとえば、「死」にまつわる不確実性、とりわけ二人称や一人称の「死」に関する不確実性は、「確率」や「曖昧性」という概念の守備範囲を越えていると思われる。この問題について私は、さしあたり一ノ瀬(2011)において主題的に論じた。参照してほしい。

目次

第3章 生命現象は偶然的か——自然選択と遺伝的浮動

目　次

第4章　曖昧性は矛盾を導くか──「真理値グラット」アプローチ

第1章　知識は自然現象か――自然主義のゆらぎ

1　知識のほころび

一酸化炭素中毒になりかかったことがある。高校二年の冬、私はたまたま母親と二人で在宅し、練炭で部屋の暖を取っていた。すると、なにやら、部屋の風景がゆらゆらとしてきて、ぐるぐる回るような感じになった。そのとき、外出していた父親が帰宅し、あわててすべての窓を開け放った。そこまでは覚えている。その後、ぷつっと記憶が飛び、次の瞬間には母と並んで寝床にいて、猛烈な頭痛と吐き気を感じた。それが数分、あるいは数秒続いて、なんとか常態に戻ったのである。おそらく、間一髪だったのだろう。このときの部屋のゆがみゆく光景は、私の個人的な認知経験の歴史にとって忘れることができないほど印象的である。認識や知識を論じる理論があるとすれば、それはもちろんこうした私の認知のあり方をも解明できなければならないはずだろう。しかるに、そうした解明を行うには、私がいつ意識を失ったのか、という時間情報は基本的データとして不可欠だと思われる。しかし、それを私は確として認識していなかったし、認識できない。父が窓を開けているときには確かに意識があった。それを時刻tとしよう。意識が戻ったのは、後から知ったことだが、気絶後ほぼ五分経ってからということだから、時刻t＋3m(意識を失う直前から三分後)には確かに意識を失っていたと言えよう。けれども、tから〇・〇〇一秒後はどうだろうか。〇・〇〇一秒の違いで、意識のステージが急激に転回するとは思えないし、第一、私はそんな短い時間間隔を識別できない。では、「意識がある」状態と「意識がない」状態との間の区切りはないのだろうか。事柄の性質として、私自身の一人称的な観点に最大の権威があると思われる以上、私が識別できないならば、そうした区切りはそもそもないのだと、つまりは意識があるかないかという知識にはほころびがあるのだと、そう言うべきなのだろうか。

今日では、意識現象はしばしば脳科学などの自然科学的言語によって説明される。たとえば、脳波などによって意識の働きのレベルを測定する、というような考え方である。このような考え方を私の事例のような「意識喪失」に当てはめてみたらどうだろうか。話をさらに印象的にするため、永遠の意識喪失すなわち「死亡」について取り上げてみよう(実際私もそうなる寸前だった)。「死」を測定によって判別する場合、「呼吸停止、心拍停止、瞳孔散大・対光反射消失」(加藤 1999, pp. 52-54 参照)という三徴候が用いられることがよく知られている。これら三つは、確かに医師などが明確に識別できる。その限り、永遠の意識喪失という事態は、自然科学的に測定し識別できる出来事であると言えそうである。そしてそうなら、意識があるかないかは(この場合厳密には「意識の可能性があるかないかは」と言うべきか)、意識を失いつつある当人のあやふやな一人称的観点からではなく、そうした三人称的な測定のレベルで識別されるべきであり、そのレベルではっきりとした区切りが知られるのだと、そのように論じることもできよう。けれども、そう簡単にはいかない。かりに三徴候が出そろっても、その瞬間に意識回復あるいは蘇生の可能性が消滅してしまうわけではないからである。奇跡的な蘇生の例もなくはなく、それがゆえに日本には「お通夜」という慣習まで存在する。しかし無論、元気にただいま活動している人と、骸骨になった人とが、「意識」(の可能性)の有無に関して異なっていることはいうまでもない。では、三徴候がどのくらい継続的に存続すれば「死亡」なのだろうか。三徴候が出そろった瞬間にはそう判断できない。では、それから〇・〇〇一秒後はどうか。「生」と「死」の区切りはどこにあるかについて、私たちは知りうるのだろうか。かくして、測定による判別に依拠しても、「意識」(の可能性)について、知識のほころびがやはり現れてしまう。

とはいえ、ほころびがあり、区切りがはっきりしないからといって、その都度ランダムにあるいは恣意的に「意識」の有無を決していいということにはならない。その意味で、客観性という点で、測定値が重要な手かがりになること、ならねばならないことは、動かない。このことは、意識それ自体の有無だけでなく、知・情・意と伝統的に分類されてきた意識内容にも当てはまる。とりわけ知識には当てはまる。視覚、聴覚、触覚などを通じた感覚的知識は、脳のある部位の活動に対応しており、それを測定することで当人の知識や認知のありようが解明される。こうした見方は今日の私たちにとって常識の部類に属するだろう。実際、逆に、特定の感覚に関わるとされる脳の部位に損傷などが起こると、その感覚に異常が現れるのであり、そうした事態は、脳の働きと感覚的知識とが明らかに結合している証拠であるとも言えよう。このような路線から人間の意識現象や認識について論じていく立場は、哲学の文脈では、「自然化された認識論」(naturalized epistemology)あるいは「自然主義的認識論」(naturalistic epistemology)と呼ばれる。もっとも、自然主義的認識論とは何かを厳密に定義することは難しい。そもそも「自然主義」という概念からして、近代以降でも、ヒュームの自然主義やルソーの自然主義など、多様であって、概念として幅が大きい。しかし、ごく大まかな輪郭を与えることはできる。ここでは次のような一般的規定に従っておきたい。すなわち、自然主義的認識論とは「認識論は自然科学と密接に連動しているとするいくつかの考え方のクラスター」(Feldman 2001, p. 1)であり、そしてそれは「ア・プリオリな概念分析を強調するアプローチや、心身の働きについての特定の科学的詳細とは独立な知識理論を主張するアプローチと、対照をなす」(Wrenn 2003, p. 1)。こうした自然主義的認識論のなかには、「クラスター」と表現されているように、自然科学との連動性をどのようなレベルで捉えるか、つまり、認識論をまったく自然科学の一部門に置き換えてしまうか、自然科学との一定の協調のもとで認識論を展開するという程度にするか、という点で多様性がある。また、「自然科学」ということで何を主として念頭に置くか、心理学なのか脳科学なのか進化理論なのか社会科学までも入れるのか、といった点でも振幅がある。しかし、ア・プリオリな分析に訴えるような伝統的認識論とは一線を画す、という点では強く連帯している。

この第1章では、自然主義的認識論の言うように、果たして知識は自然現象なのだろうか、という問題を論じていく。そうすることで、知識や評価の不確実性を論じる本書全体の導入としたい。

2　自然主義的認識論の固有性

以下、私は、「知識は自然現象か」という問いを解明すべく、上に示した、「知識のほころび」と

「自然主義的認識論」との関わりに象徴されるような問題について少し立ち入って論じてみたい。全体として、「自然主義的認識論」の固有性を確定した後、それがゆらいでしまうような困難を三つに絞って検討し、自然主義的認識論のプログラムの破綻あるいは空虚性・無力性を暴きつつ、しかしそれを補うためには再び自然科学的な探究が必要となるが、そうした探究はもはや当初思い描かれていた自然科学という領域の輪郭を消し去ってしまうような道筋を示す、というように論を進める。自然主義的認識論の評価をめぐる、こうした振り子のような「ゆらぎ」の様相、それをあぶり出すことが私の狙いである。

まず、自然主義的認識論の核心が何であるかを確認しておこう。先に記したように、自然主義的認識論を標榜する人たちのなかには、認識論の問題を自然科学の成果と協調しながら考えていこうとする人たちがいる。たとえば、スーザン・ハアックはこのように述べる。「認知科学の成果は伝統的な認識論的問題の解決に関連しうるし、正当に利用されてよい」(Haack 1993, p. 118)。けれども、この程度のことが自然主義的認識論の主張なのだとしたら、取り立てて検討するほどの新しい考え方ではないと言うべきだろう。というのも、こうした自然科学の成果との協調は近世認識論の誕生のときからすでに含意されていたからである。近世認識論がジョン・ロックの『人間知性論』に端を発し、そこでロックが単純観念を取りあげる際に、ロバート・ボイルのいわゆる「粒子仮説」(corpuscular hypothesis)に言及し、それに沿って考察を加えていることは、西洋哲学史の常識である(See Locke 1975, Book 3, Chapter 8, Sections 21-22 etc.)。そして、重力や磁力などの概念が発見されるまでは、ロバート・フックやニュートンなどもまたこの「粒子仮説」に依拠していた(See Yolton 1993, pp. 53-54)。そうであるなら、ハアック的な自然主義的認識論は、認識論として伝統的見地と何ら変わりがない。もちろん、カント的ア・プリオリズムとの対立関係は認められ、その点で提起する一定の意義はあるだろうが、カント認識論だけが伝統的認識論のはずもなく、認識論の祖であるロックと同路線であることが明らかであるなら、その新鮮さには大いに疑問符が付くことは否めない。

しかし、自然主義的認識論にはもっと徹底的なものもある。そして実は、そうした徹底的なタイプの主張、すなわちクワインによって衝撃的な形で宣言された、認識論を丸ごと自然科学の一つに置き換えてしまうという主張、それこそが今日の自然主義的認識論の路線の発端をなしているのである。クワインは、古典的論文「自然化された認識論」において、自身のホーリズム(私たちの知識の体系には絶対の基礎などなく、知識は全体として経験の裁きに向かうとする考え方)を下敷きにしながら、こう論じる。近世から二〇世紀に至るまでの認識論はすべての認識を観察用語あるいは論理数学用語に翻訳することで基礎づけを行おうとしてきたが、それが失敗した。それにより、哲学者たちは認識論の破綻を宣言しようとしたが、そう先走ることもないのだ、と。彼は、むしろ次のように述べることのほうがはるかに有用だろう、とする。すなわち、

新しい設定と明確化された身分のもとにおいてではあるが、認識論は依然として進行しているのだ、と。認識論、あるいはそれに類したものは、心理学の一章として、それゆえ自然科学の一章として、まさしくしかるべき場所に収まっているのである。それは自然現象を、つまり物理的な人間主体を研究する。

(Quine 1969, p. 82)

ここに集約されているクワインの「自然化された認識論」のプログラムは、明らかに、次の二つの論点を骨子にしていると見てよい。

〈自認1〉「認識論は自然科学の一部である」
〈自認2〉「認識は自然現象である」

私は、この二つの論点こそが自然主義的認識論の固有な主張と見なされるべきであり、そうした主張として捉えてはじめて、哲学的検討に値するインパクトを持ちうると、そう考える。それゆえ以下、自然主義的認識論ということでクワインのタイプのそれを念頭に置きつつ、その困難を挙げながら考察を進めたい。

しかし、そうした考察の前に、それへの肩慣らしとして、そもそもこの二つの論点はどのような関係になっているのか、という問いに一瞥を与えておく。両者が整合することは間違いないが、同じことを意味しているのかというと、疑念なしとはしない。自然科学の一部として自然科学的探究の対象となりうるものは、すなわち自然現象かというと、必ずしもそうは言えないと思われるからである。たとえば、裁判の審議過程とはどのようなものであるかを知るという主題設定のもとで、裁判官の血圧変化や被告の心臓の鼓動の変化に注目して自然科学的探究を行うことは文句なく可能だろう。しかし、だからといって、裁判の審議が自然現象だとは言えないのではないか。もちろん、それも自然現象なのだ、そう断じるようなスタンスこそ自然主義的認識論が提唱しようとしている考え方なのだ、と論じることはできよう。確かに裁判の過程とて、人間が呼吸音を立て、心臓の鼓動がなり、椅子がきしみ、ペンがテーブルに当たるといった、物理的な現象からなっていると言えば言える。しかしそう言い張ることは、自然も人為もともに結局は自然なのだ、と論じることに等しく、すべては自然現象であるという空虚な主張になりかねない。あるいはそうではなく、そうした自然科学的探究の対象は、血圧変化や心拍数変化という自然現象なのだから、それが主題となる認識を構成している限り、〈自認1〉と〈自認2〉とは合致するのだ、というような応答もあるかもしれない。しかしこのような応答は、「自然現象を自然科学的に探究するときの探究の対象は自然現象である」というトートロジーに陥るだろう。こうした事情は認識事象一般に妥当していくはずである。自然化された認識論のプログラムは、もとからかなり大ざっぱで、たくさんの疑問を呼び起こしたが、それらはこの基本的な二つの論点のずれにも起因しているように思われる*。

　ところで、クワインは自然化された認識論を提示するに際して、伝統的認識論を「自然科学をセンス・データから構成しようとする」(Quine 1969, p. 83)と位置づけている。換言すれば、認識の判定基準を基礎的で単純な知覚与件に基づけようとする、いわゆる「基礎づけ主義」の試みとして伝統的認識論を押さえているわけである。そしてその上で、基礎づけとは別の意味で、ホーリズムの思想(先にも触れたが、認識についての絶対の基礎などなく、認識体系全体が経験の裁きを受けるとする思想)を経た形での「観察文」(observation sentence)を「最小の検証可能な集合体」(Quine 1969, p. 89)として、自然化された認識論の基本対象として捉え返す。もっとも、この辺りのクワインの論立てはいささか粗雑にすぎると言わなければならない。センス・データによる基礎づけ主義、というくくり方で伝統的認識論を捉えることは、一時そうしたまとめ方が流通したけれども、端的に事実誤認だからである。再び近世認識論の祖ロックに言及しよう。ロックが「観念」(Idea)という用語に認識論の基礎を置いたことは明らかだが、「観念」がいわゆるセンス・データと同じでないこともまた明らかである。ロック「観念」説の基盤をなすのは「単純観念」だが、それはかなり融通無碍な概念で、そこには、「知覚」それ自体、「思考すること」、「知識」それ自体、「存在」、「単一」といったものまで含まれる(Locke 1975, Book 2, Chapter 6–7)。また、「単純観念」は無条件の基礎になるわけではなく、背景的な知識のなかで行われる「定義」という私たちの営みの果ての、これ以上説明を要さないという場面に現れる「観念」の形態であり、その意味で私たちの問いと応答の実践にむしろ由来してさえいる(一ノ瀬 2000を参照)。このように、センス・データに基づく「基礎づけ主義」は少なくとも認識論の源流とは無縁の思想であると思われる。あるいは少なくとも、近世認識論についての過度な単純化である。こうした点からも、自然主義的認識論というプログラムのいささか乱雑なさまを窺い知ることができる。

＊ わが国での自然主義的認識論の推進者の代表と目される丹治信春と戸田山和久も、私の言う〈自認1〉と〈自認2〉の二つの論点をとくに区別せず、両者を混ぜ合わせて自然主義的認識論の基本スタンスとして提示しているように思われる。たとえば、私の挙げた、裁判の審議過程の例について、その二人の哲学者がどのように位置づけるのか、ぜひ考えを伺いたいと思っている。丹治(1997)p. 257など、および戸田山(2002)p. 171などを参照。

3　制度的知識の位置づけ

けれども、多少の乱雑さがあるとはいえ、自然主義的認識論が描き出す太い方向性は私たちのすでに常識となった見方に対応しているし、実際的な発展性・生産性もあると言える。たとえば視覚に問題が生じて、正常な視知覚あるいは視覚的知識を持てないとき、眼や脳の視覚野にその事態に対応する問題があるだろうと考え、その方向での処置・解決を探る、というのはもはや当たり前である。さらには、脳の視覚野についての研究が進めば、色覚異常の安全な治療法が確立する可能性すらあるだろう。そしてこうしたスタンスは、私たちの自覚はどうあれ、自然主義的認識論のプログラムにまさしく合致しているのである。おそらく、このようなスタンスから認識を研究するというのが一つのリサーチ・プログラムとして提示されているならば、今日、誰も反対する人はいないだろう。

だが、認識についての研究に自然科学の知見を利用したり応用したりする、といういわば穏健で伝統的でさえある次元を越えて、認識は自然現象であり自然科学的にのみ探究されるべきだ、という強い哲学的主張として自然主義的認識論が提示される限り、ことはそうすんなりとは運ばない。まして、近年一部の哲学者が展開している、クワインの主張よりもさらに過激な考え方、つまり、知識を自然の生物種と見なすといった考え方(たとえば Boyd 1999 を見よ)、を採用するならば、多くの困難を呼び起こしてしまうことは想像に難くない。自然主義的認識論の困難として、これまで、知識にまつわる規範性をどう説明するのか、認識論と自然科学のどちらが基礎になるのかという点で循環が生じるのではないか、といった疑念が提起されてきたことはよく知られている。ここで私は、そうした従来の疑問とは別に、以下の三つの困難を取り上げてみたい。

第一に、制度的知識を自然主義的認識論はどう位置づけることができるのか、という困難を挙げよう。認識を自然現象と捉えて、自然科学的に探究する、という自然主義的認識論の着想を聞くとき、すぐに感じる素朴な疑念は、私たちの知識が関わる事実には自然現象ではないものが多々あるのではないか、それについての知識を自然現象としてのみ扱うのは困難なのではないか、というものであろう。この点は、ジョン・サールがかつて提起した二つの事実の区別に深く関わっている。すなわち、「なまの事実」(brute fact)と「制度的事実」(institutional fact)の二区分である。サールの言う「なまの事実」とは、「この石はあの石の隣にある」とか「私は痛い」といった、感覚や知覚によって直接的に知ることのできる事実のことである。しかるに、事実を述べるにすぎない言明の非常に多くは、こうした「なまの事実」に関するものではない。たとえば、「スミス氏はジョーンズ嬢と結婚したという事実、ドジャースは一一イニング戦ってジャイアンツを三対二で下したという事実、グリーンが窃盗罪で起訴されたという事実、議会が特別支出法案を承認したという事実」(Searle 1969, p. 51)といった事実である。サールは、こうした事実が還元されるような、事物の物理的または心理的性質の集合などないということを示唆しつつ、次のように述べる。

以上のような一群の言明によって記録されるような事実を、私は「制度的事実」と呼ぶよう提案する。それらはまさしく事実なのだが、なまの事実が存在するという場合とは違って、何らかの人間による制度の存在を前提している。ある種の形式の行動がスミス氏とジョーンズ嬢の結婚を構成するのは、ひとえに結婚という制度が与えられているがゆえである。同様に、ある男たちのある種の運動が、ドジャースがジャイアンツを一一回で三対二で破ったということを構成するのは、ひとえに野球の制度が与えられているがゆえである。そして、もっと卑近な次元で言えば、私がいま五ドル紙幣を手にしているということは、ひとえに貨幣の制度が与えられているがゆえなのである。そうした制度を取り払ってしまうならば、私が手にしているものは、単に灰色や緑色のさまざまな模様の付いた一枚の紙切れにすぎないことになる。

(Searle 1969, p. 51)

こうしたサールの二区分に対しては、そもそも「なまの事実」とは何か、といった方向からの批判が考えられる。「この石はあの石の隣にある」といった事実もまた、私たちの言語に媒介された知識であって、その限り、ある種の制度が負荷されているのではないか、といった批判である。しかし、いまはこの路線の検討は脇に置こう。「石がころがっている」ということと、「Aさんは日本の首相補佐官である」というのとでは、明白に異なった次元の事実言明であると考えられるという、その常識にまずはとどまって、とりあえずこうした区別が事実としてあるという観点から、クワインの提案を評価していきたい。

すでに見たように、クワインは(絶対の基盤ではない限りの)「観察文」に自然主義的認識論の出発点を置いていた。確かに私たちの知識には観察に由来するものが多い。つまり、いま触れた用語で言えば、「なまの事実」についての知識は多い。知覚情報としての知識はすべてそうだろう。しかし、それで知識のすべてが尽くされているとは言えないのではなかろうか。私はなにも、生得的知識とかア・プリオリな形式のことを言おうとしているのではない。たとえば、次のような制度的な知識をどう扱うのか、という問題を提出したいのである。

〈制知1〉「小笠原諸島は東京都に属する」

これは知識ではない、規定・ルールだ、と言う人が万一いるかもしれないが、少なくともルールについての知識であることは間違いないだろう。では、これを自然主義的に説明するとき、どのような「観察文」にこの〈制知1〉が成立してくる拠り所を求めるべきなのだろうか。東京都内のどこかを観察するのだろうか。小笠原諸島の土を分析するのだろうか。そうであるはずがない。では何に拠るのか。おそらく、〈制知1〉に対応する言語情報を得るときの視覚あるいは聴覚の働き、ひいてはそうしたルートから入る言語情報を処理する脳の部位についての「観察文」、それが自然主義的認識論による〈制知1〉の解明の拠り所になるだろう。

しかしここで問題が生じる。いかなる言語情報でもよいのか。たとえば、日本語を解さない外国人が〈制知1〉を音声として述べたとき、それから知識が成立してくることが許されるのか。そうはならないだろう。つまり、言語情報といっても、しかるべき権威に発するものでなければならないのである。では、どれが権威に基づく言語情報なのか。一体、誰の脳のなかでの〈制知1〉に対応する物理的変化が知識成立の発端としての資格を備えているのか。こうした権威のあり場所もまた別の言語情報による、と述べるとするなら、議論は無限背進の堂々めぐりに陥ってしまう。つまり、自然現象という身分に対象をとどめようとする限り、制度的知識の成立の次第にはいつまでも届かないということである。これに対して、「ここに権威がある」という認識まで含めて結局は脳内に生じる自然現象なのだ、というように規範までも丸ごと自然化するような応答をしたらどうだろうか。確かにそうすれば自然主義的認識論は貫徹されそうである。けれども、そのような応答は結局、先にも触れたような、すべてが自然だ、とする空虚な主張となり、自然主義的認識論を無力化するだろう。すべてを覆うことのできる概念は、情報量も説明力もゼロなのである。

自然主義的認識論が陥っている最大の問題は、おそらく、制度とか権威というものは知識には関わらない、という無根拠な前提を無批判にかつ暗黙的に前提してしまっている点にある。それゆえに、制度や権威に関わらないレベルだけで認識論を構想して、自然現象として生じている認知現象は自然現象なのだというトートロジーに陥るか、あるいは、制度や権威はどうするのかという問いに対して、それらの理解も自然現象なのだと強弁して、結局は空虚な主張に堕してしまうかの、いずれかになってしまっているのではないだろうか。ここはやはり、サール流の「なまの事実」と「制度的事実」という、考えてみれば至極当然の区別を率直に受け入れて、議論を構成していくべきだと、そう思うのである。誰々さんに子どもが生まれた、というのは自然現象として捉えられても、誰々さんが市議会議員に当選した、というのを自然現象だと言い張るのは、やはりどこか無理がある。そして、この二種の現象に対応した、異なる二種の知識がやはり存在するのである。まして、先にも少し触れたが、知識を生物種として捉える、というところまでくると、では知識は何を栄養素として摂取しているのか、知識はどのような生殖活動を行うのか、といった、ほとんどばかげた問いを誘発してしまう。比喩であるのを自覚して主張するならまだしも、文字通りに知識を生物種として扱うというのは、奇を衒いすぎるあまり、論理的な整合性を著しく欠いた、常軌を逸した主張になってしまっていると言わねばならない。

さらに、自然主義的認識論が制度的知識の説明に面して破綻するという事態は、次の例によって一層はっきりする。長野県馬籠宿に住んでいる幼稚園児が賢いことに二〇〇五年二月一六日の時点で次のような制度的知識を持っているとする(しかし、もちろん彼は政治や行政のことは理解できない)。

〈制知2〉「ぼくは長野県に住んでいる」

これは知識として立派に通用するだろう。そして、その晩その子はぐっすりと寝入った。しかるに、いわゆる平成の大合併によって二〇〇五年二月一七日午前〇時から馬籠宿は長野県ではなく岐阜県所属になったのである。ということは、幼稚園児の持つ〈制知2〉は彼の寝ている間、知識から知識でないものに変わってしまったことになる。もし自然主義的認識論に従って、たとえば知識を脳内の自然現象だとするならば、この幼稚園児のどのような脳内の変化が〈制知2〉が知識から知識でないものに変わってしまうという事態に対応しているのだろうか。この問いに対して、その幼稚園児の脳ではなく、別の権威ある人の脳内の変化が問題なのだ、という答えはどうだろうか。こうした答えは、誰かが知識を持っている、という自明な事態に対する混乱をきたしており、すでにして〈自認2〉に反しているように思われるが、それだけでなく、権威のありかという点で、前段で論じた困難にやはり逢着しなければならない。いずれにせよ、自然主義的認識論はクワインが予想していたほど簡単に知識という現象を説明することはできないのである。

4 「知識の所有」という陥穽

第二の困難に移ろう。これは、再び近世認識論の祖ロックの議論と〈自認1〉との連関から生じる困難である。いくつかの機会に論じたことなのでここで詳しくは展開しないが（一ノ瀬 1997, 1999, 2000 などを参照）、私の考えるところでは、認識論には大きく二種ある。一つは、認識の主体を単なる主体として一般化して匿名的なものとして扱い、文を主題としてその「真偽」を論じるタイプの認識論であり、もう一つは、文字通り認識の主体を主題化して非匿名的つまり固有名的に扱い、「誰の知識か」ということを論じるタイプの認識論である。私はこれまで前者が扱う知識を「没人格知識」あるいは「楽譜的知識」と呼び、後者の主題となる知識を「人格知識」あるいは「演奏的知識」と呼んできた。そして、自然主義的認識論がおそらく仮想敵としているカント認識論は「没人格知識」を主題にした認識論の典型なのである。少なくとも、カントが認識論を論じるとき、認識主体の年齢差や人種差や時代差などを本質的ファクターとして考慮していたふしはまったく見あたらない。しかるに、実は、カント認識論の一つの動機づけとなったロックの認識論は、つまり認識論の発端をなす議論は、濃密な意味で「人格知識」を主題にした認識論なのである。簡単に理由を示そう。ロックが「観念」を軸にして知識の問題を論じたことは前に触れたが、その「観念」は認識主体が「意識」(consciousness)することによって生成してくる(Locke 1975, Book 2, Chapter 1, Section 11 etc.)。それがゆえに「意識」できない胎児や新生児には生得的「知識」などない、という有名な議論も立ち上がったのである。しかるに、ロックにおいて「意識」とは「人格」(person)あるいは「人格同一性」(personal identity)を決定づけるものでもある(Locke 1975, Book 2, Chapter 27, Section 9)。してみれば、ロックの捉えようとしている知識とは「人格」において成立してくるものと考えねばならない。さらに、ロック哲学において、「人格」は所有権概念の基点でもある(Locke 1988, Second Treatise, Section 27)。ならば、知識は「人格」が所有するものとして捉えられなければならない。すなわち、今日の「知的財産権」あるいは「知的所有権」(intellectual property)の概念に見合うような知識概念が、実は認識論の発端に胚胎されていたのである。これが、「固有名を持つ主体が所有する知識」を意味する「人格知識」に対応していることは疑いない。*

＊　こうした、ロック哲学と知的財産権・所有権との関わりについては、一ノ瀬(2010)の第2章と第3章を参照してほしい。

では、自然主義的認識論は、伝統的認識論に宿っていたこうした「人格知識」の様態をうまく説明できるだろうか。いや、しかしその前に、そもそもこうした様態を説明する義務が自然主義的認識論にあるのか、という疑問が出されるだろう。この疑問に対して、私は、伝統的認識論に宿っていただけでなく、今日において知識という現象に深刻に絡みついてもいる、知的財産権の概念を射程に入れられないのだとしたら、自然主義的認識論のプログラムは説明力がはじめから脆弱なプログラムであることになろうと答えたい。そして実際、この点に〈自認1〉の論点が関わってくると思うのである。〈自認1〉は「認識論は自然科学の一部である」という主張だが、ここでの「自然科学」を「自然科学の活動」と捉えて、「認識論は自然科学の活動の一部として展開される」と理解することは、クワイン自身の文脈に即しても十分に許されるだろう。実際、自然科学はその活動を離れては存立しえないことは自明である。しかるに、そのように捉え返すことが許されるならば、自然主義的認識論は「知的財産権」の問題にまともに向き合わざるをえないことになる。なぜなら、現在の自然科学者たちが、特許権などの知的財産権をかなり重要な要素として考慮しながら研究活動に従事していることはあまりに明らかな事実だからである。たとえば、青色発光ダイオードを開発した中村修二氏の研究者としての足跡に、そのことが鮮やかに象徴されていよう。つまり、いやしくも自然科学の活動のなかで認識論を捉えるならば、「知識の所有」というロックに淵源し、しかも現在の自然科学の活動状況を大きく左右している問題を、無視することはできないはずなのである。では、果たして、自然主義的認識論はこうした自らに発する内在的要求に応えることができるだろうか。できない、と言わざるをえない。そもそも「所有権」という概念を自然現象として理解するという路線は根本的に違和感を覚えるが、のみならず、知的財産権は国や時代によって内容的に相違しており、たとえば発明者の死後五〇年間は遺族がその権利を保有する、という規則がある場合、そのことを自然現象としてどのように知ることができるのか、という問題にもぶつかる。これは、前節で扱った「権威」の問題と同じ事態に行き着き、この点で再び自然主義的認識論は堂々めぐりの破綻に至るか、空虚で無内容な主張に堕するかの、いずれかになってしまうのである。この困難は、先に触れたように、〈自認1〉と〈自認2〉とのずれに由来する困難であると見てよいだろう。

こうした困難は、もっと真正面からも確認できる。すなわち、自然主義的認識論を主張する哲学者に対して同じ困難が自己言及的にふりかかる。どういうことか。自然主義的認識論を口頭発表や論文などで展開する哲学者に対して、疑問を投げかけたとしよう。すると、大抵は、何らかの応答がある。しかし、なぜ彼らは応答するのだろうか。それは、「自分の」議論や論文を説明したい、擁護したい、理解してもらいたい、という動機によってであろう。つまり、質問に対して応答する、という態度に入り込んだ途端に、自然主義的認識論を展開する哲学者は「自分の」議論や論文という「著者性」(authorship)をその当の態度によって、暗黙的であれ、表明していることになるのである。いや実は、質問に応答する以前から、彼らはそうした態度に実際入り込まざるをえない、すでに入り込んでしまっている、と言うべきである。というのも、そうした著者性を打ち出す気がないのならば、発表や論文を自分の固有名によって公表するという行為をそもそもしないだろうからである。しかるに、こうした「著者性」はまぎれもなく知的財産権に対応する概念の一つである。かくして、自然主義的認識論は、それを主張として展開するという自らの本体を提示することそのことによって、「知識の所有」という陥穽にはまり、直ちに自滅し消え去っていく、そうした必然性のもとにあるように思われる。

5 ソライティーズ・パラドックス

以上二つの困難は、結局は、制度についての知識、知識にまつわる所有制度、という点でいずれも「制度」に関わる困難としてひとまとめにできるだろう。しかし、次の第三の困難はまったく別の観点から現れる。そしてそれは、いよいよ冒頭で挙げた私自身の認知体験例に直接関わってくる。すなわち、私が述べた知識のほころびとは、一般的に言うならば「曖昧性」(vagueness)という現象にほかならず、そうした曖昧性から自然主義的認識論にとって不都合な事態が発生してしまうという、このことを第三の困難として言及したいのである。* ある述語が曖昧であるとは、さしあたり、それを述語づけて作られる文のなかに、真とも偽とも言えない「境界線事例」(borderline case)が生じてしまう事態のことを指す。そして、そうした曖昧性はあるパズルを産み出すのである。先の例で私は、父が窓を開けているのを見たという、意識が確実にあった時刻をtとしたとき、時刻t+0.001s(意識を失う直前から〇・〇〇一秒後)はどうかと考えるならば、そんな短い時間差で意識のステージが急に転回するとは思えないとした。つまり、時刻t+0.001sにも意識はあったと判断しなければならないのである。だが、もしそのような論じ方を認めたとすると、時刻t+0.002sにも意識があったと言わざるをえないだろう。時刻tと時刻t+0.001sとの間の関係と、時刻t+0.001sと時刻t+0.002sとの間の関係はまったくパラレルで、両者を異なるとする根拠はありそうにないからである。しかるに、このようなると、ついには時刻t+3m(意識を失う直前から三分後)にも意識があったことになってしまうように思われる。それは、しかし、事実に反する。

＊「曖昧性」の問題それ自体に関しては、私は一ノ瀬(2006)第二章において詳しく論じた。そして、本書の第4章でも再びこの問題に向かい、新しい視点から改めて検討していく。いずれにせよ、本書中の「曖昧性」に関する議論は、一ノ瀬(2006)で展開した議論に基づいている。詳細については、旧著を参照してほしい。ただ、この第1章ではもっぱら自然主義的認識論の問題にのみ焦点を当てて、私自身の議論の応用可能性を探っているわけである。

これは古代ギリシアのエウブリデスに発するとされている「ソライティーズ・パラドックス」(Sorites Paradox、連鎖式のパラドックス)にほかならない。[*1] この「ソライティーズ・パラドックス」については第4章にて主題的に論じるが、「曖昧性」を一方の主題とする本書全体を通じて議論に絡んでくるパラドックスなので、この第1章において導入的な形で言及しておきたい。もっとも、厳密に考えるならば、知識にほころびがあるということ、つまり知識に曖昧性があるということは、それだけではなにも不都合はない。単にそれが「知識」というものの本性なのだというだけのことである。しかしながら、事態はそこにはとどまらずに、パラドックスをもたらす。それがゆえに曖昧性を問題化していかざるをえないのである。こうした認識は広く共有されており、二一世紀を迎えた現在でも、(英語圏での)曖昧性をめぐる議論の興隆は目を見張るばかりである。ともあれ、まず、ドミニック・ハイドのまとめ方を借りて、「ソライティーズ・パラドックス」(以下「ソライティーズ」と略称)を以下のように定式化して提示しておこう(Hyde 2004, pp. 3-5)。ここでは、さしあたり、知識を文と捉える。

これは「条件的ソライティーズ」(Conditional Sorites)と呼ばれる。私の例に即すならば、「Fa_1」は

Fa_1
もし Fa_1 ならば，Fa_2
もし Fa_2 ならば，Fa_3
……
もし Fa_{i-1} ならば，Fa_i

ゆえに，Fa_i
(i は任意に大きく取れる)

「時刻tの私は意識があった」に当たり、「Fa_2」は「時刻t＋0.001sの私は意識があった」に対応し、結論の「Fa_i」は「時刻t＋3mの私は意識があった」と置くことができる。あるいは「死」の例でいうなら、三徴候が現れた瞬間を時刻tとして、「時刻tには死んでいない(蘇生可能性がある)」からはじまり、〇・〇〇一秒ずつの差をつけて、同様な連鎖式を構成することができよう。このように、それぞれの隣接する文に現れる差異をきわめてわずかなものにすることが一つのポイントで、そうすると隣同士を区別・識別することができなくなり、「ソライティーズ」が発生する。

こうした識別不能のゆえにそれぞれの条件文を承認していくことをクリスピン・ライトは「寛容」(tolerance)と呼んだ(Wright 1975, p. 333ff)。いずれにせよ、結論の「Fa_i」が、たとえば「時刻t＋3mの私は意識があった」とか、「三徴候が現れて一年経ったとき、その人は死んでいない(蘇生可能性がある)」のような、明らかに事実に反した主張につねになりうるので、そこにパラドックス的不整合が現れる。

「ソライティーズ」のもたらす不整合は別の仕方でも表現できる。再び私の意識の例を用いる。「時刻t＋3mの私は意識があった」という結論に至る先の「ソライティーズ」(「ソラ1」とおく)を保持したまま、今度は「時刻t＋3mの私は意識がなかった」を最初の前提とする「ソライティーズ」(「ソラ2」とおく)を考えてみよう。つまり、その前提から〇・〇〇一秒ずつの差で遡って「時刻t＋3m−0.001sの私は意識がなかった」というように連鎖式を構成していくのである。すると、たとえば、おそらく「境界線事例」にあたるであろう時刻t＋10sの私に関して、「時刻t＋10sの私は意識がなかった」という結論を導くことができる。しかるにもちろん、「ソラ1」に従えば、「時刻t＋10sの私は意識があった」という帰結を容易に導くことができる。「ソラ1」と「ソラ2」とが明白な矛盾を産み出すのである。すなわち、「ソライティーズ」は、「境界線事例」に限らず、任意の個体(個別の出来事や状態)a_nに対して、

$$Fa_n \ \& \ {\sim}Fa_n$$

というあからさまな矛盾をもたらす。「ソライティーズ」のもたらすパズルを論じるとき、今日ではこの矛盾に焦点が当てられることが多い。「ソライティーズ」の定式化としては、ハイドによれば、上の「条件的」なもの以外に、「数学的帰納法ソライティーズ」(Mathematical Induction Sorites)と「線引きソライティーズ」(Line-drawing Sorites)があるが、本論の論旨には「条件的ソライティーズ」で十分なので、残り二つの定式化には立ち入らない。

「ソライティーズ」は、単なる詭弁であって実際には発生しないものであると一見思われがちだが、それは違う。倫理的な場面では、「ソライティーズ」が実際に生じてしまう。「人工妊娠中絶」の問題などがその典型である。[*2]「人格」という述語は曖昧で、いつから人間(胎児)は「人格」になるかには「境界線事例」がある。それゆえ、中絶が殺人になるかどうかという問題は「ソライティーズ」に巻き込まれざるをえない。また、死刑存廃論にも「ソライティーズ」は発生する。日本の死刑は絞首刑

だが、それが日本国憲法第三六条が禁ずる「残虐な刑罰」に当たるかどうかが長いこと一つの(唯一のではないが)係争点となってきた。これは、首が吊るされてから何秒間意識を保っていることが残虐なのか、という「残虐である」という述語の曖昧性に関わる係争であると捉えることができる。このように、中絶、死刑、いずれの場合も、「ソライティーズ」に発する互いに矛盾する見方が現に生じているのである。

そして、「ソライティーズ」はまさしく自然主義的認識論にもある困難を突きつけるのである。ティム・ウイリアムソンがこの点について簡潔な議論を提示している。彼は、曖昧な述語「寒いと感じる」を含む文「寒いと感じていると知る」を例として使用しながら、自然科学的に知識を解明するということは「寒いと感じていると知る」ことを測るための生理学的測定技術を導入するということにほかならないが、たとえそうした測定技術がどれほど精確でも、もともとの曖昧性が消滅することはなく、いつ「寒いと感じていると知っている」かについては答えることはできない、と論じている(Williamson 2000, pp. 109-110)。ウイリアムソン自身は言及していないが、厳密には、測定技術による観察そのものも、結局は何らかの観察動詞を用いた文によって表現されるしかないものである限り、曖昧性を免れるものではなく、実際は精確にはなりえないはずだろう。なぜなら、「見える」「聞こえる」といった観察動詞はおしなべて曖昧であると考えられるからである。いずれにせよ、彼の述べたい要点は、知識は曖昧性を本質的に含むゆえに、知識を脳の自然現象と精確かつ鮮明に対応づけすることはできない、よって、知識を自然化するというアイディアを楽観的に奉じることはできない、ということである。のみならず、「ソライティーズ」の発生を考慮するなら、単に対応づけができないだけでなく、自然主義的認識論は「矛盾」にさえ巻き込まれてしまう。これは、自然主義的認識論にとって容易ならざる困難であると言わなければならない。

＊1　曖昧性の問題に関する歴史的経緯については、中島(2006)が簡潔に整理している。なお、このパラドックスは、日本ではしばしば「ソリテス・パラドックス」と表記されるが、その発音だと国際的に理解してもらえない。私は国際標準の発音に合わせて「ソライティーズ・パラドックス」と表記する。

＊2　セインズブリーは、曖昧性についての論争に一つの波紋を投げかけた論文で「人工妊娠中絶」の問題に触れている。See Sainsbury (1990) pp. 252-253. 私自身も曖昧性と中絶の問題の連関性については Ichinose (2004) で多少論じた。

6　パラドックスの射程

実は「ソライティーズ」が認識論に向ける刃は、「観察」や「測定」を基盤とする自然主義的認識論だけをターゲットにするだけでなく、もっとはるかに全面的である。というのも、「知る」という根本的な述語それ自体が曖昧だからである。そもそもある事柄について「知っているかどうか」を確定する基準は何だろうか。さまざまな基準が哲学的に提起できる。しかし、もっとも素朴に考えて、その事柄について問われて答えられる、という基準がありえるだろう。これは他人称的にだけでなく、一人称的にも使用可能な検証基準である。しかし、どのような事態を「答えた」ことと見なしうるのか。話を核心的要点にのみ絞るため、辞書的な知識程度のものに限定して考えてみよう。その場合、内容的にではなく、外形的にだけ言うならば、おそらく、即座に応答できることが「答えた」ことになるのではなかろうかと私には思われる。たとえば、「過酸化水素水の化学式を知っているか」という問いに対し、「H_2O_2だ」と直ちに言えることが、「答えた」ことになるのである。もちろん、少し思い出そうと思念して、一〇秒後に「H_2O_2だと思う」と述べても、「知っている」ことになるだろう。しかし、では、どれほど長く思念しても、最後にH_2O_2だと言えれば知っていることになるのだろうか。おそらくそうはなるまい。問われて、一時間も、丸一日も、思念していたら、そもそもそうした状態は「知っている」とは言えないのではないか。あるいは、ある時間がたっても思いつかなければ、当の本人が「知っている」という状態ではないと断念してしまうだろう。けれども、では、どのくらいの時間までなら思念していても「知っている」と言えるのだろうか。あるいは、どのくらいの時間経過ならば思い出そうとするだろうか。ここには鮮明な境界線はないと言わなければならない。すなわち、記憶の蘇りにかかる時間という観点からして、「知っている」は明らかに境界線事例を許す曖昧な概念なのである。「知る」が曖昧な概念であることは、実際一般的に認知されていて、むしろ議論の出発点となっていることもある。先に言及したティム・ウイリアムソンも、彼の言う「反明輝性」(anti-luminosity)の議論を展開する基礎作業として(「反明輝性」については、一ノ瀬 2004 を参照)、「知る」という表現の曖昧性について考慮を払っている(Williamson 2000, p. 104ff.)。してみれば、「知る」ことを論じる認識論全般が、宿命的に曖昧性に巻き込まれていると、それゆえに「ソライティーズ」に直面し、ある種の矛盾に直面しなければならないと、そう捉えなければならない。そしてこのことは、すでに自然主義的認識論への困難として触れた、制度的知識や知的財産権についての知識にもももちろん当てはまる。だとすれば、こう言えることになろう。曖昧性に起因する「ソライティーズ」こそ、自然主義的認識論のはらむ根源的な困難である、と。

けれども、議論がここにまで及ぶと、論調はあるピークを越えて、別な方向へとシフトせざるをえなくなる。そして、そうしたシフトが、自然主義的認識論への評価のシフトへとゆるやかに結びつき、「ゆらぎ」を生みだしていくのだと思われる。順を追って論じていこう。いま指摘した「ソライティーズ」がもたらす矛盾の脅威は、すでに明らかなように、自然主義的認識論だけでなく、認識論全般を射程に入れたものであり、それを真の困難として受け入れることは、認識や知識はそもそも不可能なのだ、という全面的懐疑に至るしかない。しかしこれは、そう論じる哲学的主張それ自身にも自滅的に跳ね返ってくる、クレイジーな帰結である。よって、このような帰結をもたらす議論にはどこか見落としがあったと考えねばならない。それは何だろうか。「ソライティーズ」がもたらす「矛盾」を根本的な困難であると即断してきたからではないだろうか。後に第４章で詳しく触れるが、そもそも「矛盾」が嫌われるのはなぜかというと、矛盾を認めると論理的にすべてのことをそこから演繹できてしまい、結局は主張の有意味性が消滅してしまうからだと、そのように一般的に考えられる。けれども、ここで立ち止まって考えてみよう。文字通りの矛盾は完全なる偽・不可能であり、それゆえ言表も不可能のはずである。しかるに、「ソライティーズ」において「矛盾」が現に言い立てられているとするなら、それはすべてのことを演繹してしまうような完全なる不可能性としての「矛盾」とは異なる「矛盾」、その意味で真なる「矛盾」であると、そう考えねばならない。それはどのような矛盾だろうか。

こうした矛盾は、あるいは、グレアム・プリーストの展開する「パラコンシステント論理」(paraconsistent logic、「矛盾許容論理」という訳が今日一般に流通しつつある)が扱う矛盾とオーバーラップするかもしれない。プリーストは「パラコンシステント性」(矛盾許容性)をこう定義する、「pかつ～pから任意の結論に至る推論が妥当でない論理が、パラコンシステント(矛盾許容的)と呼ばれる」(Priest 2001, p. 151)。「pかつ～pから任意の結論に至る」という破滅的な事態は「爆発的」(explosive)と呼ばれ、したがって「パラコンシステント性」は「爆発的でない」(not explosive)論理のありようとして規定される。プリーストは、「パラコンシステント性」が現れている具体例として、電子のエネルギー放射に関するボーアの原子理論とマックスウェル方程式(Priest & Tanaka 2004, p. 1-2)、道徳的あるいは法的葛藤(Priest 1986, p. 100)、といったことに言及し、そこでは現実に矛盾が生じているが、かといってそこからすべてが演繹されるわけではないと論じている。* こうした「パラコンシステント性」とのアナロジーの可能性が示唆するように、「ソライティーズ」が浮かび上がらせている矛盾は、決して完全なる偽・不可能性ではないことがここで強調されねばならない。このことは、人工妊娠中絶や死刑存廃論に「ソライティーズ」が現出しているという、すでに確認した論点からも明らかである。そこには矛盾した対立する見解が確かに生じているが、すべてを演繹するといったカオスをもたらす矛盾であるはずもなく、不可能事ではない事態として実際に発現してしまっていることは明白である。私自身の例、「意識の喪失」や「死」の例も、それが「ソライティーズ」にはまりこんでいるならば、「ソライティーズ」の矛盾が完全な不可能性ではないことを示しているだろう。なぜなら、それらは、まぎれもなく現実に生じている現象にほかならないからである。かくして、こう言うべきである。「ソライティーズ」は実在的に生じている現象である、と。しかるに、果たして、そうした現象が「自然現象」であるなら、どうなるだろうか。

＊ 厳密に言うならば、矛盾からすべてを演繹することを妥当としないという「パラコンシステント性」(paraconsistency)すなわち「矛盾許容性」と、矛盾が健全な仕方で真なるものとして導かれるということとは、同じではない。後者は「ダイアレテイズム」(Dialetheism.「双真理説」と訳せるだろう)と呼ばれる考え方で、一般に「真なる矛盾」を認める立場だとされる。See Priest (1986) p. 99. 実際、ビオールによれば、「矛盾許容論理」には三種あって、それは、真なる矛盾の可能性を認めず単に数学的ツールとして「矛盾許容性」を用いる「弱い矛盾許容論理」、真なる矛盾の可能性は認めるが実際にそれが存在することは認めない「強い矛盾許容論理」、真なる矛盾の実在的存在を認める「双真理的矛盾許容論理」の三つであるとされ、「矛盾許容論理」と「双真理説」の概念的区別が明確になされている。Beall (2004) p. 6.

7　ソライティーズの因果説

「ソライティーズ」に関しては、これまで多様な解決・解消の提案がなされてきた。それらはおよそ、(1)前提のどれかを否定したり、(2)論証形式の妥当性を否定したり、あるいは(3)「ソライティーズ」を健全な論証として受け入れる、といった三つの観点から提起されてきたと言ってよい。(1)のタイプの提案として、「認識説」(the epistemic view)、「重評価論」(supervaluationism)、「文脈主義」(contextualism) などが、(2)のタイプのアプローチとして「程度理論」(degree theory) が、(3)の応答として「パラドックス受諾」(embracing the paradox) の立場などがある。* しかし、ここで私は、前段で確認した、「ソライティーズ」の実在性という論点にのっとった考え方を提起したい。すなわち私は、「条件的ソライティーズ」におけるそれぞれの条件文の形の前提を、前件を原因、後件を結果とする、「確率的因果」(probabilistic causality) (ある事象の生起の確率を高めるものを、その事象のさしあたりの原因とする考え方) と捉えて、パラドックスを記述的に理解するという、言ってみるならば「ソライティーズの因果説」を提示したいと考えているのである。因果概念の適用が「ソライティーズ」の実在性と親和することは言うまでもないだろう。また、確率概念の導入が各連鎖式の微妙かつ微少な差異をも取り込む手立てとなると、そうも期待できるのである (これはドロシー・エジントンの議論に沿っている) (See Edgington 1992, 1995, and 1996)。ただ、「確率的因果」という考え方自体については別個に検討する必要がある。それは、次の第2章にて行う。

* Hyde (2004) pp. 5-13. なお、こうした代表的な解決法については私自身も一ノ瀬 (2006) pp. 123-153 において多少立ち入って論じたので、参照してほしい。また、こうした解決法のなかの「重評価論」については、第4章でもう一度触れる。

さて、けれども、前件が原因、後件が結果、とはどういう意味だろうか。条件文を構成する文や命題そのものを因果関係項になりうる実在と捉える、というのではもちろんない。またそれ以外に、因果関係項を、前件や後件に当たる「信念」とのみ捉えて、視点を確率的依存性についての探究に絞ってしまうことも可能だが、それだといわゆる「ラムジー・テスト」と同様になり、ルイスの「トリヴィアリティ結果」(Lewis 1986, pp. 136-139)のような「条件文」についての哲学的パズルに巻き込まれよう(一ノ瀬 2006, p. 155 & pp. 262-263 参照)。私としては、そうではなくむしろ、前件や後件に対応する「信念」を抱く推論「主体」全体の判断状態を因果関係項と捉えたい。そして、「ソライティーズ」を実在的に解するという路線に沿って、それを実在的・客観的な事態と理解したい。ただし、「信念」に直接対応する脳状態などではなく、確率概念の適用という道行きに見合うように、客観的確率に類した主体全体の判断状態、すなわちポパーのいう「プロペンシティ」(propensity)的な傾向性としてそうした事態を捉え返したいのである。実際、「プロペンシティ」は物理的対象や量子的対象に内在する確率のように取られがちだが、ポパー自身「プロペンシティは反復可能な実験的配置の性質でもある」(Popper 1982, p. 80)と述べ、「プロペンシティ」が「主体」が設定する実験的配置のありようであることを承認している。そうであるなら、「プロペンシティ」的な「傾向性」を「主体」全体の判断状態と結びつけてしまっても、著しく誤りであるということにはならないはずである。「ソライティーズの因果説」はこうした了解のもとに立ち上がる。そしてそのことは、「プロペンシティ」がもともと物理的事象を処理するために導入された点からして、「ソライティーズ」に対する実証的探究の可能性をも示唆する。

念のため、「ソライティーズの因果説」を記号的に明示化しておこう。「ソライティーズ」の前提中に現れる任意の単位文 a_{n-1} と a_n とに関して、主体の判断状態を$J[\ ]$と表記し、t1、t2 を時間を表す指標として(t1 が t2 に先立つ)、「傾向性」としての確率を P_p と表すと、傾向性としての条件つき

確率についての次の大小関係(「ソライティーズの因果原理」と呼ぼう)、

$$P_p(J_{t2}[Fa_n]|J_{t1}[Fa_{n-1}])>P_p(J_{t2}[Fa_n]|\sim J_{t1}[Fa_{n-1}])$$

が成立しているとき、「ソライティーズ」の連鎖が進行していく。しかるに、「a_n」の「n」の値が増えて、左辺の値が徐々に下がり、この大小関係が崩れ、左辺と右辺が等しくなってくるとき、「ソライティーズ」の連鎖的推論にストップがかかる可能性が出てくるのである。この場合、左辺と右辺の値は、ともに小さくなりながら差がなくなっていくのだが、大小関係が逆転することはないだろう。つまり、「n」の値の上昇とともに、直前の判断状態が、問題となっている判断状態に対して因果的影響をどんどん失っていき、直前にどう判断するかに関わりなく、一定の判断が導かれてしまうことになっていくのである(一ノ瀬 2006, pp. 161-165 を参照)。

もちろん、先に少し示唆したように、確率的因果の考え方には固有の問題性や困難があり、それを適用すれば話がすむというものでもない*。しかし、確率的因果の考え方に直観的な説得性がともかくもあること、また、「ソライティーズ」と確率的因果との間にはともに「非推移性」(non-transitivity)を含意するという強力なパラレリズムがあること(一ノ瀬 2006, pp. 166-170 を参照されたい)、これらは確かである。さらに言えば、吉満昭宏が指摘するように、私の提示した「ソライティーズの因果原理」には「反事実的条件法的因果説」との強い類同性が見込まれる可能性もあり、そこから「ソライティーズ」をめぐる議論の射程が大きく広がることも期待される(吉満 2010, pp. 103-105)。よって、さしあたり「ソライティーズの因果説」を提起する意義はあると思うのである。しかし、そうした意義は、なによりもまずは「ソライティーズ」それ自体に対する対処能力によって測られねばならないだろう。

＊　Hitchcock (2002) が、確率的因果についての今日的論争状況を概観するのに便利である。私自身も、一ノ瀬 (2001) 第4章においてこの問題についての若干の検討を試みたし、本書第2章においてもさらにこの問題を追及していく。

この点を、「死」の判定の例に沿って、簡単に検証してみよう。二つの場合に分けて整理する。第一に、三徴候が現れて60s（六〇秒）後は、おそらく「死んでいない（蘇生可能性がある）」の境界線事例であり、そうした事態にある人が「死んでいない」という判断は真とも偽とも言い難いと、そう考えられる場合である。この場合を上で導入した「ソライティーズの因果原理」に沿って理解するなら、たとえば、そうした事態について判断する直前に、(i)三徴候が現れて59.999s後の人について「死んでいない」と判断したときと、(ii)同様に三徴候が現れたけれども59.999s後の人について「死んでいない」と判断しなかったときとの、確率的因果の関係の比較が手掛かりとなる。つまり、(i)の思考状態が三徴候発現後60sの人が「死んでいない」とする判断へと結びつく確率と、(ii)の、判断をしなかったという思考の欠如状態が、三徴候発現後60sの人が「死んでいない」という判断へと結びつく確率とを比較して、前者の確率の方が高いならば、「ソライティーズ」の連鎖はひとまず続いていくだろうと予想される。けれども、「三徴候発現後60s」についてではなく、「三徴候発現後61s」について考えると、その直前に「死んでいない」と判断した場合と、そうした判断が欠如している場合とで、「死んでいない」という判断へ結びつく確率の差が少し小さくなってくる。三兆候発現後の秒数をさらに大きくしていけばいくほど、「死んでいない」という判断とその判断の欠如との、「死んでいない」に結びつく確率差は小さくなり、やがて差がなくなるだろう。また、この過程に沿って、確率の絶対値もゼロに近づいてくるはずである。しかし、いずれの場合にせよ、「ソライティーズの因果説」に従うならば、たとえば三徴候が現れて60s後の人について「死んでいない」を真とする傾向性と偽とする傾向性の両方が、判断者側のあり方として確率的に分布している状態となる。確率を問題にする以上、そういう理解が導かれるわけである。そして、確率分布で表現される事態に問題がない以上、ここには何も困難は生じていない。第二に、「ソライティーズ」を両端から構成して矛盾が生じてしまう場合についてだが、これについては、「ソライティーズ」を一方の端から遂行するのと、他方の端から遂行するのとでは、異なる因果系列をなす私たちの傾向性の連なりなので、ここには文字通りの矛盾は生じておらず、よって理論的困難は発生していない、と「ソライティーズの因果説」は応じることができるのである。

では、こうした私たちの推論における傾向性のあり方をどう認識することができるだろうか。ここで「ソライティーズの因果説」の実証的研究への含意が生きてくる。私がいま念頭に置いているのは、境界線事例がいつからはじまるかについて、推論者を被験者とする応答形式の心理学的実験によって範囲を絞り込んでいく、という作業である。場合によっては、被験者の脳状態の測定という方法すら取り入れてもよいかもしれない(こうした手法はある点で今日の実験哲学と呼応するかもしれない)。いずれにせよこうした作業は、いわゆる「高階の曖昧性」(higher-order vagueness)の問題への対処[*1]となる。さらに、傾向性としての確率が〇・五対〇・五になる地点を、実験に相対的な暫定的「境界線」

として扱うことも可能になると思う。こうした作業は、暫定的境界線についての仮説の確証という問題設定に沿って、第2章で論じる、「ベイズ的条件づけ」(Bayesian conditionalisation) あるいは「ベイジアン・ネットワーク」(Bayesian Networks) といった、今日興隆を迎えているベイズ主義の手法などを用いて、ＡＩ論や認知科学などとの連携のもとで遂行することができよう。[*2] このことは結局何を意味するか。もし推論者として私たちの傾向性が「自然現象」と見なせるならば、これはつまり認識の根底にある最大の問題をまったくもって「自然科学」的に探究しようとすることにほかならない。してみれば、ここで巡りめぐって自然主義的認識論のアイディアが復活する。自然主義的認識論はまさしく「死んでいない(蘇生可能性がある)」のである。

＊1　「高階の曖昧性」とは、述語Pを述語づけてできる文が真か偽のどちらかに確定しがたい「境界線事例」が生じることが通常の(つまり一階の)「曖昧性」であるのに対して、そうした「境界線事例」と「明確に真」と言える領域との境界線や、「境界線事例」と「明確に偽」と言える領域との境界線に発生する「曖昧性」のことである。言ってみれば、真か偽かが曖昧な領域それ自体を区切る境界線の曖昧さのことである。

＊2　私は、ベイズ主義の問題点と可能性を Ichinose (2006) および一ノ瀬 (2006) 第4章でやや立ち入って論じた。本書第2章でも、因果性との絡みでベイズ主義について触れる。

けれど、ベイズ主義的手法などによって曖昧な述語の境界線を絞り込んでいく作業は、すでに明らかなように理論的手続きとしては一種の循環に巻き込まれているし(曖昧な述語を分析するのに曖昧性を免れない観察・測定用語を用いるしかない)、さらに、厳密には自然科学的な「確証」とも言い難い。これを「確証」と認めることは、真の境界線を徐々に「発見」していく作業として実証的研究を捉えることになり、曖昧性は真には存在しない、というスタンスを採ることになってしまうように思われるからである。しかし、私は、「序」で提示した「不確実性のリアリズム」に沿って、「ソライティーズ」は実在する、という立場を採りたい。つまり、曖昧性という事態は実在していると捉える。よって、ここでの暫定的境界線確定の実証的作業は、理論的手続きとしての「確証」ではなく、暫定的境界線の「創造」であると、実験者と被験者との間の、その文脈に沿う限りでの「創造」であると、そう論じたい。そして、それが暫定的なものである限り、そうした創造はさらにたえまなく再「創造」されていく。そうした変遷を絶えず引き受けるということ、確定していないということ、それこそが曖昧性の実在性の証しである。「ソライティーズの因果説」は、概念や言葉の意味が時とともに「創造」され続け、そのことで、概念や言葉からなる知識・認識がダイナミックに変成されゆくという、このような現実のありようを把捉しようとしている。[*1] こうして、自然主義的認識論は、困難にさらされ、その困難こそが復活の道筋を描き、しかしその道筋のもとでは自然科学的探究の当初想定されていた本来の様相からはずれていくという、大きな「ゆらぎ」を描き出す。[*2] そして、知識や認識それ自体が実は曖昧であり「ゆらぎ」ゆくものである限り、こうした「自然主義的認識論のゆらぎ」はまさしく「自然」なことであると言うべきだろう。こうして章題「知識は自然現象か」という問いに対する解答の、ありうべき道筋が見えてくる。曖昧さという実在性を認め、ゆらぎゆくという本性を受け入れる限りにおいて、知識は自然現象として扱うことができるのである。

では、次に章を変えて、本章で議論の軸として援用した「確率的因果」の考え方それ自体を改めて取り上げて、そこに潜む困難について主題的に論じていこう。本書は、「序」に述べたように、このようなやり方で、認識の不確実性という同じテーマをめぐって、行きつ戻りつ、らせん状の思考を展開していく。それがまさしく「不確実性」という様相に適った手法だと思うからである。

＊1　現実の認識の場面では、たとえば「飽きてきた」とか「納得した」といった人の態度について知る場合のように、たとえ曖昧性があったとしても、必ずしも「ソライティーズ」を産むような数値化可能なものばかりではない、よって、「ソライティーズの因果説」の適用範囲は限られたものなのではないか、という疑問が出よう。確かに現在では数値化できない曖昧性はある。しかし、味覚の研究などが示すように、数値化しにくいものも何らかの観点から計量してみよう、という欲求によって今日の行動科学や認知科学は発展してきたことを顧みるなら、どんな曖昧な事態も、脳状態の変化などに注目することで数値化することは原理的に可能だと考えてよい。ただ、それは「確証」というよりむしろ「創造」となる、と私は論じたいのだが。ともあれ、そうした意味で、「ソライティーズの因果説」は、一見思われる以上に普遍性をもっていると言えよう。この論点は、二〇〇五年四月二七日に東京大学哲学研究室にて行われた小さな研究会において私が本論考の一部について口頭発表したときに、松永澄夫氏から受けた質問に触発されたものである。謝意を表したい。

＊2　私は二〇〇二年夏から一年間英国オックスフォード大学に在外研究のため滞在した。そのときの縁もあり、まえがきで触れたように、その後、たびたびオックスフォード大学を訪れている。しかし、これまでのオックスフォード滞在中、私が経験した限り、自然主義的認識論に関する発表や講演を一度も耳にしなかった。確かにそれは一時話題になった主題だが、いまではすでに消化され、自然に消滅してしまった、といったところだろうか。しかるに、我が国では依然としてこの主題をめぐる議論

が熱を帯びており、日英の格差にいまさらながら驚いている次第である。こうした事態の背景には、人文科学系と自然科学系とを峻別する日本固有の学問風土が潜在しているような気がしてならない。そのように峻別するからこそ、一方が他方を吸収するとする自然主義的認識論がことさら重大な主張として受け取られるのではないか。しかし、阿部謹也が喝破するように「人文科学と自然科学が別種の学問であるという考え方は日本の特殊な考え方」(阿部 2005, p. 277)なのであり、その点を俯瞰的に自覚したならば、自然主義的認識論についての言説も(そしてその反照である反自然主義についての言説も)正当かつ自然に沈静化していくように思われる。本章の議論も、そうした沈静化を促すことを目指す一つの試みである。

第2章　因果は確率的か——「ベイジアン・ネット」と「シンプソンのパラドックス」

1　因果関係の認識

何か強い特有のにおいが部屋に充満していたり、何人もの人が突然同じ症状で苦しみはじめたり、車の走行中に妙な音がしたり、そうした異常を感じたとき、私たちは直ちに原因の調査をするだろう。そして、首尾よくその源を発見したとき、私たちはいわば犯人を捕まえたかのように、「原因はこれだ」と勝利宣言をする。関係していた者もそれでひとまず合点する。さらに、原因とされた事象およびその結果とが容易に除去・解消できるものならば、一件落着である。こうしたことは、日常的に程度の軽重はあれ、よく起こるし、ありふれた光景であろう。けれど、少し立ち止まってみよう。何か強いにおいが部屋に充満していて、その部屋の隅で純米酢がこぼれていたことを見出したとする。このにおいだと思い、それを片付けたとき、においは薄らいでいった。ここでの純米酢と部屋のなかの強い特有のにおいとの因果関係はまったくもって自明に思える。だが、疑う余地が絶対にないような必然的な結びつきなのではない。純米酢がこぼれていたらいつでも絶対にこうした特有のにおいが充満するとは限らないからである。そうしたにおいの発生は、純米酢それ自体の状態に依存するが（質が悪かったり、古かったりしたらにおわないかもしれない）、かりに純米酢の状態を一定だと想定したとしても、周囲の空気の流れや、人間の鼻の状態、部屋の壁の素材など、あるいはもっと根本的に現在作動している自然環境の法則性など、いくつかの偶然的条件に大きく左右される。にもかかわらず、私たちはこうした場合、純米酢とにおいの因果関係をほとんど疑わない。つまり、私たちの認識や理解というエピステミックな次元では、そうした因果関係をほぼ必然的と言いたいほど、確度の高いものだと受け取ってしまう。なぜだろうか。そこには、私たちの過去の経験が大きく作用している。私たちは純米酢がこぼれていなかったときの部屋のにおいを記憶している。そこには今回のような特有の強いにおいは充満していなかった。さらに今回、こぼれた純米酢を取り除いたときに、においが軽減していったという経験も得た。すなわち私たちは、過去の経験の積み重ねによって、純米酢がこぼれている場合と、こぼれていない場合との二つのデータを比較することができ、その比較によって純米酢がこぼれているということと強いにおいが充満しているということとの二つの事象の間に圧倒的な相関性があることを認識するに至っていると、そう言ってよいだろう。

けれども、これはあくまで「相関性」であって、必然性ではない。そのことはすでに確認した。この点は、純米酢のにおいの場合は、実際にこぼれたらほぼつねににおいがするので、必ずしも顕在化しないが、医療的な事例などの場合は逆にこの点が露わとなる。インフルエンザ治療薬の「タミフル」を服用すると意識障害が生じうる、という報道がこれまで幾度となくなされた。つまり、タミフルの服用は精神不安定の原因になるということである。しかし、無論これはつねにそうなるということではまったくない。そうした副作用などまったく生ぜず、本来の効果をもたらすことの方がかえって多いのである。だが、やはり、タミフルを服用しなかったときと服用したときとを比較して、圧倒的なものではないにせよ、その服用と意識障害との間に一種の相関性が見て取られる、ということで因果関係が言い立てられているのである。あるいは因果関係が疑われているのである。こうした事情に鑑みるとき、原因と結果の関係というのは、少なくともそれについての私たちの認識を問題にするというエピステミックな視点に立つ限りは、「確率」(probability)によって理解されるべきだ、という道筋が有望なものとして浮かび上がってこざるをえないだろう。ここに「確率的因果」(probabilistic causality)の考え方がおのずと姿を現す。実際、タミフルと意識障害の間の因果関係を問うときに、「必然性」の概念を持ち出す伝統的な観点は実践的に全く無効であると言わねばならない。*

* とはいえ、「序」で触れたことと関わるが、事実記述という仕方ではなく、規範設定という仕方で「必然性」を捉えて、「c」が生じたならば「e」が生じなければならないと理解するならば、「必然性」は依然として因果関係に関して統整的な役割を果たすことができるだろう。そして実際、こうした理解の方向性は、「必然性」の原義にも適っている。というのも、「必然性」はギリシア語の「ト・クレオーン」に発する概念であって、そして「ト・クレオーン」は元来「負い目」を意味する語である、つまりは「必然性」は「何々しなければならない」という規範性をもともと含意する概念であると考えられるからである。この点は、古代の人々が、前科学的な仕方で自然を理解しようとするときの擬人的自然観に深く関わる。人々は、火山が噴火してスコールが発生するといった自然現象に対して、火山が噴火によって天を怒らせたがために、火山は負い目を負い、報いとしてスコールを浴びなければならないと、たとえばそんな風に必然性を規範的な仕方で捉えて世界を理解しようとした。こうした理解が、やがて、規範性を薄める形で、非擬人的な因果関係の理解へと結ばれていったのであ

る。この辺り、一ノ瀬(1994)および一ノ瀬(2010)pp. 239-240を参照のこと。

2 確率的因果の基本的着想

さて、第1章ですでに言及した事柄だが、「確率的因果」について改めて押さえておこう。この考え方はライヘンバッハに発するもので、その基本的発想とはこうである。すなわち、ある事象Cが別の事象Eの原因となるという認識は、Cが生じたときにEが生じるときの確率と、Cが生じなかったときにEが生じることの確率とを比較して、前者の確率の方が高いというデータに基づく、という捉え方である。これは「条件つき確率」(conditional probability)を用いて、次のように表現できる。

$$P(E|C) > P(E|\sim C)$$

(See Reichenbach 1991, p. 161)

もちろん、しかし、こうした確率的相関があるからといって、それらに因果関係が認められると直ちに断定することはできない。相関する両事象に共通の原因がある場合は、その両事象は共通原因の二つの結果であって、それら相互には因果関係が成り立っていないからである。たとえば、「電車の運転手が操縦桿を引く」をC、「操縦桿の周りに風が起こる」をA、「電車が発車する」をBとおくと、

$$P(B|A) > P(B|\sim A)$$

という相関性が成り立つと言えそうである。よって、AはBの原因となるかもしれない。けれども、事象Cを考慮に入れると、次の相関関係も成り立っていることが分かる。

$$P(B|A\&C) = P(B|C)$$

つまり、事象Cが生じる限り、事象Aは事象Bの生起にとって何の貢献もしていないのである。このとき、ライヘンバッハの表現に従えば、事象Cは事象Aを事象Bから「ろ過する」(screen off)、と言われる(Reichenbach 1991, pp. 189-192)。こうした場合の事象Aのような要素は、ライヘンバッハと並んで「確率的因果」の初期の推奨者であるパトリック・スッピス以来「にせの原因」(spurious causes)と呼ばれている(Suppes 1970, pp. 21-28)。

一点、注記しておく。こうした確率的因果において、問題となっている因果関係は単称的(singular)なものなのか、それとも法則的つまり普遍的(universal)なものなのか、ということが問題になりうるだろう。実際、イールスなどは、確率的因果に関して「トークン・レベル」(token-level)と「タイプ・レベル」(type-level)を分けて、両者はまったく独立であるとして別個に論じている(See Eells 1991, pp. 5-21 et al.)。「タイプ・レベル」の確率的因果というのは想像しやすいだろう。それに対して、イールスの言う「トークン・レベル」の確率的因果とは、結果となる出来事の生起確率の「時間的進化」(temporal-evolution)(Eells 1991, p. 5)を扱うものであり、それは実際に結果が生じてその生起確率が1になったところでとりあえず完結する。本章では、この問題には深入りしない。ただ、トークンとタイプの二つの確率的因果は、それ自体というよりもその理解というエピステミックな視点に立つ限り、事実上互いに相補的な働きをしていると私は理解する。「トークン」つまり単称的な出来事相互に、その他の出来事ではなく、ほかならぬこの出来事間に因果関係を認めるというのは、「タイプ」つまり法則的な因果性をどこかで見越さなければできないだろうし(そうでなければいかなる出来事も恣意的にどんな出来事とも因果関係にあることになりえてしまう)、逆に、法則的な因果関係を見出すには、帰納法に拠るかどうかは別にして、いずれにせよ単称的な個別出来事についての情報の積み重ねに訴える以外に術はないからである。ともあれ私は、このような、イールスの峻別とは若干異なる把握を前提として以下の論を進めてゆく。

ともあれ、以上に見たような確率的因果の考え方はあくまでも議論の端緒にすぎず、ライヘンバッハやスッピスの着想を受け継ぎながら、その後多くの改善や展開がなされてきた。実際、上に見たような、せいぜい「にせの原因」に対する対処を備えているだけのシステムでは、たとえば「タミフル」と意識障害の間の確率的因果の相関性の構造は明らかになるかもしれないが、そうした相関性がデータの集積に応じて徐々にはっきりと確立されてくるプロセスは明確にならない。それを明確にするには、証拠やデータが得られるたびに因果関係の成立する確率がアップデイトされてゆくさまをシステムに反映させる手立てがなければならない。ここで強力な道具立てを提供する考え方として一九五〇年代頃から徐々に脚光を浴びてきたのが、「ベイズ主義」(Bayesianism)にほかならない。

$$P(A|B)=\frac{P(A\ \&\ B)}{P(B)}$$ （条件つき確率の定義）

$$=\frac{P(B|A)P(A)}{P(B)}$$ （ベイズの定理） ただし，$P(B)\neq 0$ とする

$$=\frac{P(B|A)P(A)}{P(B|A)P(A)+P(B|{\sim}A)P({\sim}A)}$$

（ベイズの定理を全確率の公式によって展開したもの）

3 トマス・ベイズとベイズ主義

しかしながら、そもそもベイズ主義とは何なのだろうか。グリモアとジェフリーの間の、「ベイズ主義」とは「ベイズ的確証理論」(Bayesian confirmation theory) なのか「ベイズ的意思決定理論」(Bayesian decision theory) のことなのかをめぐる温度差をみても窺われるように、ベイズ主義をきっちりと規定すること自体が実はなかなか難しい (See Glymour 1980, pp. 63-93 and Jeffrey 1983a, pp. 77-107)。ベイズ主義というときの「ベイズ」とは、ロンドン生まれのイギリスの数学者であり長老派教会牧師でもあるトマス・ベイズ (Thomas Bayes, 1702-1761) のことを指している。ベイズは、死後に親族の牧師リチャード・プライス (Richard Price) の手によって発表された論文「偶然論における一つの問題を解決する試み」(An Essay towards Solving a Problem in the Doctrine of Chances, 1764) のなかで、いわゆる「逆確率」(inverse probability) を求める仕方について考察を加えて、今日「ベイズの定理」(Bayes's Theorem) と呼ばれる公式の一つの形を提示した。「逆確率」とは、たとえば白玉と赤玉が一定の割合で入っている箱から赤玉を取り出す前向きの確率を求める通常の方向性に対して、一定の背景情報が与えられた上で実際に赤玉を取り出

したということから箱のなかの赤玉の入っているという割合を求めるというときの確率を意味する。今日では、条件つき確率の定義に基づいた上の式が「ベイズの定理」と認識されている。（A、Bをそれぞれ確率を帰せられる当該の事象、あるいはそれを示す文、とする。）

今日「ベイズ主義」と呼ばれる考え方は、主として、上の「ベイズの定理」を、ラムジーやデ・フィネッティ以来きっちりと定式化されてきた、私たちの主観的な「信念の度合い」(degree of belief) に適用することによって、さまざまな問題に対処していく立場であると大まかには言えるだろう。けれども、そうした立場はトマス・ベイズ自身の論文に端を発すると言えるかというと、その点は必ずしも明確でない。ベイズ自身は、「偶然論における一つの問題を解決する試み」の冒頭部分で確率を次のように定義している。

何らかの出来事の確率とは、その出来事の生起を当てにする期待が持つべきだと計算される価値と、その生起が期待されている事柄の偶然性との、割合である。

(Bayes 2002, p. 125. ただし、引用典拠としたスウィンバーン編のこの書物においては、「事柄の偶然性」が「事柄の価値」とされるという重大な誤植がある。)

これはやや奇妙な確率概念の規定であり、今日「期待効用」と呼ばれている概念を通じた確率規定であると言える。また、確かに「期待」という用語を用いていることからして今日の主観確率と対応はしているが、「信念の度合い」と等しいとは言い難い。なぜなら、スタイグラーが指摘しているように、ベイズはあくまで「出来事の生起」にのっとって確率を規定しており、そのことは、彼の言う確率の対象領域は観察可能な事象でなければならないことを示唆しており、したがってベイズ自身の確率論は今日のベイズ主義よりもはるかに限定されたものであると考えられるからである(Stigler 1982, pp. 250-258)。それどころか、スウィンバーンなどは、「ベイズの「試み」のテキストに関する限り、彼はむしろ、あるいは〈主観確率の〉代わりに、彼の定理を物理的確率に関わるものと考えていたふしがある」とさえ述べている(Swinburne 2002, p. 9)。ドナルド・ギリスは「ベイズはベイジアンだったか」という表題の論文をかつて発表しているが、そうした問いかけが意味をなすほど、ベイズ自身とベイズ主義との関わりは決して明瞭ではないのである。もっとも、ギリスは結局、「ベイズはベイジアンだった、ただし注意深く、そして疑い深いベイジアンだった」と論じてはいる(Gillies 1987, p. 328)。

さらにベイズ主義の意義について注意を向けるべきことは、ベイジアンと自称している人たちのなかには、主観確率を受け入れずに、より客観的で間個人的な「信念の度合い」を基礎にして「ベイズの定理」の活用を試みる人々、たとえばE・T・ジェインズ、ハロルド・ジェフリーズ、ジョン・ウイリアムソン、のような人々もいるという点である。こうした立場は「客観的ベイズ主義」(Objective Bayesianism)と呼ばれることがある。それどころか、先に触れたギリスは、ポパー以来の確率の物理的解釈として知られている「傾向性」(propensity)に関しても「ベイズ主義」は成立するとさえ考えている(Gillies 2002, pp. 73-74)。このような事情からして、トマス・ベイズはベイジアンなのか、ベイズ主義とは何なのか、という基本的な点にかなりのゆれがあること、これを確認することができるだろう。

$$P_{pos}(h)=P_{pri}(h\,|\,e)=\frac{P_{pri}(e\,|\,h)P_{pri}(h)}{P_{pri}(e)}\quad \text{ただし，P(e) ? 0 とする}$$

$$=\frac{P_{pri}(e\,|\,h)P_{pri}(h)}{P_{pri}(e\,|\,h)P_{pri}(h)+P_{pri}(e\,|\,{\sim}h)P_{pri}({\sim}h)}$$

4　ベイズ的確証理論の発想

とはいえ、今日のベイズ主義が、仮説が真であることに対する「信念の度合い」が証拠が得られるたびにアップデイトされていくさま、すなわち徐々に確証または非確証されていくさまを論じる「ベイズ的確証理論」として大きな影響力を持ち続けていることは事実として間違いない。こうしたベイズ的確証理論は、まさしく「ベイズの定理」を、証拠が得られたときを基準とする時間差を加味しながら、仮説の確率のアップデイトのメカニズムとして読みかえようという発想に基づく。すなわち、「h」を仮説、「e」を証拠として、「pri」を証拠獲得前という意味の「事前」、「pos」を証拠獲得後という意味の「事後」を表すとすると、「ベイズの定理」は上のような形となる。

これは「ベイズ的条件づけ」(Bayesian Conditionalisation)と呼ばれる。換言するならば、「ベイズの定理」に経験的意味づけを与えて捉え直したものが「ベイズ的条件づけ」なのである(ということは「ベイズの定理」と「ベイズ的条件づけ」とは同じではないことをも意味する)。そして、$P_{pos}(h)>P_{pri}(h)$ ならばhはeによって確証され、$P_{pos}(h)<P_{pri}(h)$ ならばhはeによって非確証されると、そのように「ベイズ的条件づけ」は診断する。

「ベイズ的条件づけ」を基礎とする「ベイズ的確証理論」に対しては、しかし、確率の数学的関係をそのまま経験のプロセスとして解釈するという、考えてみればかなり大胆な(思いつき的な?・)同一視を行ったものであるからであろうか、多数の批判や反論が湧出した。まず、「ベイズ的条件づけ」は証拠が得られたときには証拠の確率は1になるということを織り込んでいるが(Howson & Urbach 1993, p. 99)、つまり証拠の確率に関してかなり素朴に捉えているが、証拠は得られた後でも不明瞭な場合が多々あり、その確率は1とはならない、という批判点がジェフリーによって提起された。ジェフリーは証拠の確率が1以下である場合も含めて「条件づけ」は定式化されねばならないと考えて、いわゆる「ジェフリー条件づけ」(Jeffrey Conditionalisation)を提起した。それは次のようである。

$$P_{pos}(h)=P_{pri}(h|e)=P_{pri}(h|e)P_{pos}(e)+P_{pri}(h|\sim e)P_{pos}(\sim e)$$

こうした「ジェフリー条件づけ」は、$P_{pos}(e)=1$ のとき「ベイズ的条件づけ」と一致する(Jeffrey 1983b, pp. 164-172. この点については一ノ瀬 2006, pp. 251-253 も参照してほしい)。こうした批判点以外にも、グリモアが古典的論文において提起した次の二つの問題点は、ベイズ的確証理論に対して、今日に至るまで完全には解決されていない難問として残り続けている。すなわち(1)「ベイズ的条件づけ」はあまりにシンプルすぎて、証拠の概念が実は仮説それ自体や背景知識と連関性を持つことに対して考慮しえていないという「証拠的連関」(evidential relevance)に関わる疑念、そして、(2)仮説を検証する以前から既知で確率1であるような古い証拠によって仮説の確証が生じる場合に対して「ベイズ的条件づけ」は説明しえないという「古証拠問題」(the problem of old evidence)、この二つである(Glymour 1980, pp. 83-93)。

こうした問題点それ自体を詳細かつ厳密に検証することはここでの目的ではないので、議論を因果関係の認識へと引き戻して、そこにのみ考察を限定してみよう(「ベイズ的条件づけ」と「古証拠問題」については私自身、一ノ瀬 2006, 第四章において詳しく検討した。参照してほしい)。つまり、因果関係の確証を「ベイズ的確証理論」によって解明することがどのように可能か、という問題を考えてみたい。以前に挙げた例をまた使って、次の三つの出来事タイプを表す文をそれぞれ次のようにおく。すなわち、「インフルエンザ患者がタミフルを服用する」をT、「インフルエンザ患者が意識障害を起こす」をD、さらに「インフルエンザ患者が治癒する」をRとおこう。それぞれ出来事タイプを表す文である。ここで問題となるべきは、「TがDの原因となる」(仮説1と呼ぶ)あるいは「TがRの原因となる」(仮説2と呼ぶ)といった仮説を、データを得ることによって確証してゆくという事態をどう解明するかという点である。確率的因果の考え方を受け入れるならば、二つの仮説は次のように表せる。

仮説1　$P(D|T) > P(D|\sim T)$

仮説2　$P(R|T) > P(R|\sim T)$

これらの仮説を確証するデータは、タミフルを服用していないインフルエンザ患者の反応に対する、実際にタミフルを服用した個別のインフルエンザ患者の反応である。つまり、タミフルを服用したインフルエンザ患者が実際に治癒したり、意識障害を起こしたりした、というデータである。こうした事態を、単に確率の大小関係としてだけでなく、データの集積具合に応じた徐々に進行する確証プロセスとしてリアリスティックに捉えるには、「ベイズ的確証理論」への対応づけが求められる。そうした対応づけのもとで捉え返すならば、それぞれのデータが仮説１や仮説２が真であるという「信念の度合い」をどのようにアップデイトしてゆくかを「ベイズ的条件づけ」によって解明する、というのがここでの立ち向かうべき主題となるだろう。

５　ベイジアン・ネットによる因果推論の表示

もちろん、こうした「ベイズ的条件づけ」による解明を説得力ある仕方で遂行するには、少なくとも先に触れた三つの批判点に対する一定の備えがなければならない。まず、「ジェフリー条件づけ」について言えば、これは「ベイズ的条件づけ」の厳密化であり、「ジェフリー条件づけ」を受け入れてもベイズ主義自体を放棄する必要はないだろう。実際、ジェフリー自身、ベイズ主義の脈絡のなかで自らの議論を展開している。これは、具体的には、タミフルを服用したあと意識障害らしき症状が現れたけれど、それを確実に意識障害であると断定できない、というデータが得られた場合の対処に関わる。この場合、証拠が真である確率を重みづけとして乗じるのは発想として自然なので、ベイズ主義の路線の変更には結びつかないだろう。次に、「証拠的連関」の問題だが、これはとりわけ「にせの原因」の問題において顕在化する。連関を考慮しなければ、「にせの原因」を混入させてしまうことになりうるからである。よって、ベイズ主義的に確率的因果の考え方を解明・展開するには、「ろ過」の手続きを「ベイズ的条件づけ」に融合させなければならない。最後に、「古証拠問題」に関して言えば、これは実際の確証の現場ではほとんど問題にならないような、哲学的・理論的な問題である。これについては私は別の箇所で一定程度論じたので(一ノ瀬 2006, 第四章)、ここでは触れない。

実は、「ベイズ的確証理論」と「確率的因果」の融合は、「因果的モデル化」(causal modeling)という形で、統計学、人工知能論、コンピュータ科学などとの連携のもとですでにかなりの進展を遂げている。なかでも、ジュディア・パールや、スパーテス、グリモア、シャインズの業績が、哲学的には重要である(Pearl 1988 and Spirtes, Glymour and Scheines 2000)。彼らが、とりわけパールが、提示したモデルは「ベイジアン・ネットワーク」(Bayesian Networks)と呼ばれている(「ベイジアン・ネット」または「ベイズ・ネット」と略称される)。それは、「有向非巡回グラフ」(a directed acyclic graph, DAG)と呼ばれるグラフと、「確率分布」(probability distribution)を決定する「確率特定化」(probability specification)(しばしば確率表として示される)との、二つの要素によって成立すると規定される(Williamson 2005, pp. 14-16)。「有向非巡回グラフ」は、出来事などの入る変数を示す「ノード」(node)が「矢印」(arrow)によって結ばれたものである。また、「確率特定化」はまさしく「ベイズ的条件づけ」を使ってデータの集積によって導き出されてきた数値にほかならず、それが各ノード間の矢印の持つ確率となる。それゆえにこれはベイジアン・ネットと呼ばれるのである。ベイジアン・ネットのもともとの構造からすると、各ノードを結びつける矢印は確率的依存の度合いを示していればよいのだが、そうした矢印を因果関係を示す矢印としてグラフを構成することはもちろんできる。そのとき、

「確率的因果」の考え方と「ベイズ的条件づけ」とが融合する。先のタミフルの例について、簡単な「有向非巡回グラフ」を作ると次のようになる。ここでは、話を現実的にするため、「衝動的な異常行動をする」をAbとおいて加えてみる。あるいは、第2節で挙げた電車の例でも同じグラフになる。その場合は、Tの代わりにC、Dの代わりにA、Rの代わりにBとおいて、Abの代わりにたとえばDu「運転台のほこりが舞う」などをおけばよい。

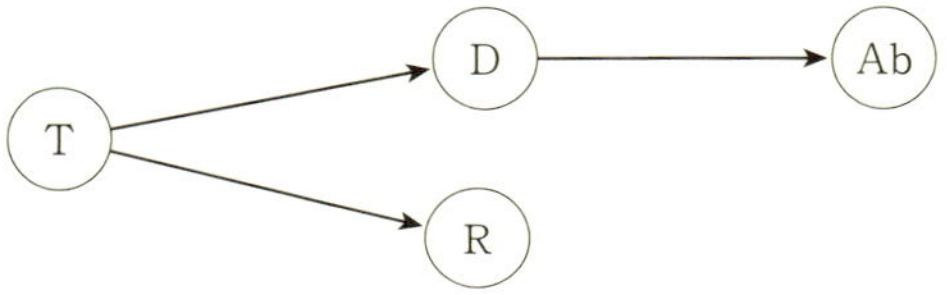

そして、それぞれの矢印の確率値はデータ集積による「ベイズ的条件づけ」の適用によって「確率特定化」として与えられることになる。このときの確率値の意味の採り方としては二通りありえる。たとえば、仮説1「P(D|T)>P(D|~T)」について、「ベイズ的条件づけ」によってタミフルを服用したインフルエンザ患者に関するデータによって確率値が上昇し確証されたとき、その仮説1それ自体に対して割り振られる確率が「T→D」の矢印となるという考え方が一つである。この場合、事態的には、仮説1それ自体が確率を中身に含めているのだから、「確率の確率」が矢印として表記されていることになる。それに対して、タミフル服用患者に関して「ベイズ的条件づけ」によって導出されてくる確率値は、すなわち仮説1の左辺「P(D|T)」のなかの「P」なのであって、それがそのまま「T→D」の矢印の確率値となるという考え方がもう一つである。この第二の採り方だと、話は非常にシンプルになる。

いずれにせよ、こうしたベイジアン・ネットの考え方それ自体は、「ベイズ的条件づけ」と「確率的因果」との融合を上手に表現しうる道具として、つまり構造の明確化を目的として、提起されたのであって、哲学的主張として新たな洞察を加えたというほどではない。けれども、まさしくそうした構造の明確化を果たすことによって、問題の見通しがクリアにできるようになったことは間違いない。その顕著な現れは、すでに何度か触れた「にせの原因」を除く「ろ過」の働きが、ベイジアン・ネットの構築の最初から条件として組み込まれ、それを矢印の存否によって明瞭にした点が指摘できる。それは、「因果的マルコフ条件」(Causal Markov Condition)と呼ばれる条件であり、因果的ベイジアン・ネットを構築する際の基本的要件とされている。ジョン・ウイリアムソンによる以下の記述が分かりやすいので、それを引いておく。

〈因果的マルコフ条件〉
各々の変数は、その変数の直接的原因を条件とするとき、その変数の非 - 結果と確率的に独立である。(Williamson 2005, p. 50)

すなわち、T「タミフル服用」という事象を条件とするなら、たとえD「意識障害の発生」とR「インフルエンザの治癒」との間に確率的相関があったとしても(この点、私は確認できていない。タミフルの副作用を被った人は、インフルエンザ自体もよくなっていたのだろうか?)、DとRとは独立なので、両者を矢印で結びつけないのである。これは、電車の例で例解した方が分かりやすいかもしれない。A「操縦桿を引く」ということが条件となっているならば、A「風の発生」とB「電車の発車」との間に強い確率的依存関係があるように一見感じられたとしても(実際そう感じられるだろう)、AとBとを矢印では結びつけないのである。こうした操作の根底に、「ろ過」の操作が埋め込まれているのである。「因果的モデル化」を志向する議論のなかでは、この「因果的マルコフ条件」以外にも、ひとたびグラフに示された因果的効力はどんなに多くの矢印を進んでいっても失効することはないという「忠実性条件」(Faithfulness Condition)や、特定の確率分布に関して「因果的マルコフ条件」を満足するグラフは一つしかないことを要求する「最小性条件」(Minimality Condition)など、いくつかの精緻化された要件が提案されている(See Spirtes, Glymour and Scheines 2000, pp. 30-38, and Hitchcock 2002, pp. 11-16)。こうした洗練化によって、ベイジアン・ネットは確率的因果を推定する推論のあるべきあり方をヴィジュアルに顕在化させることに一定程度成功していると言ってよいだろう。

6　シンプソンのパラドックスの衝撃

けれども、こうしたベイジアン・ネットの考え方は、いくら洗練化を施しているとしても、原因は結果の生起する確率を高める、という確率的因果の基本的着想を根底において引き継いでいる。それゆえ、もしこの基本的着想に対する疑念が提起されるのだとしたら、ベイジアン・ネットひいてはベイズ的確証理論そのものが大きな打撃を被ることになるだろう。こうした観点から、確率的因果およびベイジアン・ネットによる因果推定に対して疑念を提起し続けているナンシー・カートライトは、因果関係として認めるためにクリアされなければならないいくつかの警告をリストアップした上で、こう述べた。

ベイズ・ネットに関する問題性は、これらすべての警告を無視しているという点にある。ベイズ・ネットが因果的グラフとして用いられるとき、諸結果はそれらの諸原因の各々に確率的に依存している。そして、それに尽きる。この事実を覆い隠すものは何もない。ベイズ・ネット・アプローチによってなされている因果性についての前提は、最初の、当時としては開拓的な、パトリック・スッピスによる因果性の確率的分析へとはるばると舞い戻ってしまっているのである。

(Cartwright 2003, p. 256)

そして実際、原因とは結果の生起確率を高めるものだという確率的因果の基本的着想に対しては、根本的な疑念がすでにいくつか提出されている。そのうちの一つは、すでにスッピス自身が言及していた、「ローゼンのパズル」である。すなわち、ある出来事αは別の出来事βの生起確率を低めているにもかかわらず現実にβが生じたときにβの原因と見なされることがありうる、という問題である。ローゼンのパズルは、ゴルフのバーディーパットの際に、ウサギが現れてボールを蹴飛ばしてしまった(バーディの確率が低まった)が、その後で予想外のルートをたどってバーディーとなった場合、ウサギがボールを蹴飛ばしたことがバーディーの原因と言わなければならない、といった形で提示される。これはきわめて興味深い議論であり、これを追求することで因果性という問題の解明に関してある深化が期待できるが、それはすでに別に行ったので(一ノ瀬 2001, 第四章)、ここでは詳述しない。

あるいは、もう一つの「確率的因果」の考え方に対する疑念がある。それは、因果性は原因と結果との間に非対称性があり、そしてそれは一般的には時間的な順序の形で理解されるのに対して、条件つき確率の場合は、条件項と被条件項とを逆転させて(したがって時間的な順番も逆転させて)逆確率を論じることに何の理論的な問題もなく、そういう意味で対称性を備えているという、重大な概念的相違があり、そうであるがゆえに一種のパズルを生み出してしまうという問題である。この問題点は、とくに、現在の事態が成り立っているという条件のもとで、過去の別な事態が成立していた条件つき確率を求める、というときに顕在化する。というのも、それを「確率的因果」の着想と結びつけると、現在の事象が原因となって過去の事象に因果的影響を与えるという事態、すなわち「逆向き因果」と呼ばれる事態を招来してしまうからである。こうした問題は、最初の提起者の名前を取って「ハンフリーズのパラドックス」(Humphreys's Paradox)と呼ばれている。この問題については別の場所で詳しく論じたので、いまは言及するだけにとどめておく(一ノ瀬 2006, pp. 64ff. を参照)。

けれども、実は「ローゼンのパズル」や「ハンフリーズのパラドックス」以外にも、確率的因果の考え方に、ひいては因果的ベイジアン・ネットの考え方に、さらに根源的かつ深刻な疑問を投げかける難問がつとに指摘されていた。それはいわゆる「シンプソンのパラドックス」(Simpson's Paradox)と呼ばれる著名なパズルである。カートライトの因果的ベイジアン・ネットに対する強い懐疑の大きな要因もこの「シンプソンのパラドックス」にある。このパラドックスは、一九三四年にモリス・コーエンとエルンスト・ネーゲルが発表した論文に端を発し(Cohen and Nagel 1934)、それをＥ・Ｈ・シンプソンが一九五一年に論文で取り上げ(Simpson 1951)、その広範な適用可能性を論じたことからパラドックスとして認知されるに至った問題である。コーエンとネーゲルが言及したもともとの問題は、一九一〇年におけるニューヨークとヴァージニア州リッチモンドという二つの都市での結核による死亡率の比較に関してのものだった。両都市のアフリカ系住民の結核による死亡率を比較すると、ニューヨークの方が高かった。また、両都市の白色人種住民の結核による死亡率を比較すると、やはりニューヨークの方が高かった。すると当然、両都市のアフリカ系住民と白色人種住民との総計における結核による死亡率を比較したとき、ニューヨークの方が高いことが予想されるが、実際はそうではなく、リッチモンドの方が高かったのである。つまり、マリナスとビッグロウの言い方を借りるなら、「シンプソンの不等関係逆転」(Simpson's Reversal of Inequalities)が生じるのである(Malinas & Bigelow 2004, p. 3)。もう少しわかりやすい例を取り上げてみよう。マリナスとビッグロウは、次のような(1)と(2)という前提から(3)を導く、一見妥当だと思われる推論が妥当ではないケースがあるとする。

(1) ある治療を受けて回復する男性患者の確率は、その治療を受けない男性患者が回復する確率よりも大きい。

(2) ある治療を受けて回復する女性患者の確率は、その治療を受けない女性患者の回復する確率よりも大きい。

(3) それゆえ、その治療を受けて回復する(男性および女性)患者の確率は、その治療を受けない(男性および女性)患者の回復する確率よりも大きい。

(Malinas & Bigelow 2004, p. 1)

この場合、「治療を受けない患者が回復する」というのを、「偽薬を与えられてプラシーボ効果が発生する」というように考えるとリアリティがあるだろう。いずれにせよ、直観的に考えると、(1)と(2)が成り立っているとするなら、(3)が成り立つと思われてしまう。しかし、こうした推論が妥当ではなく、男女それぞれではその治療の回復効果が認められるのに、全体では認められないことがありうるというのである。実際そんなことを言われたら、私自身がその治療を受けるべきかどうか迷っている場合、とてつもない混乱に巻き込まれてしまうだろう。パールが叙述しているように、こうした混乱させる事態に面したとき「あなたの最初の反応はおそらく、「ちょっと待って、データを見せてください」というものだろう」(Pearl 1988, p. 496)。けれども、実際こうしたデータが存在するのである。もっとも単純な例として、上の表1のようなデータ配分ケースがありうる(数字は人数を表すとする)(See Malinas & Bigelow 2004, p. 3. 数値は若干変更してある)。

表1

	男性		女性		男女の全体	
	回復	非回復	回復	非回復	回復	非回復
治療	20	40	20	10	40	50
未治療	15	40	90	50	105	90

　すなわち、男性で治療を受けて回復したのは20/60で、未治療で回復したのは15/55であり、20/60>15/55という先の(1)に対応する関係が成立する。また、女性で治療を受けて回復したのは20/30で、未治療で回復したのは90/140であり、20/30>90/140という先の(2)に対応する関係が成り立つ。しかるに、男女全体で合計すると、治療を受けて回復したのは40/90で、未治療で回復したのは105/195であり、40/90<105/195となってしまい、先の(3)は成立しないのである。もちろんこうしたケースの可能性は、データ量を大きくしてもつねに存在す

る。

これはいかにも奇妙な事態である。pを「男性患者がその治療を受ける」、qを「女性患者がその治療を受ける」、rを「その治療を受けることは、その治療を受けないことよりも回復にとって好ましい」とおくと、上記の(1)から(3)までの推論は次のように表せる。

(1) $p \supset r$

(2) $q \supset r$

(3) $(p \vee q) \supset r$

これは明らかに古典論理的に妥当な推論である。にもかかわらず、実際には成立しないのである。こんなことがありうるならば、この治療と回復との因果関係をどのように推定したらよいのだろうか。ある出来事の確率を高めるならばその出来事の原因となりうる、という確率的因果の原着想は、このシンプソンのパラドックスを前にしたとき、根底から覆されてしまうのではなかろうか。そして、ベイジアン・ネットによる因果推定も絵に描いた餅になってしまうのではなかろうか。

7　母集団に対する相対性

「シンプソンのパラドックス」に対して、もしかしたら最初に生じるかもしれない素朴な問題点を確認しておこう。それは、ここで確率と言われているのは単に統計データにすぎないのであって、ベイジアン・ネットの基礎になると一般に考えられているはずの「信念の度合い」とは異なるのではないか、という問題点である。しかし、これに対しては簡単に答えられる。「信念の度合い」と言っても、まったくなんの材料もなく、私たちはそれを突然持つに至るのではなく、客観的なデータや専門家の見解などを聞きながら、それを踏まえて、あるいはそれに対する、「信念の度合い」を形成していくのだ、と。つまり、主観的確率と客観的確率などとしばしば峻別されるが、実は実践的にはそこに明確な差異はなく、むしろ混合しているのである。かつてデイヴィッド・ルイスは主観的確率を意味する「信憑性」(credence) と客観的確率を意味する「チャンス」(chance) とが相補的であることを「主要原理」(The Principal Principle) として立てて、自らの確率理解の基礎に据えたが (Lewis 1986, pp. 86-87)、こうしたルイスの洞察は明らかに私たちの確率概念使用の実践に根ざしている。

さて、しかし、「シンプソンのパラドックス」はどう理解したらよいのだろうか。ここには演繹論理に対する疑念さえもが混じり込んでいる。たとえばパールは、この問題に対して、このような診断を下している。私たちは通常は前節の(1)から(3)のような演繹論理を「因果論理」(causal logic) の基準として使っているのだが、「シンプソンのパラドックス」のように、複数の区画を合算して推論を行う場合には「増加比率の意味論」(semantics of increased proportions) で対処しなければならず、そしてそうした意味論においては因果論理は健全ではないのだ、と (Pearl 1988, p. 496)。しかしこうした述べ方は、おそらく、そもそも確率的因果の原着想を保守すべき自明の前提とした上で、「シンプソンのパラドックス」を例外的な事象としてのみ扱おうとしているものであり、確率的因果の着想それ自体を吟味するという態度にはなっていない。「シンプソンのパラドックス」に対しては、スパーテス、グリモア、シャインズも重大な難問と受け止めて、ある考察を加えている(Spirtes, Glymour and Scheines 2000, pp. 38-42)。しかし、彼らの考察は「忠実性条件」を前提とした議論であり、「シンプソンのパラドックス」のような、そもそも「忠実性条件」の侵犯のおそれのある問題に対しては論点先取の誤謬を犯しているように思われる。それに実際、カートライトが強調するように、因果的効力の失効・キャンセルという事態は珍しくなく、「忠実性条件」という要件それ自体が疑わしいとも言えるのである(Cartwright 2003, pp. 263-265)。カートライトは、このような点に照らして、ベイジアン・ネットの根幹をなす「因果的マルコフ条件」に対しても強い疑念を呈している(Cartwright 2003, pp. 269-271)。

こうした問題に対して真摯な考察を加えたマリナスは、演繹論理と「シンプソンのパラドックス」の関係について、次のようなおそらく的を射た指摘をしている。すなわちマリナスは、先の例で言えば、r「その治療を受けることは、その治療を受けないことよりも回復にとって好ましい」という文は、「好ましい」ということに対して数量的に多様な意味を与えることができるので、「一義的解釈を許さない……よって、こうした非形式的な論証の定式化は妥当な論証形式の一例にはならない」(Malinas 2003, p. 171)と診断するのである。換言するならば、p、q、rを用いて定式化した先の推論形式は、実は「シンプソンのパラドックス」の推論形式にはなっていないということである。

では、「シンプソンのパラドックス」の形式を真に明らかにするにはどうしたらよいのだろうか。それはもちろん、前段で触れた、「数量的に多様な意味」をきちんと識別する手立てを講じることである。すなわち、確率を算定するときの「母集団」(population)あるいは「参照クラス」(reference class)が何であるのかということを、しっかりと考慮に組み入れなければならないのである。そのことをつねに念頭に置きながら、確率の算定、そしてそれに基づく推論を遂行するべきなのである。逆に言えば、「母集団」や「参照クラス」が何であるかを確率の比較をするときに考慮しているならば、実は「シンプソンのパラドックス」はパラドックスでもなんでもないということが分かる。表1に表されているデータそれ自体、なんの不思議もなんのトリックもなく、あるがままの事実にすぎない。母集団と込みで考えていけばこうなるというだけのことである。*

＊　二〇〇七年一二月二〇日に東京大学本郷キャンパスにて開催された「統計学の哲学」に関する科学研究費の研究会において、統計学者の狩野裕が私の「シンプソンのパラドックス」についての議論を取り上げて、やはり、「シンプソンのパラドックス」に対応する事態について、「交絡変数」(confounding variable)を注意深く考慮に入れ、できるだけ正確な因果ダイアグラムを提示するならば、これはパラドックスでもなんでもなく、単なる事実として、しかもそこから因果推定をすることさえ可能な事実として描き直せる、という趣旨の発表を行った。逆に言えば、重要な「交絡変数」を分析モデルに含めないとミスリーディングな結果を産んでしまう、ということである。これは、私自身の議論の方向性と対応している指摘である。ここで言われている「交絡変数」とは、「原因変数と結果変数の両者に影響を及ぼす第3変数」(狩野 2002, p. 70)のことである。研究会当日配布された狩野の配付資料によれば、私が挙げた治療と回復の例で言うと、ここで想定されうる「交絡変数」は、たとえば問題となっている病気や回復に関する「女性」であることの効果、などがさしあたって考えられるという。そうした「交絡変数」を考慮しながら、データをさらに詳細に解析していくならば、パラドックスが生じるどころか、そのデータから有効な因果推定も可能になるというのである。ただ、私自身

は、こうした詳細化をいくら最大限まで行っても、結局は、確実性とか必然性とかを伴う形での因果関係の認識には原理的に至りえない、という点に強調点を置きたいのである。そういう意味で、因果性は、骨の髄のところではメタフィジカルであることを止めはしないこと、それゆえにいくら統計的な精緻化を施しても、確たる基盤を持つには至らないこと、それを強調したいのである。

8　高次のシンプソンのパラドックス

しかし、これに対し、分母を等しくしていわゆる「正規化」(normalizing)の操作を施したならば、どうだろうか。男性の場合の20/60＞15/55は、たとえば分母を200に合わせるとするなら、67/200＞55/200となり、女性の場合の20/30＞90/140は、133/200＞129/200となり、そして男女全体の場合はもともとは40/90＜105/195だったのが、200/400＞184/400となり、「シンプソンの不等関係逆転」は発生しない。こうした事態は、上の表2のように表せる。つまり、この場合、治療は回復の確率を高めると紛れもなく言える。母集団によって確率の高低が変わり、そこから見取られる関係性も変わるのである。しかし、だからといってこのように「正規化」したものが真の確率の関係を表現していることになるかというと、そうも言えない。二つの問題点がある。

表2(表1のデータを正規化したもの)

	男性		女性		男女の全体	
	回復	非回復	回復	非回復	回復	非回復
治療	67	133	133	67	200	200
未治療	55	145	129	71	184	216

第一に、こうした「正規化」の操作は、一見単なる数字の処理にすぎず、内容的な変更を加えてい

ないので、したがっていかなる難点もないように見えるかもしれないけれども、実際のデータの実数に手を加えてしまっている点で問題がある。たとえば、最初のデータでは、治療を受けた男性六〇人のうち二〇人は回復し、未治療の男性五五人のうち一五人が回復したというものであったわけだが、この調査を二〇〇人の男性にまで拡張したときにも同じ割合になるかどうかということは、この時点では不明であると考えた方が誠実である。そうした不明性に目をつぶって正規化してしまうというのは、根拠薄弱な帰納的憶測を加えたことになってしまう。もちろん、データをさらに大量に集めて、統計的な有意性を確保できる段階まできたならば、そうした正規化のような操作にも説得力はあるが、それでも哲学的なレベルでは、帰納的憶測が混ざり込んでいるという事態は依然として変わりがない。やはり、データの実数を大切にするという態度の方が本当には信頼性がある。しかし、仮にこの難点が無視できる程度のものだとしても、次のより根本的な困難が立ちはだかる。

すなわち第二に、同じデータを別の基準で割り振ったとき、そしてさらにそれを正規化したとしても、不整合な不等関係が生じる可能性が消去できないという点が指摘されねばならない。いわば、「高次のシンプソンのパラドックス」が生じうるのである。マリナスがこの点を鋭く指摘している。マリナスは、性差以外の仕方で、たとえば年齢五〇歳未満と以上とで分割してデータを集計したときには、それを正規化して考えたときには、表１に示したのと同じデータであっても、治療は回復の確率を逆に低めるという関係性が浮かび上がってくる場合もありえるということを示したのである。表１と同じデータが、五〇歳未満と五〇歳以上という分け方の場合、次頁の表３のように分布したとしよう。

表3

	50歳未満		50歳以上		全体	
	回復	非回復	回復	非回復	回復	非回復
治療	10	20	30	30	40	50
未治療	20	15	85	75	105	90

表4(表3のデータを正規化したもの)

	50歳未満		50歳以上		全体	
	回復	非回復	回復	非回復	回復	非回復
治療	67	133	100	100	167	233
未治療	114	86	106	94	220	180

こうした事態は十分に可能である。しかるに、この場合、五〇歳未満で治療を受けた人と受けない人の回復確率は、$10/30<20/35$となり、治療を受けない方が回復する率が高い。また、五〇歳以上で治療を受けた人と受けない人の回復確率は、$30/60<85/160$となり、やはり治療を受けない方が回復する率が高い。そしてこの場合、通常の意味での「シンプソンの不等関係逆転」は生ぜず、全体でも$40/90<105/195$となり、治療を受けない方が回復しやすいことになっている。このデータを、先に表2を作ったときと同じように、分母を二〇〇に合わせて正規化してみると、上の表4のようになる。

ここでも、表3の場合と同様に、五〇歳未満の人も五〇歳以上の人も、治療を受けない方が回復確率が高く、そして全体でも治療を受けない方が回復しやすいことが明瞭に見て取れるだろう。しかるに、ここでのポイントは、まず、表3は表1と同じデータを、単に別の基準で振り分けたものであるにもかかわらず、表1では「シンプソンの不等関係逆転」が生じるけれども、表3では生じないという差異が発生することである。さらに、表4は表2と同じデータを、別の基準から、しかし同じ分母で正規化して表したものなのだけれども、表2では、治療は回復確率を高めるという推測を導くのに対して、表4は、まったく逆に、治療しない方が回復率を高めるという推測を導くということも注目されねばならない。すなわち、同じデータから、正規化しなくても正規化しても、分割の仕方が違えば、異なる帰結が生じうるということである(Malinas 2003, pp. 169-170)。この事態はまさしく「高次のシンプソンのパラドックス」と呼ばれてよいだろう。

こうした事態は、明らかに、母集団をどう選ぶかという点、そしてどういう分割をするかという点に、確率的相関は依存しているということを示唆している。そうであるならば、差し出されたデータに確率的相関が見出されたとしても、つまりある出来事が別の出来事の確率の上昇と相関しているとしても、そこから直ちに両者の因果関係を推定するのは理論的に誤謬を犯していることにつねになりうる。上の例で言うならば、治療を受けることが回復率を高めるということを特定のデータから見出したとしても、そこから直ちに、その治療が回復の原因となる、という結論へ至ることには、つねに誤謬の可能性が待ち受けているということである。ということは、確率的因果の着想、そしてそれに基づいたベイジアン・ネットの考え方は、そのままの形で受け取ることはできないということになるだろう。カートライトはこう述べる。「原因はその結果の確率を高めることができるだろう。けれどもそうである必要はない」(Cartwright 2003, p. 271)。なぜなら、母集団の取り方によって確率的相関のありようが変化しうるからである。

9　「条件なし確率」の困難

実は、こうした考え方はもっと普遍化して展開することができる。もともとベイジアン・ネットの考え方は「ベイズ的条件づけ」に基づいており、そして「ベイズ的条件づけ」は「ベイズの定理」を応用したものであり、そしてさらに「ベイズの定理」は「条件つき確率」の定義から由来するものであった。しかるに、「条件つき確率」の定義は、その形から明らかなように、「条件なし確率」(unconditional probability)を用いた比(ratio)の形として導かれていた。「条件なし確率」を用いた比として「条件つき確率」を定義するのは、「コルモゴロフの公理」に由来する(一ノ瀬 2006, p. 32 参照)。けれども、よくよく考えてみると、「条件なし確率」などというものが果たして意味をなすだろうか。先の例に沿って言うならば、「私がその治療を受ける」確率はどのように算定するのだろうか。藪から棒にそのような確率を問われても、何とも言いようがないだろう。やはり、ある特定の病気に罹っている場合とか、ある特定の症状を被っている場合とかの、母集団または参照クラスが決まってはじめて確率の意味が立ち上がってくるのではないだろうか。ということは、「条件なし確率」というのも、実際は「条件つき確率」であると言うべきなのではないだろうか。これと同様な論を展開したアラン・ハイエックは、主観的な「信念の度合い」の場合でも、私たちは何でも適当にそれを指定しているのではなく、その背景にどのような専門家の見解に拠るかといったことなどに関わる参照クラスが伏在しており、やはり厳密には「条件つき確率」として理解すべきだとした(Hájek 2003, pp. 192-195)。

「条件なし確率」を用いた比の形での「条件つき確率」の定義には、さらにもう一つ根本的な疑念を提起しうる。やはりハイエックが示しているように、「条件つき確率」は条件となる項の確率が0であっても十分に意味をなしうる。たとえば、zを論理的に不可能な文でありその確率を問われたら0を指定するしかないとした場合でも、P(z|z)=1であるとか、P(~z|z)=0という算定はまったく

何の問題もなくできるからである（Hájek 2003, p. 196）。しかるに、比による「条件つき確率」の定義では、確率０のものを条件項とすることは除外されていたのである。ハイェックはこうした点から、比による「条件つき確率」の定義は廃棄すべきであり、むしろ「条件つき確率」をプリミティヴなものとして出発点に置くべきだと論じた。このような、「条件つき確率」を基礎に置く確率論はカール・ポパーの考え方に由来しており、今日では「ポパー関数」（Popper function）と呼ばれて定式化が図られている（See Hájek 2001, pp. 375-376）。かくして、事情がこのようであるなら、コルモゴロフの「条件つき確率」の定義に端を発する「ベイズ的条件づけ」を用いた因果的ベイジアン・ネットとそれに連動した確率的因果の考え方は、なおさら窮地に陥るというべきであるように思われる。

けれども、したり顔で、だからベイジアン・ネットはうまくいかないのだとだけ述べて、論を終えてはならない。問うべきことが二つある。第一に、確率的相関と因果関係をこのように切り離したとするなら、因果関係はどのように認識されるのか。先に引いたようにカートライトは「原因はその結果の確率を高めることができるだろう。けれどもそうである必要はない」（Cartwright 2003, p. 271）と述べていた。では、確率的相関にある因果関係とそうでない因果関係とはどうやって区別するのか。第二に、確率的相関は母集団や参照クラスに依存するのは分かったとしても、ではどのような母集団に拠ることが適切な関係性の認識に結びつくのか。

10　神秘化と無限性

この二つの問いは別個ではあるけれど、確率的因果の考え方を崩した後どうするのか、という点で同趣旨の問いであるので、答えも共通に与えることが可能である。そう捉えた上で二つの答えの可能性に言及したい。まず、第一に考えられる答えの方向性は「神秘化」の道だろう。すなわち、因果関係の認識はなぜか分からないが端的に与えられるのだ、適切な母集団はなぜか分からないがあるとき確定するのだ、という答えである。それは逆に言えば、因果関係など人間には認識しえないのだ、確率は母集団に完全に相対的であって特定の母集団が特権的に適切だということは私たちには分からないのだ、という含みをもっている。カートライトやハイエックは、こうした議論の方向性を受け入れたいとは思わないだろうが、私の見る限り、彼らの議論はこうした神秘主義的な向きへと舵を切っているように思われる。あるいは、神秘化ということが過激すぎる言い方だというなら、こう言ってもよい。因果関係の認識について、その真偽を確かめる手続きなどはじめから存在せず、私たちに追跡可能なのはせいぜい、かつてヒュームが展開したような、エピステミック(認識的)な次元での事実記述だけなのだ、と。こうしたヒューム主義への回帰が第一に考えられる道筋である。

さて、第二の答えの可能性だが、それは「無限性」の道である。先の二つの問いに対して、前段の「神秘化」の道をもって答えとしたくなく、何らかの客観性を保持したいと考えるならば、再び経験的な検証によってそれに答えるということになろう。すなわち、確率的相関にある因果関係とそうでない因果関係とを経験的に検証して識別できるようにしようという道筋であり、また適切な母集団がどういうものであるかを経験的に検証していこうという道筋である。しかるに、こうした道筋は、不可思議なことだが、再び確率的相関性(ひいては確率的因果の関係)を利用するしかないことになるのではないだろうか。①**特定のいかなる条件**が、②「**確率的相関と連動する因果関係**」を決定するかを経験的に推定していくには、①と②の間の何らかの確率的相関性・因果性を利用するしかないだろう、ということである。あるいは、③**特定のいかなる経験的条件**が、④「**ある確率的相関を解明するための適切な母集団**」を確定するのかを予想するには、やはり③と④の間の確率的相関・因果性に拠るしかないだろうということである。だとすれば、議論の形からして、こうした入れ子構造は「無限」に背進してゆく。つまりは、終わりがなく、因果関係の認識は空中分解する。期待効用に基づく意思決定理論が「聖ペテルスブルクのパラドックス」と呼ばれる「無限性」を含意する難問に晒されるのとまったく同様に、確率的因果そして因果的ベイジアン・ネットもまた確率的相関をめぐる「無限性」の闇へと巻き込まれてゆくのである。

おそらくこうした事態は、少し先取りして言えば、因果関係というものは究極的には検証し発見するものではなく、どこかで認識者が(当人が意識していないとしても)規範として決定してゆくしかないものであることを暗示しているのではなかろうか。ただし、そのように規範的に決定しくゆくときの手がかりとなるのが、確率的相関、すなわち、そのときその特定の状況下で現実に人々に対する説得性をかちえている確率的相関の関係なのではなかろうか。もちろんしかし、それが次には説得的でなくなることは、「シンプソンのパラドックス」が示唆するように、ありうる。実際、因果関係を認識するとき、私たちはつねに特定の文脈に縛られているのであり、しかしそうした特定の束縛状態を脱したときには、因果性についての異なる把捉が出現してくるだろうことは想像に難くない。

11 対象化のアポリア

冒頭の例を思い出そう。部屋に強いにおいが充満していて、部屋の隅に純米酢がこぼれていたとき、私たちはほとんど躊躇なく、そのにおいの原因は純米酢である、と推定する。というより、断定する。これは私たちの過去の経験にも適った説得力ある認識である。しかし、冒頭にも指摘したように、こうした認識はさまざまな偶然的条件に依存しており、厳密には、そのにおいの原因が純米酢であることは必然的である、とは言えない。ここまでは、確率的因果の考え方を導くことに合理性が伴うという指摘であった。しかし、こうした因果関係への理論的追求を進めるならば、さらに根源的なアポリアをえぐり出す次元にまで問いを及ぼすことができる。なぜ、においの原因を、部屋のなかにある何かだと想定して、追跡しようとしたのか。なぜ、たとえば、隣の部屋での空気の振動に原因があるかもしれないと、あるいはたとえば、外国のある国での特定の昆虫の死がこの部屋のにおいの原因かもしれないと、そのように考えて原因追求をしなかったのか。または、三〇年前にこの場所で枯死した観葉植物の残滓がにおいの原因であるという可能性を考慮しなかったのか。こうした疑問を完全に解消してしまう、あるいは封殺してしまう答えを与えることはできないだろう。そのように疑問として立てられている原因候補の一つ一つを完璧に斥けることができるという根拠を私たちは持っていない。

そもそも、そうした可能性のすべてを検証する手立てがない。しかし、ないからといって、それらを完全に理論的に排除することもできない。これは要するに、因果関係を相関性によって推定しようとするときの、調査の単位となる相関項を対象化するということには、実は、底なしの暗黒が潜在しているということである。さしあたりこれを「対象化のアポリア」と呼んでおこう。大体そもそも、因果性に「必然性」が言い立てられない以上、当該の因果関係は成立しておらず、別の関係性が成立しているのだ、となる可能性が許容されているのである。そういう意味で、因果関係の探究は、本質的に、つねに「対象化のアポリア」に陥る可能性に晒されていると言えるだろう。よって、上のような突飛にさえみえる疑念に対して私たちが応じるとしたら、せいぜい、現在この瞬間、私たちが事実として受け入れている背景知識や科学的法則性にのっとる限り、大抵は、においの原因は空間的にも時間的にもにおいそれ自体の近傍にあると思われるのであって、だから部屋の内部の何かに原因を求めたのだと、実際上そう論じることだけしかできないだろう。

つまりこういうことである。先に私は、確率的相関性に手がかりを求めて追求していくことは無限背進に陥ると述べたが、そしてそれは正当な指摘ではあるのだが、しかし実は、厳密に考えるならば、そうした無限背進以前に、そもそも相関関係を調べる基となる特定の条件を同定すなわち対象化するに際して、なぜその条件が調査の対象になるのか、という点で「対象化のアポリア」という根源的な疑問が生じるということなのである。他の条件を対象にしてはなぜいけないのか、と。こういう意味で、私たちは、因果関係を認識するとき、意識しようとしなかろうと、強い束縛を受けている。その束縛を離れて、全然別の条件を考慮して相関関係を調べ直したならば、いままで自明と思っていた因果関係が崩れ去る可能性がつねにある。だとしたら、特定の区画だけの相関関係を調べて因果関係を推定しても、もっと大きな視点から調べ直したならば、その推定が崩れ去る可能性がつねにあるという事態を指し示すのが「シンプソンのパラドックス」だと、そのようにこのパラドックスの趣旨を押さえるならば、実は、そうした崩壊の可能性は、「シンプソンのパラドックス」を述べ立てる以前から、経験的に因果関係を認識していこうとする道筋に最初から抜き難く巣くっていたと言えることが分かる。このことは、逆に言うならば、こうした根源的事態を踏まえているにもかかわらず、私たちはぬけぬけと因果関係を認識してしまっていると思っているのならば、あるいは実際にそうした因果関係が成立しているのだとしたら、それは何か「神秘的」な作用によるとしか言いようがないのだということにもなるだろう。前節に触れた、「神秘化」と「無限性」という二つの応答の可能性は、もとから一つの道行きへと、「対象化のアポリア」という一つの謎へと向かっていたのである。

12 アポリアと日常性の振幅

しかし、いずれにせよ、私たちは日常的に因果関係を認識し、推定しながら、生きている。それなしでは、一歩足を踏み出すことさえかなわない。一歩足を踏み出すことが、私の身体の支えを提供する原因となり、次の動作の基盤を産み出す、という因果関係に私たちは身を委ねているのである。これを、単に「対象化のアポリア」に陥っている、と記述するのは的を射た感じがしない。とすれば、どうこの日常性を捉えたらよいのか。おそらく、ここで考慮すべきは、やはり再び、非必然的な程度説的な考え方であろう(そこでの非必然性を、再び確率概念によって理解できるかどうかは、いまの私には分からない)。それは、前に先取り的に暗示として触れた論点にほかならない。すなわち、どのような因果関係でも可能であるという「対象化のアポリア」に完全に陥っているわけでもなく、しかし、特定の因果関係を必然的な関係性として押さえ尽くしているというのでもなく、その中間の、この瞬間だけに限った形での、当座の因果的認識を私たちは日常的に抱き、その都度その都度、改訂可能性を受け入れながらも、たぶん説得的だと思われる特定の因果的認識をみずからピックアップしているのだ、というように真相はなっているのではないか、と私は思うのである。言い換えるならば、因果関係というのは、究極的にはそれを認識する人が「これとこれが原因結果の関係にあるのだ」と決定するしかないものではありつつも、なんでもかまわないというのではなく、その人が生活している文脈での一定程度の公的な制限に規制されてもいるのであり、おそらくそういうものとして少なくともその瞬間だけの実在性を保っているのだ、と私には思われるのである。実際、原因概念はもともと人と人との間での規範的な責任帰属の営みから発生してきたことを思い起こすとき、こうした理解仕方は的を射ているように思うのである(本章四一頁の注記参照)。

いずれにせよ、まずは「神秘化」と「無限性」に巻き込まれ、そして規範的な実在性が確認されるという、以上のような議論の道行きは、私自身が因果性に関してこれまで展開してきた「因果的超越」から「制度的実在」へという道筋とぴったり呼応している。因果性の理解は、そうした理解実践それ自体を引き起こす、理解実践の外部の原因によるのであり、そしてそうした外部へと超越していくという仕組みは無限層にわたって組み込まれており、それゆえに私たちは完璧な仕方で因果関係の理解へと至ることはないというのが「因果的超越」が意味する事態であった。そして、それにもかかわらず、ある瞬間のある文脈において、つまりはある制度的規制の下で、特定の因果的理解が抜き出され、それに実在性が付与されていくというのが「制度的実在」の意味するところであった(一ノ瀬2001序章参照)。

「対象化のアポリア」が結局は、現在採用されている文脈に対する外部的視点を持ち込んで相関項の対象化を考えていくときに出現する暗黒である限り、それは「因果的超越」という事態に対応することは間違いないし、にもかかわらず日常的な束縛のなかで特定の因果関係に身を委ねて実生活を営むことが「制度的実在」に重なることも明白である。こうして、ベイジアン・ネットというきわめて学際的であり応用的な着想から問題を立ち上げても、因果性の問題は、アポリアと日常性の間の、すなわち「因果的超越」と「制度的実在」との間のダイナミックな振幅の位相へとやはり回帰してくる。これは文字通り、瞬間ごとに入れ替わる「振幅」であり、必然性とか確実性とかいうものの対極をなす状態であるが、しかしそれが私たちの因果関係理解の偽らざる実相・リアリティなのだということ、これが本章での検討によって改めて確認し得た境位なのである。こうして、「因果は確率的か」という章題の問いに対して、答えの道筋が浮かび上がってくる。すなわち、確率ということで瞬間的かつダイナミックに確実性の度合いが振幅し変容していくことを意味しうるならば、因果関係は確率的に捉えなければならないのである、と。

さて、しかし、ここまでたどり着いたとき、こうした「瞬間ごとに入れ替わるダイナミックな振幅」というありようは、因果関係それ自体というより、むしろ、因果関係を認識している主体のありよう、すなわち、私たち認識者の生命体としてのあり方にこそ、もしかしたら対応しているのではないか、という捉え方が浮かび上がってくるのは自然だろう。刻一刻と変遷するというのは、生命現象の最大の特徴だからである。だとしたら、因果関係理解をめぐって析出されてきた不確実性の位相とそのリアリティの意義は、次には、生命現象という側面から追求される必要があるはずである。章を改めて、その問題に立ち向かおう。

第３章　生命現象は偶然的か——自然選択と遺伝的浮動

１　生命現象の両義性

前章では、因果関係の認識を通じて、私たちの認識を本来的に取り囲む不確実性を追跡した。そして、そこで浮かび上がってきたのが、認識や知識というものがダイナミックに振幅してゆくさまであった。しかるに、そうしたありさまは、私たちの生命体としての存在身分、刻一刻と変化してゆくありよう、それに重なり合ってくるのではないか。これが、前章の末尾で私が示した見通しであった。この見通しに沿って、ここでは、生命現象に即しながら、不確実性の源泉を探ってみたい。この場合、そうした不確実性は、認識の主体としてのあり方の揺れ動きであると同時に、生命現象を認識対象とする場合の不安定性という、二重の意義の間を、やはり振幅していくことになるだろう。

では、まず、「自然と人為」という伝統的な区別、このことの確認から始めよう。確かに、天体運動、宇宙線、地殻変動などといった人智を越えた自然現象と、裁判、刑罰、叙勲などといった濃密に人為的な事象とを比べたとき、そのありように大きな相違を見て取らざるをえない以上、「自然と人為」という区別には相応の意義があることは疑いない。そもそも概念的な区別とは、世界の森羅万象を切り分け、理解を達成するためのものであり、有効に働く区別に異議を申し立てる必要はない（一ノ瀬 2011 終章参照）。実際、「自然と人為」のように、私たちの概念ネットワークのなかで相応の機能をすでに果たしてきてしまっている区別は、私たちの理解や説明、そして理論構築の背景なのであって、その区別それ自体を消去しようとする一元論的議論や還元主義などは、おうおうにして荒唐無稽な議論に陥る。たとえば、知識や認識という事象は、言語や教育という人為的ツールによってはぐくまれるものであり、さらには制度的様態を対象とする内容を大量に含んだ事象である以上（「徳川家定は江戸幕府第一三代将軍であった」などといった知識を想起せよ）、すでに第1章で詳述したように、知識を全面的に自然現象とみなしたり、自然種とみなすといった、ある種の自然主義的認識論は最初から大きく的を外していると言うべきである。あるいはそれは、「征夷大将軍」というような、現在の私たちにとっては純粋に人為的であると思われる概念に対して、「人為的」という言葉は適用してはならず、「自然的」と記述するべきなのだ、と言っているに等しく、だとしたらそれは、哲学者が国語辞典の改定を提起しているという、常軌を逸した議論であることは疑いようがないだろう。

とはいえしかし、多くの区別は、有効であったとしても絶対的なものではなく、区別基準は可変的だし曖昧でもある。とりわけ、「自然と人為」のような大まかな区別はそうである。自然と人為のどちらに分類されるべきか迷うような、境界線事例などいくらでも挙げることができる。たとえば、気象現象はどうだろうか。もちろん、それは基本的に自然現象であろう。けれども、昨今の地球温暖化のことを考えれば、多分に人為的な装いを帯びていると思われる。では、私たちが人間関係などで多かれ少なかれ受ける「ストレス」はどうだろうか。これはかなり人為的な事象であると言えそうだが、胃痛や頭痛としてそれが顕在化することを思うと、自然現象としての側面も持っている。そして、このような「自然と人為」の境界線事例のなかで、最も典型的であり総括的なものは何であるかというと、「生命」あるいは生命現象こそそれであると私には思われるのである。

　生命現象が自然現象の一部であることは、「珊瑚」とか「苔」などの生物を想起するとき、自明であると思われる。けれども、「人為」の核をなす私たち人間もまた「生命」である以上、生命現象は人為的な様相と重ならざるをえない。誕生、性、死といった私たち人間にとっての制度的・人為的な節目や位相は、同時に、自然現象と融合する他の生物と共通の営みでもある。実際、今日の文脈では、人間以外の哺乳動物に対して「パーソン」(person)性を認めてゆくというのは有力な立場の一つであり*、その点でも生命や生物の概念は、人間の行う人為の世界とオーバーラップしていると言える。生物学・生命科学は果たして物理学に還元できるか、というのは哲学者お好みの問いの立て方だが(Sober 2000, pp. 22-26)、少なくとも私は、こうした問いかけには生産性を感じない。すでに触れたように、そうした問いは、下手をすると国語辞典の改定提起といったお門違いの議論に陥りかねないからである。むしろ私は、自然にも人為にも足をかけているという、生命現象の両義性をデフォルトとしてつねに念頭に置きながら、生命に関わる哲学的な問題を探っていくことに魅力を感じる。そうすることで、科学哲学、認識論、形而上学、倫理学など、多くのフィールドを貫通する考察へと至り、多くの果実をもたらしうると考えているからである。

＊　近年刊行されたGary Francioneの*Animals as Persons*は、こうした立場をダイレクトに反映した論考である(Francione 2008)。動物の「パーソン」性の問題は、今後、食糧問題、環境問題という文脈

で、人類存亡の鍵を握る主題とならざるをえないだろう。この動物の「パーソン」性について、私は他の著書で主題的に論じた。一ノ瀬(2011)第7章を参照してほしい。

2 DNAと遺伝子

ここでは以下、生命現象に関して、遺伝子決定論(あるいは遺伝子本質主義)について検討した上で、進化理論における「自然選択」(natural selection)と「遺伝的浮動」(genetic drift)という対を題材にして、「決定性」と「偶然性」という対比について論じてゆきたい。今日の常識では、生物あるいは生命現象は「DNA」や「遺伝子」(gene)の概念によって理解されている。本章の議論は生命科学の論考であることなど毛頭企図してはいないが、そうは言っても無論、生命科学の一般的知見から遊離することなど望んでいるはずもない。そこでまず、以下の議論の基盤となるべく、「DNA」や「遺伝子」についてごく一般的な規定を確認しておこう。本書の性格に鑑みて、生物学の内部での論争には深入りすることなく、ごく一般的な教科書的な記述に従うことでよしとしたい。

まず「DNA」だが、これは紛れない仕方で規定できる。生物を構成する化合物の多くの割合は「水」が占めるが、それ以外の分子のほとんどは炭素を含む化合物、すなわち「有機化合物」である。生物を構成する主な有機化合物は、タンパク質(その単位がアミノ酸である)、脂質、糖質、核酸の四種類である。このうち、核酸のなかに遺伝情報を担う「DNA」、つまり生物の構造や働きを決める設計図が配置されている。核酸は、塩基、五炭糖、リン酸からなる化合物で、「DNA」すなわち

「デオキシリボ核酸」と、「RNA」すなわち「リボ核酸」とに大別される。この二つの核酸の違いは、「DNA」の五炭糖が「2-デオキシリボース」であるのに対して、「RNA」の五炭糖は「リボース」であるという点にある。また、塩基にも両者の違いがあり、「DNA」の塩基は「A、C、G、T」からなり、「RNA」の塩基は「A、C、G、U」からなる。そして、「DNA」は二本鎖であり、「RNA」は一本鎖であることもよく知られている(以上、東京大学生命科学教科書編集委員会 2007, pp. 62-79による)。

次に、「遺伝子」だが、これはそもそもメンデルが仮定した子孫へと伝達される因子に端を発し、二〇世紀に学術用語として定着してきた概念である。ハッバードとウォルドが指摘しているように、「遺伝子」がなんであるかの定義は生物学者によって十人十色であるが、大まかな共通認識としては「遺伝子とはDNA分子のなかの一定の機能的部分(functional segments)である」というように表現できる(Hubbard & Wald 1999, p. 11)。あるいは、「遺伝子とは、高分子DNAの中でタンパク質の一時構造(アミノ酸配列)あるいは非翻訳RNAの構造(塩基配列)を決定する情報をもった領域である」(東京大学生命科学教科書編集委員会 2007, p. 81)といった理解が標準的だろう。そして、ある生物の遺伝情報の全体が一般に「ゲノム」と呼ばれるのである。

以上の確認のもと、まずは、遺伝子という概念が日常的な文脈で語られる場面から論を起こしてゆきたい。

3　遺伝子による語り

なぜ自分はこんなに急速に視力が衰えてしまうのか。細かい字は読みにくいし、眼の疲れもひどい。それほど過剰に本を読み続けているわけでもない。コンピュータの画面が原因か。それだってほどほどだ。何か栄養素で足りないものがあるのだろうか。あるいは、メンタルなものが影響しているのだろうか、日々のストレスとか。それとも、単純に老眼が進んでいるだけなのだろうか。そうかもしれない。誰だって、年齢を重ねれば眼が弱ってくる。まして、自分の場合、両親ともとりわけ老眼がひどかった。兄弟だってそうだ。そうに違いない、これは遺伝なんだ。仕方がないんだ。

こんな風に考えるときが、私たちにはある。「ある」どころではない。いま触れた老眼のような身体や健康の状態については、事実上、「遺伝」(heredity)あるいは「遺伝子」の概念が強力な説明原理として日常的に機能している。糖尿病、高血圧、血友病、ダウン症候群、近視、薄毛、肥満、下戸などを想起してみれば、それらが多かれ少なかれ遺伝概念によって理解されていることは日常レベルで明らかである。また、そうした健康に関わる身体の状態のみならず、身体の(健康という点ではニュートラルな)外形的特徴の多くも遺伝概念によって説明される。身長、髪の毛の色やちぢれ具合、足の長さ、肌の色、鼻の形や高さ、眼の色、毛深さなどなど、私たちが遺伝的な要因によるものとして理解している事象は枚挙にいとまがない。さらには、メンタルな傾向性や性格や性向もまた遺伝概念によって理解されることがしばしばある。私たちは、あの人は親に似て癇癪持ちだとか粗暴だなどと述べたりする。彼は音楽家一家の生まれで、もともとから音楽的才能の遺伝子を受け継いでいる、などとも言う。あるいは、あの人は生まれつきおっとりしているんだ、と言ったりすることもある。こうした物言いの根底には、心理的なありようでさえも生物的な条件によってもたらされている、という大まかな把握が流れていると言えるだろう。いずれにせよ、先に触れたような生命科学的な規定は別にするならば、このような日常的な記述や把握のなかで「遺伝」あるいは「遺伝子」ということで意味されているのは、両親や先祖から受け継がれた形質という意味と、必ずしも先祖から受け継いだものではないにせよ、生まれつきの生物的条件という意味との、二つがあるように思われる。肌の色や血友病は前者の意味での「遺伝」だろうし、ダウン症候群などは後者の意味で「遺伝子」的条件に由来すると言えるだろう。

もちろん、少し考えればすぐに分かることだが、こうした遺伝子概念による語りは決して必要十分な根拠を示す説明を志向するものではない。そうした語りはせいぜい、ある事象が生じるための必要条件が遺伝(子)的条件に求められる、という趣旨であって、遺伝(子)的条件が必ずその事象が発生することを決定づける十分な要因であることを意味しているわけではない。言ってみれば、タンクに引火しやすい油が入っているということであって、いくらそうでも、火種を近づけなければ火は発生しないのである。この点は、たとえば糖尿病、なかでも生活習慣病の一つとされるいわゆる「2型糖尿病」について考えてみればすぐに理解できる。2型糖尿病の遺伝的素因については多くの研究が蓄積されている。実際、近年でも日本の国立国際医療センターと理化学研究所が相互に独立に、2型糖尿病患者には「KCNQ1」という遺伝子にわずかな違い(SNP)があることを発見した、とメディアで報道された。しかし、その報道でも指摘されていたが、そうしたSNPがあると発症のリスクが一・四倍になる、ということであって、必ず発症するということではない(『朝日新聞』二〇〇八年八月一八日付朝刊、第二面)。食事、喫煙、運動などの生活習慣での因果的要因が重なってはじめて、そうした遺伝的素因が発現してくるのである。このことは、糖尿病よりもずっと強く遺伝的素因と因果的に結びついている現象や病、たとえばハンチントン病のような場合でも同じである。ハンチントン病の遺伝子を受け継いだ人であっても、当たり前だが、幼児期に事故などで死亡したならば、病気は発症しないからである。そうである限り、遺伝的素因はその病気の発生を決定づける十分な原因になっているとは言えない。

4 氏と育ち

こんなことは当然である。「氏と育ち」(nature and nurture)という言葉がそのことを端的に物語っている。人を含めて生物というものは、「氏」つまり遺伝的条件のもとで、何らかの「育ち」つまり自然的・社会的環境のなかで成長してくるものなのであって、どちらか一方だけが生物のありようの決定要因となるのではない、ということである。エリオット・ソーバーは、この点を「身長」という特徴を例にして、次のように明瞭に指摘している。

ジェーンがある身長に達するには、適切な環境のなかで養育されねばならない。多くの食事が供給されないならば、遺伝子は役に立たない。だが、環境もそれだけでは十分ではない。なぜならば、彼女がどんなにたくさんのミルクを飲んだとしても、ジェーンの成長をあるところで妨げる遺伝子構成が存在するからである。決まり文句だが、発達というのは遺伝子と環境の相互作用の結果なのである。(Sober 1988a, p. 306)

実際、一卵性双生児でさえ、生まれてすぐ引き離されて、異なる環境のもとで養育されたならば、顔つきや物腰が違ってくる。というより、それ以前に、たとえDNAがまったく同じでも「身体的に九〇％、精神的な態度で五〇％ほど同じという程度である」(加藤 1999, p. 110)。よって、自分のクローンであったとしても、自分と同じになろうはずがない。遺伝(子)というのは、そんなに絶対的な決定要素ではないのである。

けれども、どういう訳か、ときおり人々は遺伝(子)による語りに過剰に依存し、遺伝(子)を過度に決定的な要因として捉えがちになってしまう。ここに「遺伝子決定論」(genetic determinism) あるいは「遺伝子本質主義」(genetic essentialism) という、明らかに誤った、よって冷静に考えれば理解不能な、歪んだ見方が現れる。「遺伝子決定論」とは、生物に関するすべてのことはその生物の遺伝子によってあらかじめ決定されている、とするいわば自然主義的な主張である。それによれば、生物とりわけ人間のすべての病気、行動傾向、性格は当人の遺伝子によって決定されているということになる。『遺伝子神話をぶっとばせ』という刺激的な書を表したハッバードとウォルドは、次のように指摘している。

私たちの社会の大部分が、現在はやりの「遺伝子マニア」(genomania) に魅了されてしまっている。人間の行動、才能、健康状態のすべての原因は遺伝子なのだと唱えることで遺伝子決定論が現れるが、その結果、社会や個人は、こうした問題に立ち向かうという面倒を免れてしまう、という不可思議な事態が生じてくるのである。

(Hubbard & Wald 1999, p. 164)

日本に固有に広く流通している考え方として、「血液型人間学」あるいは「血液型性格分類」がある。いわゆる疑似科学かどうかということが論争されるトピックである。その論争自体は措くにしても、もしこうした「血液型人間学」が文字通りに信奉され、血液型がその人の性格や振舞い方を確定していると信じられているとするならば、そうした信念は、厳密には「遺伝子」による決定論とは異なるけれど、生物的要素によって人間のありようが決定されているとする点で遺伝子決定論と発想を同じくする見方であると言えるだろう。私が思うに、「血統」(pedigree) に神聖かつ重要な意義を認めるような思考様式も、遺伝子決定論と根底的には同様な見方に由来するのではないだろうか。日本の皇室に関する「万世一系」の概念とか、あるいは日本中世において東国武士たちが源氏嫡流としての源頼朝に対して抱いた「貴種」の概念とか、そうしたものの捉え方の底には、人間のありようや位置づけは生物的な条件によって絶対的に決定されている、という発想が流れており、そのような捉え方が何らかの権威の表象と結びつくことによって、単なる事実認識を超えた価値づけまでもが発生してきたように思われるのである。

しかるに、前節で述べたように、遺伝子が生物のありようについて関与するのは、せいぜいある種の性質や特徴が発現する背景を提供するだけのことであって、それらが必ず発現するよう決定するものではない。こうした明白な真理にもかかわらず、なぜ「遺伝子決定論」などという代物を人々は信じ込んでしまうのだろうか。

5　生物に関する決定論

もっとも、冷静に事実を見つめるならば、おそらく、遺伝子決定論を文字通り信奉する人など存在しないだろう。生物のあり方が遺伝子だけによって絶対的に決定されるなどということがありえないのは、誰が考えても自明だからである。実際確かに、マックス・ウェーバーはすでに優生学批判を展開していたし、*二〇世紀半ばのアメリカでは生物に関する影響要因として「氏」ではなく「育ち」が圧倒的に重視された時期もあった(Nelkin & Lindee 2004, p. 34)。その限り、遺伝子決定論なるものをここで問題化することに果たして学問的意義があるのか、という疑問が提起されよう。けれども、私がここで問題にしたいのは、そのような歴史的経緯にもかかわらず、またその不合理性が自明であるにもかかわらず、ある種の文脈においてそうした不合理性を一次的に忘却したり、あるいは著しく過剰に遺伝子の決定力を強調するような事態に陥る人々がいる、という日常的そして学問的事実なのである。加えて、この生物に関する決定論の問題は、遺伝子決定論という問題圏だけを見ると実際上は生じていない不毛な疑似問題のように見えるが、後述するように、進化理論の文脈での「自然選択」に関して依然として一つの問題群をなしているのである。さらに言えば、「まえがき」で触れたことに関わるが、もし決定論的思考一般ということまで射程に入れるならば、その影響が哲学的議論の広い範囲に及んでいることは疑いない。もちろんこれらの問題は「決定論」とか「決定性」ということをどう捉えるかに本質的に依存する。順に丁寧に論じていこう。

＊　中村貞二訳「ドイツ社会学会討論集」『ウェーバー　社会科学論集』(完訳・世界の大思想1)所収、河出書房新社、一九八二年を参照。また、矢野(2008)も参照。

さて、遺伝子決定論に対するような類の不合理な信念の形成次第という問題については、ツベルスキーとカーネマンらの業績以来、心理学的研究の蓄積がある。人間は、データや経験から何かを判断したり意思決定したりする際に、ある種の特徴、たとえば、「代表性」(representativeness)、「利用可能性」(availability)、「固着性」(anchoring)といった特徴に引っ張られて、片寄った認識に至ってしまう、といった指摘をする研究の分野で(See Tversky & Kahneman 1974)、こうした性質は「認知的バイアス」(cognitive bias)とか「確証バイアス」(confirmation bias)などと総称される(See Chapman & Elstein 2000, pp. 187-88)。おそらく、遺伝概念への言及とともに説明されるデータを私たちが見るとき、こうした「認知的バイアス」が働いてしまって、「氏と育ち」のうち、「氏」にのみ偏向した見方に至ってしまうのだろう。実際、確かに環境要因はきわめて多層的で複雑なので、「利用可能性」において遺伝的素因についてのデータよりも劣ると言えそうである。

しかし実は、こうした事態はデータの提示仕方、強調点の置き方、に大きく依存する。「氏と育ち」

という言い方に沿って言うならば、データの示し方によっては、むしろ自然的・社会的・文化的な環境、すなわち「育ち」こそが生物のありようを決定している、とする「環境決定論」(environmental determinism)あるいは「文化決定論」(cultural determinism)が説得力を持ってしまう場合も多々ある。先に私はウェーバーや二〇世紀半ばのアメリカについて言及したが、そうした遺伝子決定論に対する批判は、往々にして逆に「環境決定論」に傾く傾向がなきにしもあらずである。たとえば、犯罪行動は環境によって決定されるという、刑法で言うところの「社会的責任論」はそうした傾向の一つの象徴だろう(佐藤1995第4章参照)。これはしかし、議論の構造としては遺伝子決定論の双対であり、一つの問題の裏表の関係をなしていると言える。

6　過去性・不確実性・自己言及性

遺伝子決定論に集中しよう。遺伝子決定論が説得力を持つように思われてしまう要因について私は、後の議論を見越して、先に触れた心理学的な分析とは異なる見地から三つの論点をここで指摘したい。第一に、生物が生まれたときにすでに備えている既定の条件に注目して、それが遺伝概念あるいは遺伝子的条件によってしか説明されないことに思い至るとき、私たちは、遺伝子がすべてを決定づけるという見方へと容易に飛躍しがちである、という点である。たとえば、私たち人間が魚類の持つような「エラ」を持っていないということは、遺伝的条件によって決定されていると間違いなく言えるだろう。女性か男性かのどちらかとして生まれてくること(あるいは両性具有で生まれてくること)、

「心臓」を持つこと、「へそ」を持つこと、特定の構造の「眼球」を持つことなどもすべて同様である。もちろん、帰納的懐疑のような哲学的議論を持ち出せば、「エラ」を持つ人間の赤ん坊が生まれないとは断言できないなどとする議論も可能かもしれない。しかし、ここで私が焦点を当てているのは、すでに生まれた人が既定の条件として持っている性質である。そこには帰納的推論は介在せず、どう説明するのか、ということだけが問題となっている。言い方を換えれば、生物について理解するときに、既定のという意味での「過去性」に注意が向けられるということである。私の理解では、過去に注意を向けるということ、これこそが、生命現象を理解するに際して、強力に私たちを誘導する傾向性である。であるならば、本書の「序」で述べたように、ここに「決定論的誤謬」が発生する素地が整い、本当は単なる虚構でしかない「決定論」がいつのまにか潜入してきてしまうことになるのだろう。

第二に、既定の条件ではなく、形態や能力の可能性に関して、ある特定の否定的な特徴づけが遺伝的要因によって説明できることがきわめて確からしいとき、ある種のすり替えが介入し、肯定的な特徴づけも含めて全般的に、生物のありようを遺伝あるいは遺伝子概念によって決定論的に説明できるという見方へと入り込むのではないか、という点も指摘できる。どういうことか。たとえば、「人間の体重は一トンを越えることはない」という文を考えてみよう。これは真であることがきわめて確からしい。しかも、この事態の真理性は遺伝的要因によって完全に説明できそうである。あるいは、「私は一〇〇メートルを七秒以内で走れるようにはならない」といった文も同様に遺伝的要因によってほぼ完璧にその真理性を裏づけることができるだろう。けれども、「一トン」の体重ではなく、「六

○○キロ」の体重ならどうだろうか。あるいは、「七秒以内」ではなく「九秒以内」ならばどうだろうか。人類の現状からして、その程度ならばありえないことはない。つまり、こうして否定するときの数値をずらすことによって露呈されるように、ここでの否定的特徴づけは、冷静に言えば、単に「きわめて確からしく」、「ほぼ完璧にその真理性を裏づけることができる」にすぎないのであって、絶対的な保証なのではない。理論的に言えば、帰納的懐疑が提起しうるのである。このことは、逆に言えば、否定的特徴づけによって遺伝子決定論に陥ってゆくという道筋は、遺伝子が生物のありようを決定してゆく次第には、統計的な「度合い」つまりは「確率」が関与せざるをえないこと、そうした「不確実性」の様態をかえって裏面から指し示しているのである。

第三に、経済や社会の制度的要請によって遺伝子決定論がすり込まれてしまう、という様相を指摘したい。つとに多くの論者が指摘しているように、バイオテクノロジー産業の利潤追求にとって、生物のすべてのありようは遺伝子によって決定されている、という遺伝子決定論の考え方は大変に都合がよいので、健康や能力に関わる研究や商品を報知・宣伝する際に、そうした考え方を意識的にか無意識的にか大衆にすり込むという傾斜が生じてしまうのである（See Hubbard & Wald 1999, Chapter 9）。二○○三年四月に約三○億にも達する「ヒトゲノム」の塩基配列が解読されたというニュースが世界中を流れた。そのとき私たちは、まるで、人間のすべての病気が解明され、すべての能力のあり方が明らかになる、というような期待を抱いた。というより、そうした期待を抱かせられた。あるいは、二○○七年一一月に京都大学の山中伸弥教授らの研究チームがヒトの皮膚細胞から人工多能性幹細胞（ｉＰＳ細胞）、いわゆる万能細胞の開発に成功したというニュースもまた、日本の科学研究にとって慶賀すべき成果であるとともに、多くの人々は、これで人間のさまざまな病気に解決がもたらされるのではないか、と期待したのである。* こうした期待感を醸し出す根底に、資本主義の論理が潜在していることを認めるのは困難ではない。

また、遺伝子決定論は、格差や貧困の問題、都市の治安、未婚の母親などの社会問題に関して、個人の持つ遺伝子にその原因・責任を求めるという理解の仕方を強力に支持する。ネルキンとリンディーの言うように、「責任の非難のこうした理解の仕方は、一九九〇年代の遺伝子本質主義のイデオロギー的な効用を示唆している。個々人の行為を遺伝によるとする説明が、社会秩序を免罪するような仕方で、大衆メディアと社会政策に組み込まれてきたからである」(Nelkin & Lindee 2004, p. 129)。社会の体制側にとって、社会問題が遺伝子に起因するという理解は、問題の責任を免れる格好の足場となるのであり、その限り、暗黙的にであれ、遺伝子決定論をすり込もうとする制度的要請があると言えるだろう。

けれども、こうした制度的要請を指摘することが私の述べたい眼目ではない。ここで私が焦点を当てたいのは、経済的利潤を追求してゆく、制度や体制を保守し擁護してゆく、という人々の行動志向それ自体が、遺伝子による説明を許容しうるということ、換言するならば、進化理論的な説明を受け入れうるということ、これなのである。少なくとも、現在の私たちが有している生命科学的知見の標準からすると、こうした道筋は十分に見込まれる。というよりも、見込まねばならない。この見込みにまつわる問題性は徐々に論じてゆくが、とりあえずここで私は、このように見込まれる事態を「自己言及」(self reference)と記述しておきたい。遺伝子決定論を(不当にも?・)促す背景を暴き出すことで、私たちが生物のありようを理解するときに入り込まざるをえない「自己言及性」が同時に露出されてくるのである。

＊　誤解を避けるため念のため付け加えておくが、ここで私は、生命科学研究の成果をバイオテクノロジー産業が商品化するときに「遺伝子決定論」あるいは「遺伝子本質主義」を大衆にすり込むという傾斜が生じる、という事態について指摘しているのであって、生命科学の研究それ自体のなかに遺伝子決定論のような明らかな誤りが前提されているなどと主張しているのでは全くない。「ヒトゲノム」の解読や「ｉＰＳ細胞」の発見が驚嘆すべき科学的成果であることは疑いなく、その価値を疑う余地は一片もない。

7　決定論の不思議

それにしても、なぜやすやすと人々は決定論へとはまり込んでいくのだろうか。決定論のどこに魅力があるのだろうか。上に述べた、遺伝子決定論を促す背景をなす過去性や不確実性などを意識的に考慮に入れるならば、これは過去のことなのであって全般的な決定性の根拠にはならないとか、決定性に見えるけれど実は不確実性に満ちている、などと冷静に考えることができ、決定論にはまることは避けられるのではないか。こうした疑問をもう少し追いかけよう。そのためには、生物に関する遺伝子決定論にとどまることなく、一般的な意味での決定論をいささかなりとも検討の俎上に上げなければならないだろう。

実際、すでに触れたように、この一般的な意味での決定論的思考は哲学的議論の広い範囲に大きな影響を及ぼしている。ここでいう一般的な意味での決定論とは、リチャード・テイラーの記述に沿うならば、次のような原理として定式化できるような考え方である(See Taylor 1992, p. 36.)。

〈決定論原理〉
すべてのことは過去から未来に至るまで因果的に決定されており、そのように決定されているあり方以外のあり方にはなりえない。

テイラーによれば、私たちは、それを「決定論」という考え方として意識しないとしても、こうした考え方を日常的に信奉して行動しているという(Taylor 1992, p. 36.)。疑いなくこれは形而上学的な命題である。しかし、だからといって、論証を試みたり、根拠を提示したりすることが禁じられているわけではない。むしろ逆である。神の存在のような純粋に形而上学的な主題について、歴史上、いくども論証が試みられたことを顧みればそのことが分かる。では、決定論の原理を支持する根拠はなんなのだろうか。

私はすでに別著においてこのことを論じた(一ノ瀬 2006 第1章)。その議論を改めてパラフレーズするならば、「序」でも触れたように、次の二つの論点が私の主張となる。第一に、決定論が過去から未来にいたるすべてのことが決定されているという命題だとするならば、それは、私たち生身の人間が知りえる範囲を定義的に越えた事柄についての断言・空言であって(未来が決定されているなどとどうやって知るのか?:)、文字通りに捉えた場合、完全にナンセンスあるいは無根拠な命題であること、そして第二に、にもかかわらず私たちが決定論を信奉してしまうように思われるカラクリは、過去の「確定性」あるいは「不変性」を全時間へと(知的不注意のゆえに)拡張してしまうという点にあるということ、この二つである。第二の点について私は、私たちが過去の出来事を現前化させ、過去のある時点で確定したものと見なし、その後その出来事を現在を決定させたものと捉え返して現在へと復帰させる、そしてこの過程は過去の観点からすれば未来に関わっているので、未来に関わる決定論が限定的に現れ、そこから一般的な決定論が虚構的に導かれると論じ、それを「ブーメラン決定論」と呼んだ(一ノ瀬 2006, pp. 88-100)。そして、この事態こそ、「序」での言い方を使えば、「決定論的誤謬」にほかならないのである。

こうした議論に対して、決定論のサイドは、すべてのことは決定されている、けれども、私たち人間の認識能力には限界があるので、そうした決定の次第についてすべて認識できないにすぎないのだ、と言うだろう。けれども、この論法に私は納得できない。私たちの認識能力に限界があるのならば、まずもって、未来までもが決定されているなどという大それた命題こそ、そうした限界を越えた主張であり、私たちには知りえない命題だと論じるべきではなかろうか。認識能力の限界を強調しながら、なぜ明らかにその限界を越えた未来についての命題を臆面もなく堂々と主張できるのか、不思議である。どうにも私には、決定論の原理は自己破綻しているとしか思えないのである。

8　過去性と個体性

いずれにせよ、私の指摘が的を射ているならば、一般的な決定論は過去性に引きずられたある種の錯覚である。その点で、遺伝子決定論と構造を同じくしている。というよりむしろ、遺伝子決定論はやはり決定論の一つなので、一般的な決定論の特質を継承している、と言うべきであろう。言い方を換えるならば、遺伝子決定論も含めて、決定論的思考というのは、過去性という時制に根本的に縛られている、ということである。そして実は、こうした時制束縛性というあり方こそ、物理現象と差別化された意味での生命現象に馴染む理解様式なのである。その意味で、生命現象には宿命的に決定論的思考がまとわりついてしまうのだと、あるいは「決定論的誤謬」に本来的に陥る構造になっているのだと、そう言えるかもしれない。どういうことか。

私がここで指摘したいのは、物理現象と違って、生命現象においてはいわば定義的に現象の「単位」、つまり同一的「個体」が確定されているという、この点である。生命は一つ一つが区分けされていて、それを分割することができない、というのが私たちの基本了解である。生物を細胞やＤＮＡという単位へと分割することはできるが、それらの構成要素は、生物の個体になりえる力を持つものであったとしても、それ自体は生物個体ではない。また、生物個体の物質レベルでいくら変化があったとしても、それがいつでも一つの生命という個体性を変更させることにはならない。新陳代謝などを想起してほしい。それに対して、物理現象の場合、同一的な個体概念は確保されえない。たとえば、一つの塊の鉱物と言ったとしても、それは便宜上のことで、部分的に欠けたり、温度や気圧が変化すれば、少なくともミクロの次元では大きく相違が生じてきてしまい、別の物質であると言いうる。もちろん、分子、原子のレベルまで個体性の基準を絞り込むこともできるが、そうなると今度は、量子論レベルでの基本粒子の同一性あるいは個体化という難問に逢着し、少なくとも「ボソン」(boson, ボース粒子)に関しては個体化できないという状況に至り着く(van Fraassen 1991, p. 480)。つまり、現代物理学の知見においては、究極的には物理現象は「このもの」という単位性あるいは個体性を確保するには至らないのである。

しかしもちろん、生物の個体性に関しても、植物の挿し木はどうなのかとか、シャムの双生児はどうなのかとか、いろいろ疑問は出るだろう。これらに対して、もともと生命概念が、冒頭で触れたように、自然現象と人為現象との二つにまたがる両義性を持つものなのだから、厳密に自然現象と区切ることはできない、と応じることができるだろう。生命現象にもまた、物理現象には究極的には個体性が確定されえない、という自然界の物理現象の特徴を重ね持つ場合がある、そうした境界線事例が存在するのだ、と。しかし私の正直な考えを言えば、挿し木やシャムの双生児などのような事例も、生命現象には同一的個体性が確保されている、という基本了解に即して位置づけ直すことができるだろうと思っている。それがむしろ、「生命」というものに対する私たちの基本文法なのだ、と。

私の考えでは、生命の確定的な個体性というのは、生命の宿命としての「死」という事態から遡及的に規定されるのである。ある生命に死が訪れたとき、その生命の個体性・単体性が露わとなる。いま死んでしまったこれが、「一つの」命だったのだ、と。この見方を挿し木の例に当てはめるならば、枝を切り取り、別の木に挿し木をして育ち始めたとしても、枝を切り取られたもとの木が枯れて死んでしまったならば、そのもとの木が「一つの」命だったのであり、挿し木が育ったものは、臓器移植やクローンを作った場合と同様に、もとの生命とは別の個体なのだ、という理解となる。いずれにせよ、こうした死からの遡及による個体化という見方が経験的に一般化されて、生命現象の個体性が確定してきたのではないか、というのが私の見立てである。これは、繁殖可能性によって「種」の概念を規定することに似ている。もちろん、では「死」とは何か、という反問が生じるのは必定だろう。ここではこの問いに深入りしない。私が言いたいのは、生命現象の理解というのは、「死」をどう捉えるにせよ、「死」に対する気づき・知覚が基盤となっているということ、このことなのである。

　事態がこのようだとするならば、なにゆえ生命現象に関して決定論的思考が入り込みやすいのか、ということが解明されてくる。すでに述べたように、決定論というのは過去性に束縛されて生じる錯覚である。しかるに、基本的に、生命は「死」というすでに生じた出来事によって個体化されるという機制のもとで理解されるのだと言うなら、そこに決定論と混ざり合う素地があることは疑いようがない。同じことは、さしあたりは人間に特化されるけれども、次のような面からも跡づけられる。私たち人間社会では、人間一人一人の個体性が決定的に重大な前提であるが(人口、選挙権、年金番号などの概念を想起せよ)、そうした個体性は、言語的には、「誰」という疑問詞に対応的に姿を現す。しかるに、「誰」に対する応答は、さまざまなありよう、つまり名前や属性や性質などを帰属することによってなされる。こうした「誰」概念の帰属に基づく構造が際だって顕在化するのは、「責任」帰属の場合である。そして、まさしく「責任」帰属とは過去への遡及的営みにほかならない。[*1] かくて、

「死」以外に、こうした面からも、生物の個体性が過去性によって露わとなってくるという次第を見届けることができる。そしてそれは、生命現象が決定論を呼び込む態勢のもとにあることを指し示すのである。実際、「死」は、すでに生じてしまったならば、不可逆的であり決定的だし、「責任」もまた、起こってしまったことの原因であって、何かの仕方で補償や穴埋めはできるとしても、当の事象自体は取り返しがつかないという確定性・決定性の装いにくるまれている。

逆に、こうした意味での生命現象と対比される限りでの物理現象、そしてそれを表現する法則性は、基本的に可逆的であって、[*2] それがゆえに、時間を逆向きに動く「反粒子」(antiparticle)のようなものまで見出されるくらい無時制的である。[*3]「過去」というものが、特別重大な位置づけを持たないのである。純粋な物理現象には「死」や「責任」は無縁だからである。そして、量子論から確認できるように、物理現象は、決定論的ではなく、非決定論的に生起するものであり、不確定性そして確率性を現象自体の中に包含している。こうした非決定論的な物理現象のあり方は、おそらく、過去性という意味での確定性・決定性に縛られないという事情に牽引されるのだ、と私には思われる。過去性に支配されなければ、決定性が持ち込まれる機会が存在しないからである。

*1　もちろん、責任概念は、語法として、過去だけでなく未来の責務のような事態をも意味しうる。「私には明日の会議を運営する責任がある」といった場合の「責任」である。しかし私は、この意味での責任概念にも過去性が染み渡っていると捉える。二つの点からそう言える。第一に、こうした未来に向かう責任概念も、すでに確定している地位や立場に本質的に付随していると考えることができるので、その意味で過去性を受け持っている。先の例で言えば、「私」はすでに「会議の運営責任者」

に就いているのである。さらに第二に、こうした未来に向かう責任概念とて、それが実際に顕在化して責任問題が発生するのは、何か支障や失敗が起こった後である。会議用のマイクを用意していなかったとか、椅子が足りなかったとか、そういうことが判明した後に責任が実際に問われるのである。ならば、その責任概念は過去的であろう。この論点は重要なので、本書第5章でもう一度触れられる。

＊2　もちろん、「熱力学第二法則」でのエントロピー概念などは不可逆的である、という反論が直ちに提起されるだろう。これは確かに、過去性が重大な意味づけを与えられている形での、物理現象の理解仕方である。ただ、私は、哲学者っぽい(その意味で素人くさい)言い方をあえてさせていただくならば、エントロピー増大という言い方で描かれる自然や宇宙には、どこか物活化・擬生命化のにおいを感じる。ボルツマンの統計的解釈以降は脇に置くとして、少なくともエントロピー概念がクラウジウスによって提唱された頃には、宇宙が最終的に向かう「熱的死」(heat death)の概念がエントロピー極大の状態として理解されていたのであり、そこに何らかの種類のアニミズム臭をかぎ取ることは不適切ではないと思う。そしてそうであるなら、やはり時制を持ち込むことは、生命概念に傾斜することなのだ、と思われるのである。See Flew 1979, p. 107.

＊3　「反粒子」については、ファインマン・ワインバーグ(1990)の第一部「反粒子はなぜ存在するのだろうか」を参照のこと。

しかしながら、繰り返し強調したいが、過去の確定性から決定論に向かうのは錯覚・誤謬であって、原理的に無根拠な主張である。したがって、この錯覚に目を眩まされることなく、事態を冷静に見つめ返さねばならない。すると何が見えてくるだろうか。言うまでもない、決定論とは異なるあり方、偶然性が介入する非決定論的な道筋である。物理現象についてこの点が成り立っていることは、いま触れた。現状からして、物理現象を決定論的に捉えることは、物理学的にも、技術的にも、認識論的にも、そして形而上学的にも、ほぼ無理である。では、生命現象はどうだろうか。生命現象も偶然的であって、非決定論が入り込むものなのだろうか。この点は、実は、遺伝子決定論が誤りであることは自明である、というすでに確認した論点からして、容易に確認できるし、生命科学の現状からしても跡づけることができる。

人間などの哺乳動物の誕生に焦点を当てて考えてみよう。哺乳動物の誕生には精子と卵子という配偶子(gamete)が必要である。こうした配偶子は、通常の有糸分裂(mitosis)とは異なる「減数分裂」(meiosis, reduction division)によって作り出される。最初に親細胞の二三対の染色体が複製されるが、その後、有糸分裂のように一度の分裂ではなく、二度分裂する。これによって親細胞から四つの娘細胞ができ、それぞれの娘細胞は二揃い四六本ではなく、一揃い二三本の染色体をもらい受ける。精子の場合にはすべての娘細胞が精子になるが、卵子に関しては、減数分裂によって生じた四つの娘核のうちの一つだけが卵子として採用される。どの娘核が採用されるかは全くの偶然である。さらに、娘細胞の二三本の染色体は、父方由来と母方由来の染色体の混成であり、何番目の染色体がどちらの親の由来になるのかも、全くの偶然である。また、減数分裂の際に、染色体どうしが部位を交換することがあるが、それがどのような交換になるのかも全くの偶然である。なので、一つの個体が作る配偶子は、一個一個まったく異なり、同一のものなどない。すなわち、たとえば人間について言えば、「私が作る一つ一つの配偶子のなかの、私の両親の遺伝子の混合具合は、偶然の産物(a matter of chance)である」(Hubbard & Wald 1999, pp. 46-47)。

こうした物言いに対して、頑固な決定論者は次のように言うだろう。ここで「偶然」と言われているのは、単に私たちがその機微を追跡できないという、単なる私たちの無知や限界の別表現にすぎないのであって、生命現象であれ物理現象であれ、「本当には」決定されているのだ、と。この言い方の孕む問題性については、すでに述べた。こうした見方は、過去の確定性を全時間へと不注意に拡張する錯覚であるし、自己破綻しているのである。このような頑固な決定論は、どのような心理現象であれ生命現象であれ、物理現象に還元されると(どのようにそれが可能かを示していないのに)断言するような熱狂的な還元主義者や自然主義者などと同じく、裏づける根拠を提示し切れていないにもかかわらず、それを空しく強弁する一種の狂信である。*

* ただし、私は還元主義や自然主義をはなから否定する、というつもりは全くない。そうした見方は、一つの作業仮説、あるいはリサーチ・プログラムとしての価値は十分に認めることができると考えているからである。私が「熱狂」とか「狂信」として揶揄したいと思っているのは、還元主義や自然主義を文字通りに主張するタイプの議論である。同様なことは、「序」でも触れたように、決定論についても言える。私は本論にて決定論が破綻していると主張したが、決定論的思考が探究を促す作業仮説として持ち込まれることにはなんの問題もないとも考えている。実際ホワイトヘッドなどは、自然

は恣意性を持たないという思想，つまりは自然は決定されているとする思考法を「自然の秩序への信仰」(the faith in the order of nature) (Whitehead 1985, p. 23)という一種の信仰であると喝破しつつ，しかし同時にそれが自然科学の探究を動機づけてきたと，冷静な分析を与えている。さらに，決定論については もう一つの重要な意義を認めたい，と私は思っている。それについては本章の最後で触れる。

さて，生命現象の偶然性については，「氏と育ち」の「育ち」に関わる論点からもそれを確認することができる。後でも論じるが，現段階で，生命現象を理解するときに「進化理論」を抜きにすることはできない。しかるに，進化理論の基本概念であるところの「適応」(adaptation, adaptatedness)とは，生物個体や生物集団のもつなんらかの特徴(characteristics)が，特定の環境のなかで生き抜き，繁殖してゆくのにどのくらい適しているか，ということを示す概念であって，「育ち」として表される環境と明らかに相関している。* 換言すれば，そのような環境との相関性のなかで生命現象は理解されているのである。ところが，一般的に言って，こうした「適応」は「確率的な性向」(probabilistic disposition)であって，決定論的なものではない。そしてこの場合の確率に関しては，「適応の傾向性解釈」(the propensity interpretation of adaptatedness)が標準的に採用される(Brandon 1990, p. 45)。ということはつまり，生命現象が偶然的なものとして，非決定論的に捉えられているということである。

もっとも，この辺りの議論に関して，「偶然性」と「確率」はどう関係しているのか，という疑問が生じるかもしれない。これは実は重要な問いであり，私自身，この二つの概念について一定の区別をしたいと考えている。この点，本章の最後で触れる。さしあたりいまは，現代哲学の文脈では，「傾向性」(propensity)を代表とする確率の客観的解釈が「偶然性」(chance)と呼ばれていること，したがって「偶然性」と「確率」を並べて論じることには相応の理があること、そのことだけを押さえておきたい(See Mellor 2005, pp. 7-10)。いずれにせよ、この方針に従って、以下では、確率の値を含め「偶然性」概念が使われている場合には「偶然性値」と表現する。

＊ もっとも、私の見た限り、「適応」をどう規定するかについては、厳密な共通了解は確定していないと思われる。たとえばソーバーは、「適応」は歴史的な経緯にのみ言及する概念であって、現在ただいまの時点で効用を持つかどうかとは独立であると論じているが、そうした了解が他の論者に共有されている形跡は必ずしもない(See Sober 2000, pp. 84-85)。

10　決定論的偶然性

さて、ここで一つ慎重な注意を払っておかねばならないことがある。それは今日、いく人かの論者が「決定論的偶然性」(deterministic chance)という概念を提起し、決定論と偶然性は両立する、という論を展開しているという点である。一般的に考えて、決定論と偶然性は相容れない。決定論的世界とは確率1または0のみを持つ世界であり、1と0の間の値を取る確率を排除しているはずである。かつてデイヴィッド・ルイスは次のように明言した。

もし偶然性値が0または1、あるいは0や1に近いとしたならば、それは五〇％にはなりえない。偶然性はどのように決定論と調停されうるか、あるいは、異なる偶然性値同士はどのように相互に調停されうるか、といった問いに対して、私の答えはこうである。調停などされえない、と。

(Lewis 1986, p. 118)

しかるに、たとえばローワーは、古典的な統計力学などは確率概念を包含する決定論的理論の典型であって、そうした意味で「0から1までの異なる確率は決定論と両立する」(Loewer 2001, p. 613)とする。もしこれが正しいとするならば、決定論と偶然性を対比させる私の議論の展開はとんでもない的外れになってしまうかもしれない。よって、どうしてもこの決定論的偶然性の議論を俎上に上げなければならないのである。しかし果たして、どのように決定論と偶然性は両立しうるというのだろうか。

この点についてシャッファーが詳しい批判的分析を提示している。彼によれば、決定論的偶然性の議論、あるいは決定論と偶然性に関する両立論は、四つのタイプに整理できるという。「非結合議論」(the no-connection argument)、「パラダイム・ケース議論」(the paradigm case argument)、「非還元主義者議論」(the nonreductionist argument)、そしてローワーが依拠するような「古典的統計力学による説明議論」(the classical statistical mechanics explanation argument)、の四つである。ここでは、第一の「非結合議論」を代表的な例として取り上げてみよう。「非結合議論」によると、決定論とは次のような主張である。

〈決定論〉

世界ωが決定論的であるのは、次のときそしてそのときに限る。すなわち、ωにおけるいかなる

> 時間tに関しても、ωの全生起の歴史が、ωの諸法則込みのtにおけるωの生起状態にスーパービーンしているときである。（Shaffer 2007, p. 115）

ここでのポイントは「スーパービーン」(supervene)の関係であり、それは一般的に「性質Ｐという一つのセットが性質Ｑという別のセットにスーパービーンしているときというのは、まさしく、対象の性質Ｑが性質Ｐとは何であるかを決定するけれども、その逆は成り立たないときである」と定式化できる（Sober 2000, p. 75）。心的状態が物理的状態にスーパービーンするとか、生物の適応度がその生物の物理的状態にスーパービーンする、といった文脈で典型的に現れる。私が7節で提示した「決定論原理」はスーパービニエンスではなく、因果性を軸にしたものであり、因果性とスーパービニエンスとの関わりは大いに検討する余地があるが、ここではシャッファーに従おう。さて、しかるに「非結合議論」によれば、偶然性とは次のような関数として定義される。

〈偶然性形式〉

偶然性とは次のような確率関数である：$ch\langle p, \omega, t\rangle \to [0, 1]$.

「$ch\langle p, \omega, t\rangle$」は、「時間$t$に評価された、世界$\omega$において$p$が成り立つ偶然性値」と読む（Shaffer 2007, p. 115）。要するに、決定論とは状態や法則の歴史についてのスーパービニエンス・テーゼであるのに対して、偶然性は命題、世界、時間に関する確率関数であって、概念的に相互にまったく無関係であること、よって互いに両立しうること、ここに「非結合議論」のポイントがある。

11　客観的偶然性としての傾向性

この「非結合議論」に代表される両立論に対するシャッファーの分析と批判は少し錯綜しているが、私の理解するところ、全体として二つの要点から成り立っている。(i)偶然性は、信憑性、可能性、未来性、本来性、法則性、因果性といった概念と結びついて、それらとともに私たちの実在的あり方を導くという役割を担っているが、決定論と偶然性についての両立論はこうした偶然性の実在にコミットする役割を見落としている、そして(ii)こうした見落としの背景には、おしなべて、偶然性を主観的な認識的偶然性(epistemic chance)とのみ見なし、客観的偶然性(objective chance)への考慮を事実上欠いている、という事態が潜在している、という二点である。確かに、偶然性を形式的な関数関係とのみ見なすということは、実在との実践的な関わりを度外視することで、その限り観念的な理解、つまりは認識的な理解であると言えるだろう。そして、認識的なレベルでのみ偶然性や確率を捉えるならば、「本当はすべて決定しているのだけれども、私たちの認識能力に限りがあるので偶然的に思われてしまうだけなのだ」として、決定論と偶然性を両立させることは訳もないことになる。だとしたら、何のことはない、決定論的偶然性の議論とは、先に私が「狂信」として斥けた、頑固な決定論の焼き直しにすぎないのではないか。

いずれにせよ、この問題は、偶然性そして確率をどう捉えるか、という根本的な問題と関わっている。別著にて私はこの問題を整理し、確率概念を大きく「認識的」(epistemic)と「物理的」(physical)とに二分し、そうした確率理解の因果的な生成次第について(確率1は何によって産み出されるのかという問いを介して)論じた。そして、因果的成り立ちという実在的な事態を問題の主軸に据えるという論立てからも明らかなように、とりわけ私は物理的(つまり客観的)確率としての確率の「傾向性解釈」(それはすなわち客観的偶然性にほかならない)に軸足を置いた(一ノ瀬 2006 第1章参照)。その点で、もしシャッファーの言うように、決定論と偶然性との両立論が客観的偶然性を落としているならば、そして実際、私はシャッファーの理解に同意するが、私自身もそうした両立論を受け入れることはできない。偶然性や確率は、数学的処理によってそれへの理解が著しく深化してきたわけだが、決してそうした数学的処理だけで尽くすことはできない。* 偶然性や確率は、それが私たちの実際の(その意味で客観的かつ実在的な)活動に及ぼす尋常ならざる影響のゆえにこそ、学問的主題として立ち上がってきているからである。

けれども、ちょっと立ち止まろう。客観的偶然性としての傾向性というのは、事物や出来事の現在における一つの物理的あり方を意味する。だとすれば、それ自体は一つの決定された確定的事態なのであって、そうした傾向性を有する事態が継起してゆくこと、それが偶然性と呼ばれるのだとしたら、それは決定されている事態が連なってゆくということであり、決定論の描く世界と変わりないのではないか。その意味で、決定論的偶然性という捉え方はやはり的を射ているのではないか。そうした疑問が出もしよう。しかし私は、こうした見方もやはり過去性の持つ決定性からのすり替えであって、全時間にわたる決定論を正当に導くことはない、と考える。現時点での一つの確定され決定された事態が見届けられても、次の未来の時点においてどのように新たに決定されるのかは確定しているとは言いえない。せいぜい、未来の時点でも世界は何らかの傾向性を持つだろうと言えるだけであって、そうした物言いはほぼ無内容であるし、それ自体蓋然的であって決定論的語りとはほど遠い。これまでも決定論だと言うならば、決定論という考え方の外延が野放図に拡散し、結局は無意味化してしまうだろう。以上より私は、決定論的偶然性という捉え方を以下、考慮から外してよいと判断する。

＊　数学的な確率論の現代的なありようについては、数理解析の専門家である高橋陽一郎が寄せた簡にして要を得た論文が非専門家にとっても大変に役に立つ(高橋 2008, pp. 398-406)。「大数の法則」「中心極限定理」「大偏差原理」という三つの法則性を基盤として、ランダム性の数学として展開されている現代確率論の構図がよく見て取れる。こうした確率論を前にして、私の提示しているような哲学の議論がどういう意味を持ちうるか。その問いに対して、私は、私たちが確率の「概念」を用いてものごとを理解したり、活動方針について意思決定したりする、という「実践」を主題化しようとしているのだ、と答えたい。実際、高橋も、注の中で「数学としての確率論の外で、確率とは何かを問う真摯な試みを否定するつもりもない」(同論文、p. 400 下)と述べてくれているし、末尾において、三つの基本法則性が、「どのような状況に対して、どのように適用すれば、どのような結論が得られるかは、いまだわずかしかわかっていない」(同論文、p. 405)として実践的な適用について考察の余地を認めてもいる。数学の外で確率に関心を抱く研究者へのリップサービスなのかもしれないが、私はあえてこれを真に受けて、勇気をもって自分の関心を展開していきたい。

12 環境への偶然性の浸潤

生命現象の偶然性の話しに戻ろう。実を言えば、配偶子の成り立ちとか適応概念の理解などといった難しいことに言及せずとも、生命現象が環境との相互作用のなかで発現するとき、そこに偶然性が充ち満ちていることは、常識のレベルですでにして明らかである。私たちのような生命体の環境ということで最も近傍にあるのは、腸内細菌からはじまって、ヤブ蚊などの昆虫、光合成の作用をもたらす植物(森林浴などの影響を想起せよ)、そして同種の他の生物(私たちの場合は主として他人)などの他の生命体であろう。そうした無数とも言えるほどの生物の間の相互作用のなかで、私たち生命体は生きている。生命現象とはそういうものである。これを、たとえば遺伝子決定論によって解明することなど、根本的なお門違いである。日常的表現からして、むしろ、偶然性という概念がここにはぴたりとはまる。私たちがここに、こうした仕方で生きていること、これはいまだいま確定され決定されてゆくのだけれども、それは偶然としか呼べず、すべてが決定されていることなど含意できるはずもない、と。同じことは、生まれ育った自然環境、風土、文化などに沿っても、あるいは個体ごとの振舞いや歴史に沿っても、言える(See Hubbard & Wald 1999, pp. 9-11)。すべては決定されているとする決定論は、そうした生命現象の実相の前では空虚なお題目であり、それを主張する哲学者の怠慢か傲慢かのいずれかを暴露するにすぎないだろう。ことがらに真摯に向き合うつもりならば、偶然性や確率の問題から目を逸らしてはならない。

あるいは、もっと踏み込んで言えば、「環境」の概念自体が、生命現象を媒介して立ち上がってくるのであって、生命の遺伝的組成と環境、つまり「氏と育ち」という全体が、生命現象が包含する偶然性の様相に浸潤されていると表現できよう。たとえば、先に引用したブランダンは、「環境」に関して、「外的環境」(external environment)、「生態学的環境」(ecological environment)、「選択的環境」(selective environment)という三つを区分し、生物学に最も連関するのは、進化理論における「自然選択」に関わって機能する限りでの環境、すなわち「選択的環境」であり(Brandon 1990, pp. 48-49)、「生態学的環境」は「選択的環境」の異質性の必要条件であるとする(Brandon 1990, p. 65)。私の主題も生命現象なので、このように環境概念を捉えることに差し支えはない。そしてブランダンによれば、そのような生物のあり方に関わる環境の同質性や異質性を測定するときに、植物などの有機体を測定器具として用いる「植物計」(phytometers)という手法が使われるのであり、そうした有機体の「人口統計学的な振舞い」(demographic performance)が環境の同定や区別の基礎データとなる(Brandon 1990, pp. 48-49)。このように、「育ち」つまりは環境それ自体、生命現象の偶然的なありようを介して統計的に扱われる対象である限り、(狂信的な決定論のくびきから離れるならば)やはり偶然性に満たされたものと捉えるべきである。そもそも「環境」とは、その字義や用法からして、主に生物の周りを囲むものの意であって、その意味で生物や生命現象と相関し、その偶然性も共有するのは当然である。

さらに、人間に関する「育ち」、すなわち政治や経済や文化などの社会的環境に限って述べるならば、それが偶然性に色濃く支配された、非決定論的にしか把握できないものであることは、たとえば経済学の書物を少しひもといただけで明らかに了解できる。株式市場の価格の変動を「ランダムウォークモデル」によって解明したり、商品の仕入れ戦略を「モンテカルロ法」で構築したりすることに鑑みるならば、社会的環境の偶然的なありようは今日の学問状況においてはむしろデフォルトとしての前提であろう(小島 2005 第1章および第3章を参照)。しかるに私たちは、生命体として、そうした社会的環境因子の影響を大きく受ける。大金を投資した人は株価の変動に大きく左右され、ショックやストレスを感じて健康にも影響が及ぶだろうし、商店主にとって商品の仕入れ戦略は文字通り死活問題であり、大きな失敗によって自殺に追い込まれる人が出ないとも限らない。しかるに、それはすべて不確実性・偶然性のもたらす作用なのである。

13 過去の流動性の形而上学

さらに根源的なことを言おう。私はここまで、決定論という見方は過去の確定性・決定性を全時間へと誤って適用してしまった一種の錯覚だ、と論じてきた。しかるに実は、この「過去の確定性」という出発点をなす捉え方自体、厳密には申し立て難いのである。「過去」という概念自体に関わる、超一級の哲学的困難が存在するからである。ほかでもない、「過去」は過ぎ去っており、いまはないので、本当に確定しているかどうか確かめようがなく、不確実であって、よって過去それ自体もまた偶然性によって浸潤されてゆくという、このことである。この問題について私は、「歴史の認識」という主題のもとすでに別著にて論じた(一ノ瀬 2006, 第3章)。実際、邪馬台国の位置とか、静御前の後半生とか、京都神護寺の像についての源頼朝説と足利直義説との対立とか、孝明天皇の死因とか、そんな問題を思い描いただけでも、歴史認識の問題に確率概念を導入するのはごく自然な道筋であることが分かるだろう。実際、歴史の哲学の場面でもそうした確率的アプローチはつねに検討の対象になるし(E. g. McCullagh 1984, esp. chap. 3)、統計学的な文脈でも、たとえば統計学史家スタイグラーの紹介する一七、八世紀に活躍したジョン・クレイグの時代からすでに、歴史認識あるいは歴史的事実についての証言の不確実性を確率を用いて数学的に扱おうとする道筋は真剣な研究領域をなしてきたのである(See Stigler 1999, pp. 252-273)。

これに対して、そんなことを言い出したら、単にすべては偶然的であり不確実だとする文学的な主張に堕してしまうだけである、むしろ理性的に考えて、過去は確定され決定されている、というのは積極的な意味で採用すべき、学問的議論の岩盤をなす形而上学的原理である、といった反応が即座に出てくるだろう。これに対して私は、次の二点をもって応じたい。第一に、別著でも論じたが、私はすべてが偶然的で不確実だなどと論じる意図はなく、「過去確率原理」と名づけた原理に従って、たったいまの直近の過去に関しては確率1つまり確実性を積極的に認めたい(一ノ瀬 2006, pp. 29-31)。第二に、過去に関して形而上学的前提が導入されること自体にも私は異論はない。冷静に言って、私たちの言語的理解には間違いなく多層的な形で何らかの形而上学的思念がはめ込まれていると考えられるからである。けれども、私たちの日常的語法と整合する過去についての形而上学的前提は必ずしも過去の確定性だけとは限らない。現在ただいま世界のさまざまなことが刻々変化してゆきつつあるが、それはまさしく、いま過去が変化してゆくことが原因となって生じている結果なのだと、そのように捉える形而上学も可能なはずであり、その場合には、過去の確定性よりもむしろ過去の流動性が前提として採用されていることになるはずである。ここでの「いま」はトリッキーだが、いまこのとき全時間を俯瞰しているという表象を伴う現在のことである。とんでもない議論かもしれないが、問題にしているのは形而上学的可能性であって、しかも日常的語法と整合するならば、その限りでこうした議論も許容されてよいと思う。少なくとも、過去から未来まですべて決定されている、とする決定論の形而上学と比べるならば、理論的なつじつまは合うし、私たちの経験と背反もしていない。(理論的には、現在生じていることが原因となって、いま過去が変わっている、とする一層ラディカルな「逆向き因果」の形而上学も可能だが、ここでは追求しない。この問題については一ノ瀬 2001 第3章参照。)

とはいえ、一方で、過去の確定性・決定性を支持する形而上学が根強く信奉されていることは事実である。おそらく、過去の流動性が言挙げされにくいのは、過去が流動的で変容するとしても、私たちが自由にそれを左右できるわけではなく、その限り過去は私たちの手の届く範囲の外部であると思われるからであろう。そして、そういう意味で過去は私たちに対しては結局は確定的・決定的な形で作用してくる、というように表象されてしまうのではなかろうか。いずれにせよ、過去の確定性・決定性への信奉は根深い。そして私は、「どうやって分かるのか」という認識論的な問いかけとのつながりで言えば、いま論じたように、過去の確定性・決定性は疑いうるけれども、実はこれとはまったく異なる意味づけのもとで過去の確定性・決定性は機能している、とも考えている。これについては本章の最後で触れたい。

14　進化理論と歴史性

以上、生命現象には本来的に偶然性が巣くっていることを確認してきた。しかし、これだけではまだ足りない。生命現象にまつわる決定性や偶然性の問題を現在の論争状況のなかで検討するには、どうしても進化理論(evolutionary theory)へと射程を広げなくてはならない。なぜなら、進化理論の枠内で、この決定性と偶然性の対比の問題が特有な仕方で再主題化されているからである。それは、「ランダムな遺伝的浮動」(random genetic drift)と「自然選択」(natural selection)という対比に沿って姿を現す。すなわち、偶然性による個体死や遺伝子プールの変化などのランダムな遺伝的浮動に対して、自然選択とその基盤となる「適応度」(fitness)に関して、遺伝的浮動のランダム性とコントラストをなすという意味での、ある種の決定性が主張されているのである。であるならば、私の主題にとって、この対比の問題を看過するわけにはいかない。とはいえ、この主題は、一つの論考によって全体を扱えるような規模をはるかに越えた、広大な学問分野をなしている。よって私は、哲学の論考という本論の位置づけのなかで、この対比に沿って現れていると考えられる決定性と偶然性にまつわる思考仕方にだけ焦点を絞って論じてゆく。その際、いわゆる「選択説」(selectionism)と「中立説」(neutralism)との対立という生命科学上の論争に事実上触れることになるが*、私の関心は、そうした論争を促す、進化とか変化とかについての捉え方の様式にあるのである。

＊　木村資生によれば、「選択説」対「中立説」という対立はいまはなく、少なくとも「頻度依存性選択」対「中立説」の対立、としたほうが正確である旨の指摘がなされている(木村 1988, pp. 233–234)。しかし、いずれにせよ自然選択的な作用をどこまで重視するかという論点が係争点であることに違いはないので、ここでは「選択説」対「中立説」という一般的な記し方にとどめておく。

もっとも、哲学サイドから率直に述べてしまえば、進化理論が描く生物進化の道筋は、原理的に確実性に到達しようがないことははじめから明白である。そもそも、進化あるいは進化理論とは何かというのは、他の学問において定義を求めるときにもそうであるように、一言で答えるのは困難である。第一、「進化」する主体についてからして、それを外的な姿形の「表現型」(phenotype)と捉えるか、生物内部の遺伝子構成の「遺伝子型」(genotype)と捉えるか、という問題がある。また、そうした「進化」をどのレベルで捉えるかについても、生物種自体の変化を示す「大進化」(macroevolution)と、一つの持続する種のなかでの変化を示す「小進化」(microevolution)との異なる位相がある。あるいは、「進化」の単位についても、「集団」(group)なのか、「個体」(individualism)つまり「有機体」(organism)なのか、それとも、ドーキンスの「利己的遺伝子」(selfish gene)説で有名になったように、「遺伝子」なのか、という係争点がある。さらに、「進化」の意味についても、一般的にそれは「遺伝子頻度の変化」(change in gene frequency)と理解されているが、それだけで生物進化についての問題をカバーし尽くすことはできない。たとえば、ある生物種の個体数が著しく増減した場合、当然そうした現象は生物進化の射程内で研究されねばならないが、もしそうした増減の過程において「遺伝子頻度」が変化しなかったとしたら、「進化」を「遺伝子頻度の変化」と規定する限り、こうした個体数増減は進化とは無関係な現象として扱われてしまうが、これは不適切な事態であろう(Sober 2000, p. 5)。けれども、「進化」とは何かについて、こうした多層的な未規定性があるにもかかわらず、全体として大まかに共通する特徴が指摘できる。それは、ソーバーの次の言い方に集約されている。これは、生命科学のなかで進化理論がどのような位置づけを有するか、という観点からの発言である。

> 進化が重要なのは、歴史が重要だからである。進化理論は生命科学のなかで最も歴史的な主題を扱う。つまり、進化理論の諸問題は最も長期の時間範囲に及んでいるのである。
>
> (Sober 2000, p. 7)

言い方を換えれば、進化理論の研究は、人間の歴史についての研究と同様に、研究対象となる現象を繰り返して再現することが原理的にできないということ、そうした「再現不可能性」という自覚のもとで立ち上がってきているということである。この場合、「歴史的」ということで主に過去が名指されていることは間違いないが、未来に関する何らかの予見や予測を行うことが禁じられているわけではない。いずれにせよ、過去の事象に立脚して、現在や未来を理解しようという態勢のもとにある。その意味では、歴史的の代わりに「時制的」と特徴づけてもよいかもしれない。この点において、確かにさしあたり、進化理論は他の多くの自然科学や他の生命科学とは区別される。物理学や化学、そして分子生物学や生理学などは、時制とは独立した何らかの法則性を扱っていると思われるからである。英語の対表現を使えば、「法則定立的な」(nomotheic)な他の諸科学理論に対して、進化理論は

「個別具体的な」(idiographic) な学問である、と表現してもよいかもしれない。*

* とはいえ、厳密に言えば、まったく法則性と無縁な歴史記述は存在しないし、あったとしても理解不能なはずである。この点について私は、拙著『原因と理由の迷宮』において、ヘンペル流のカバー法則モデルとその確率的理解という論立てのもと、詳しく検討した(一ノ瀬 2006 第3章参照)。よって、「法則定立的な」と「個別具体的な」という区分は、真には厳格なものではなく、実際上の有用性に照らした大まかなものである。

しかしまさしく、歴史性・時制性に本質的に立脚するというこの基本点において、進化理論は宿命的に、他の自然科学に比してかなり顕著な不確実性を引き受けなければならない。なぜか。すでに述べたように、過去性それ自体にまつわる本質的な不確実性あるいは偶然性が不可避的に立ちはだかってくるからである。そういう根源的な意味で、進化理論は原理的に確実性には到達しえないのである。この点は、とくに哲学の立場から進化理論について論じる場合には、絶対に落としてはならない。進化理論は、文字通りの真理性を主張する用意を本性的に欠いているのであり、それがむしろ進化理論の積極的な特性なのである。そしておそらく、進化理論の出立当時からつねに、いわゆる「創造説」(creationism) あるいは「知的設計論」(intelligent design) といったキリスト教的な生物理解からの反撃を呼び込んでしまうという事態も、こうした進化理論の宿命的な不確実性に基本的には由来していると思われる。進化理論と創造説との対立の問題は、現代の科学哲学の通念からするとすでに(進化理論優位で)決着のついた、もはや見るべきところのない論争のように思われている向きもあるだろうが、私の見るところ、いまでも十分に検討に値するし、それを検討することで、案外にも哲学的なあるいは認識論的なさまざまな洞察が引き出されることが、依然としてかなり期待できると思っている。しかし、この問題の検討は別の機会に持ち越そう。

15　自然選択という語法

さて、進化理論を論じるときダーウィンの名が出てくるのは、これまでの経緯から言ってほぼ必然的だろう。彼の『種の起源』は「飼育栽培のもとでの変異」という章題のもと、植物の育種、ハトや犬や馬などの品種の改良、といった「人為選択」について検討することからはじまる。ハトの姿や能力、甘くおいしい果実、そうした「すべての品種がいま見られるような完全な、そして有用なものとして突然に産み出されたとは想定することができない……鍵は、選択を積み重ねてゆく人間の能力にある。自然は継起する変異を与え、人間はそれを自分に有用な方向へと合算してゆく。この意味で、人間は自分自身にとって役立つ品種を作り出してゆくと述べることができよう」(Darwin 2006, p. 468)。そしてダーウィンは、そうした選択のありようを、自然そのものにも適用する。「人間の手の内にあってこれほど効能があることが分かった選択の原理は、自然においても適用できるだろうか。私は、それがきわめて有効に働きうることを見出すことができると思う」(Darwin 2006, p. 501)。すなわち「自然選択」である。ダーウィン自身による「自然選択」の概念の最初の導入部分を引いておこう。

生活のためのこの闘争によって、いかなる変異も、たとえどんなに軽微であっても、どんな原因から生じたものであっても、どの種でもその個体に対して何らかの程度において利益になるものであったなら、他の有機的存在者や外的自然に対する無限に複雑な関係性のなかで、その個体を保存する方へと傾向づけ、そして一般に子孫へと継承されてゆくだろう。子孫もまた、そのように生存の機会に一層めぐまれることだろう。というのも、どの種でも定期的に多数の個体が生まれるが、少数のものだけが生存していくことができるからである。どんな軽微な変異でも、それが役に立つならば保存されてゆくというこの原理を、私は「自然選択」という語で呼ぶことにした……自然選択は、後に見るように、いつでも働けるように用意されている力であり、そして人間の脆弱な努力とは比較にならない程優ったもので、それは「自然」の作品が「技能」の作品にはるかに優るのと同様である。

(Darwin 2006, p. 489)

他の箇所では、逆に、有害な変異は廃棄されることも言及され、「こうした有利な変異の保存と有害な変異の棄却とを、私は「自然選択」と呼ぶ。有用でもなく有害でもない変異は、自然選択の影響を受けず、変動的な要素として残されるであろう」(Darwin 2006, p. 502)とも記されている。

しかし、選択と言っても、一体誰が選択するのだろうか。ダーウィンが「自然の作品」という言い方をしていることからして、選択するのは文字通り「自然」であろう。実際、生物学の哲学の大家ルースは「ダーウィンは自然をあたかも、人間よりははるかに優れているとはいえ、一種の人格化された存在であるかのように語っていた」(Ruth 2003, pp. 114-115)と喝破している。ということは、ここには一種のメタファーが入っていると言うべきだろう。つまり、もっと中立的に言えば、単にある「変化」が生じているだけなのだが、それをあえて「選ぶ・選ばれる」というように表現している、ということである。しかるに、もしそれが比喩なのだとしたら、そうした自然選択は、人為選択の現場を確認できるようには、データとして観察できないということになるのだろうか。

これは、おそろしく素人くさい疑問かもしれない。『種の起源』刊行から一五〇年以上が経過し、進化理論も、遺伝学との融合による総合説の提示を経て、今日では集団遺伝学や分子遺伝学として数理的な手法のなかで高度な洗練化を遂げているとき、「選ぶ」とは何か、と問うのはひどく原始的に思えるからである。けれども、疑問に素直に向き合わなければ哲学とは言えない。実際のところ、多くの人たちがいろいろな形で何度も指摘していることだが、自然現象を記述するとき、どうやら二つの仕方があるように思われる。直接的な記述と、意図する主体を擬制する記述とである。水や風や岩について記述するときには大抵は直接的記述になり、人間の社会的行為について記述するときにはいわば定義的に意図的主体の記述になる。しかし、生物(生物としての人間も含む)になると両方が混じり合う。「サクラの花が咲いた」と「サクラが花を咲かせた」との両方が可能なように。あるいは、かつてウィトゲンシュタインが問題にした「手が上がる」と「手を上げる」のように(Wittgenstein 1963, p. 161, s. 621)。これは間違いなく、私が冒頭で指摘した「生命概念の両義性」に起因する事態であろう。生命概念は、自然現象でありながら、人為現象へとときどき振れゆく。そのような「ゆらぎ」を概念自体として持っているのである。自然選択の概念も、生命現象の説明機能を果たすものとして導入されている限り、そうしたゆらぎを本質的に受け継いでいる。この点、心にとどめたい。

16 自然選択の確率的性格

自然選択の観察という問題に向き合おう。これは、人為選択の場合のように、人間が手を使って特定の植物や動物を配合させるところを見る、というのと同じ意味で、自然の手が何かをしているところを見る、というわけにはいかない。では、どうするか。一定の時間間隔のなかでの「変化」のプロセスを見るのである。それは、たとえば集団遺伝学では、「遺伝子型」あるいは「対立遺伝子」(allele)の頻度がほぼ線形的に変化してゆく、つまり一つの遺伝子型や対立遺伝子が一方的に増大して、他のものが消滅してゆくような変化のプロセスを認めたとき、自然選択が生じている、つまり自然選択を観察している、と捉えるのである。実際、たとえばエイズ・ウイルスなどの進化速度は通常の生物の一〇〇万倍程度もあり、一年間で一〇〇〇塩基あたり一個程度が書き換えられるので、遺伝子型の変化という意味での進化は、実験室のなかで実証することさえ可能であると言える。*

＊『Newton』(二〇〇七年一二月号、ニュートンプレス、四五頁)による。同じようなことは、「インフルエンザ・ウイルスA型」についても指摘されている(木村 1988, p. 241-242)。ただし、ウイルスは果たして生物なのかどうかという点で、いろいろな立場がある。たとえば、『文系のための生命科学』(東京大学生命科学教科書編集委員会、羊土社、二〇〇八年)では、ウイルスは生物ではないとされている(p. 12)。

言及したついでに、集団遺伝学での「自然選択」の定式化を見ておこう。ハートルとクラークの『集団遺伝学の原理』によれば、自然選択の現代的定式化は次のような論理的推論によって示せるという。

- すべての種において、生存し繁殖することが可能であるよりも多くの子孫が産み出される。
- 有機体はそれぞれ生存したり繁殖したりする能力において異なっているが、それは部分的には遺伝子型の相違のゆえである。
- すべての世代において、現在の環境のなかでの生存を促進する遺伝子型は繁殖年齢の際には過剰に存在するので、次世代の子孫に対する貢献は不均衡になる。

(Hartl & Clark 2007, p. 199)

かくして、不均衡から変化が起こる。これが自然選択にほかならない。この自然選択を通じて、生存と繁殖の両方を増強させる対立遺伝子が世代を経るにつれて増大してゆくのである。

ハートルとクラークは、二つのバクテリア遺伝子型AとBとを想定し、互いの遺伝子型が地理的に離散していると前提した上で、それぞれの遺伝子型の時間tにおける細胞数A_t、B_tを次のように規定することで、自然選択を例解している。

$$A_t = (1+a)^t A_0,\quad B_t = (1+b)^t B_0$$

ここで、aとbは遺伝子型A、Bそれぞれの「成長比」(growth rate)、つまり単位時間当たりの遺伝子型の増加率を示す。このとき、a≠bならば自然選択が発生する、とされる。ハートルとクラーク

は、a=0.41, b=0.26と仮定し、その場合の「A：B」の細胞数比、すなわち、

$$\frac{A_t}{B_t}=\left(\frac{1+a}{1+b}\right)^t\frac{A_0}{B_0}=w^t\left(\frac{A_0}{B_0}\right)$$

に注目し、その自然対数をとった関係を上のような図に示している。かくして、この仮定のもとでは、遺伝子型Aが自然によって選択されてゆく、というのである(Hartl & Clark 2007, pp. 200-202)。

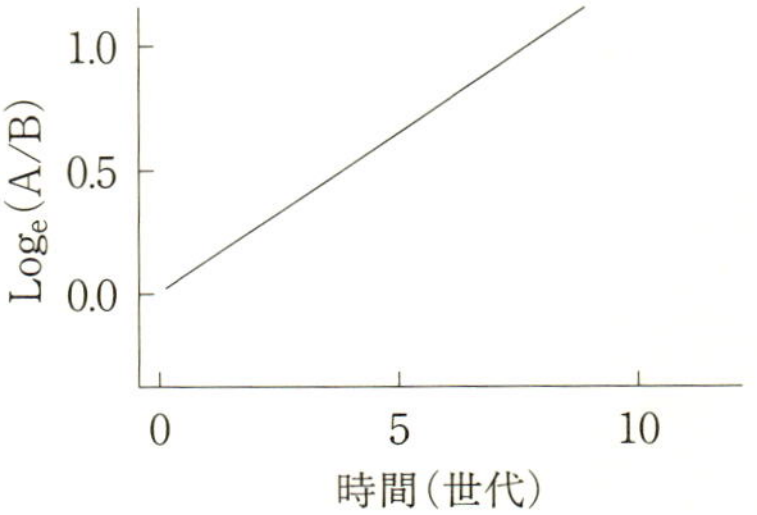

　この例解に即して気づくのは、まず「成長比」という統計的にしか算定できない数値を用いていることである。そしてそれは、その「比」が問題になっていることを別様に表現すれば、世代を経るごとに、ある割合で遺伝子型Aが生じる確率が増えてくる(裏返せば遺伝子型Bが生じる確率が減ってくる)、という捉え方にほかならない。最初は遺伝子型Aと遺伝子型Bと同数で始まっても、最初の世代交代では「141/267」の確率で遺伝子型Aが発生し、一〇世代目では「3/4」の確率まで上昇してゆく、というプロセスの次第がここから読み取れるのである。

　ということは、自然選択は確率的であって、そこには偶然性のプロセスが読み込まれているということである。実はこのことは、ダーウィン自身の、先に引用した自然選択という語法の導入部分からすでに見越されていた。有利な変異について彼は「その個体を保存する方へと傾向づけ」(tend to the preservation of that individual)、そして子孫もまた、「そのように生存の機会に一層めぐまれることだろう」(have a better chance of surviving)と記していたのである(Darwin 2006, p. 489. 強調下線は筆者)。

17　遺伝的浮動という偶然性

もっとも、上に見たような集団遺伝学からの「自然選択」の規定は、「進化」という概念で通常理解されるすべての事態をカバーするものではない。この点について、『大自然における自然選択』という興味深い本を著したエンドラーが簡潔に指摘している。遺伝子型あるいは対立遺伝子の頻度変化という形で規定される集団遺伝学的な自然選択は「小進化」とほぼ等価であり、「しばしば対立遺伝子頻度の変化を過剰に強調して、異なる対立遺伝子やその性質の起源(origin)については強調不足に至る。しかるに、進化においてはその両者とも重要なのである。さらに、もう一つ加えて指摘されるべき問題は、量的な遺伝的形質という点で、その形質の全体的な平均と変異率がほぼ一定だとしても、多くの重要な意味を持つ場所での対立遺伝子の頻度が変化している場合がある、ということである」(Endler 1986, pp. 7-8)。そしてエンドラーは、もっと包括的な形での自然選択の規定を与える。彼によれば、ある集団が次のa、b、cの三つの条件が存在していることを満たし、その上、1と2の事態が認められるという「過程」(process)、それが自然選択にほかならない(Endler 1986, p. 4)。

a　何らかの性質や形質についての個体間の相違、すなわち「変異」(variation)

b　その形質と、交配能力・受胎能力・繁殖力・多産性・生存力との間の一貫した関係性、すなわち「適応度差」(fitness differences)
c　その形質に関する、両親と子孫との間の一貫した関係性、しかも共通の環境に由来する結果とは少なくとも部分的に独立の関係性、すなわち「遺伝」(inheritance)
1　年齢上の諸階級や生活史の諸段階において、個体発生から期待されるレベルを越えて、形質頻度分布が相違してゆく
2　その集団が平衡状態でないならば、その集団におけるすべての子孫の形質分布は、条件aとcだけの場合に期待されるレベルを越えて、すべての親系列の形質分布と予測の範囲内で異なりゆく

こうした規定を踏まえた上で、いよいよ「遺伝的浮動」の問題へと向かおう。エンドラーの規定を引用したのはほかでもない、このやり方だと「自然選択」、「遺伝的浮動」、そして「進化」という基本概念の相互の位置づけが、さしあたり大変に見やすいからである。エンドラーに従えば、遺伝的浮動とは、世代間で生じる対立遺伝子のランダムな標本抽出過程(random sampling process)のことであり、それの必要十分条件は、自然選択の条件と次の二つの点でのみ異なっている。すなわち、(1)条件bが定義的に不在である、(2)有効集団のサイズが、標本抽出でのエラーが有意であることを確実にするのに十分なほど小さくなければならない、という二つである(Endler 1986, p. 5)。もちろん、自然選

択と遺伝的浮動との両方が同時に作用することもありえる。そして、「進化」は、自然選択、遺伝的浮動、あるいはその両者、の結果として生じうるが、自然選択や遺伝的浮動が必ず進化に結びつくとは限らないし、突然変異や移住や減数分裂などの、自然選択とも遺伝的浮動とも異なる要因によって進化が発生することもある、という。こうした相互関係は、左のようなヴェン図で表される(Endler 1986, p. 7)。

こうした明快な整理を踏まえて、エンドラーは、自然界のなかで直接的に自然選択の過程を発見する方法として、「環境要因との相関」、「緊密に関係する同所種との比較」、「相似した生息環境で生息する無関係な種との比較」など、一〇の方法を提示し(Endler 1986, pp. 52-96)、そうした方法に沿って実際に自然界に観察された自然選択の例、そしてその研究を多数紹介し検討している。「造礁さんご」(Acropora st.)とか、「カリフォルニアイガイ」(Mytilus californicus)などの進化の例が挙げられている

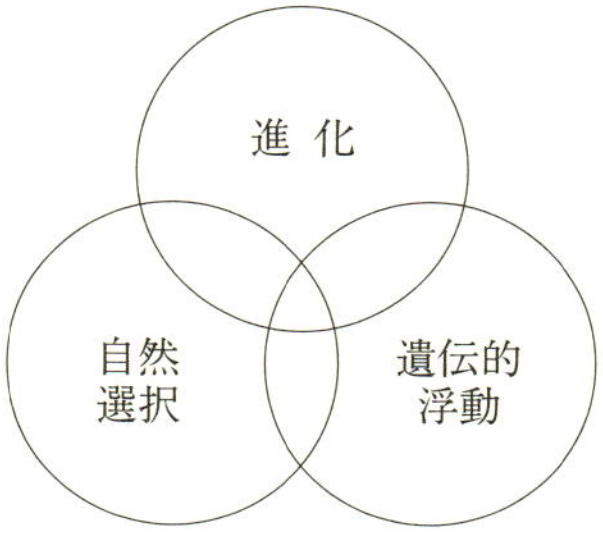

(Endler 1986, pp. 129ff.)。いずれにせよ、さしあたりここで私が押さえたいのは次の三点である。(i)エンドラーの包括的な規定においても、集団遺伝学的な規定と同様に、自然選択は、「形質頻度分布」という言い方のもと、確率統計的に理解されていること、(ii)遺伝的浮動もまた、ランダムな標本抽出として、確率的に、つまりは偶然的な作用として、位置づけられていること、(iii)自然選択と遺伝的浮動という二つの主たる進化の動因の相違は、「適応度」の差が認められるかどうか、という点に求められていること、この三点である。

18　適応度の概念

ここで、私の主題にとって気になる問題として浮上してくるのは、自然選択と遺伝的浮動との区別である。両者とも本質的に偶然性を伴っているのだが、にもかかわらず区別されている。これは、いってみれば、偶然性についての二区分である。換言すれば、両者の区別基準としての「適応度」の概念、これがどうしても検討せざるをえない主題として立ち現れてくるのである。そして、こうした主題に関して科学哲学の観点から見ようとしたとき、その影響力という点で、ジョン・ビーティの「偶然性と自然選択」という古典的な論文をどうしても落とすわけにはいかない。それゆえ、まずはビーティの主張の主な論点を確認していきたい。

ビーティの議論は、進化理論内部での、自然選択を重視する「選択説」と、遺伝的浮動に重きを置く「中立説」との論争を射程に入れながら、進化理論における偶然性概念の意義を検討することを目的とする。その際、この論争に関して、彼は最初にこう明言する。「ここで進行していることは、一見そう思われるかもしれないが、「確率論的」(stochastic) 対「決定論的」のどちらが望ましいかについての論争なのではない。現代の進化理論研究者は、進化が確率論的かどうかについてそれほど真剣に議論を費やすことはなく、進化がどのように確率論的か、について論じているのである」(Beatty 1984, p. 185)。このことは、私が前節までに確認したことと重なる。ビーティは、このことを論じるために、分かりやすい例解に訴える。それは、つぼからガラス玉を取り出すというモデルである。この場合、一つ一つのガラス玉は対立遺伝子であり、異なる対立遺伝子(ガラス玉)は異なる色をしている、そして一つのつぼに入っている全体のガラス玉が対立遺伝子の一世代を表すと想定する。このとき、目隠しをした人が、色の相違という物理的な違いから何らの影響も受けない形で、つぼからガラス玉を取り出すことによって、つまり無作為抽出によって次の世代が決まっていくならば、それはランダムな確率過程のモデルである。これが「ランダム浮動」つまり「遺伝的浮動」に当たる。逆に、色の相違を知覚しながらつぼからガラス玉を取り出すことによって次の世代が決まっていくようなモデルが(これを有意抽出と言ってよいかどうかは問わない)、「自然選択」に当たる。あるいは、ツルツル滑りやすいガラス玉と、粘着的な表面のガラス玉という物理的相違のもとで、(目隠ししてもしなくてもよいが)つぼからガラス玉を取り出す、という想定の方が、「自然選択」の例解として分かりやすいかもしれない。

ビーティは、こうした無作為抽出のモデルを自然界の生物現象に適用するならば、それは「親の無差別な抽出」(indiscriminate parent sampling)として理解できるとする。「親の抽出」とは、どの個体が次の世代の親になり、各親がどれだけの数の子孫を持つのかを決定する過程のことである。それが「無差別な」と言われるのは、ある世代の個体間に認められる身体的相違が子孫を残すことに関して無関係であるときである。たとえば、山火事によって「親の抽出」が行われた場合、すなわちある個体が焼け死に、別の個体が生き残った場合、そうした抽出は、各個体の生存や繁殖の能力とは無関係なので、無差別な抽出である。こうした無差別な過程を経ながら集団が維持されていくならば、その集団の遺伝子型頻度は世代から世代へと「浮動する」と言われるのである(Beatty 1984, pp. 188-189)。

合であろう。

遺伝的浮動のもっと分かりやすい例は、落雷やいん石の落下などによって「親の抽出」が行われる場合であろう。

これに対して、自然選択は、無差別的ではない抽出、つまり「抽出の差別的形式」(a discriminate form of sampling)であって、とりわけそれは「適応度差」に基づく差別である。ということは、自然選択と遺伝的浮動のどちらを重視するかという論争は、「適応度差による抽出」と「適応度差によらない抽出」のどちらに重きを置くかという論争なのである。しかるに、では果たして適応度とは何か。これについてはさまざまな規定の仕方があるが、ある生物種の個体または集団の生存と繁殖に関わっていることは間違いない。とりわけ、繁殖が重視されてきた。よって、適応度の一つのありうる規定は、ビーティの記すように、「ある有機体の実際の繁殖成功の測度」(a measure of its actual reproductive success)ということになろう。つまり、実際に産んだ子孫の数がすなわち適応度だ、という捉え方である。これを遺伝子型レベルに適用すれば、「当該タイプの有機体の実際の子孫繁殖の平均貢献度」ということになる(Beartty 1984, p. 191)。

けれども、このように実際数で適応度を規定してしまうと、いかなる「親の抽出」も差別的であって、自然選択だ、ということになってしまう。しかも、ビーティは言及していないが、こうした適応度そして自然選択の捉え方は、悪名高き「トートロジー問題」にも陥るだろう。「最適者生存」(the survival of the fittest)という進化理論の標語に対して、どれが最適者かと問われたとき、「生存している者」と答えることになってしまうという、あのロジックに陥ってしまうように思われるからである(See Sober 2000, pp. 70-74)。では、別の規定仕方はあるだろうか。ビーティはこういう例を出す。一卵性双生児の兄弟ａ、ｂがいて、ａは雷に打たれて亡くなり、ｂは生き残ったとする。そして結局、ａは子孫を残さず、ｂは子孫を残したとする。このとき、前段での定義に従えば、ａは適応度ゼロで、ａと遺伝的に同一で、単にａよりラッキーだったにすぎないｂにずっと高い適応度を帰すことになるが、それは奇妙なのではないか。こうした論点を踏まえて、子孫の実際数ではない形で適応度を定義する道筋が探られる。こうして、「身体的に見て産み出すよう傾向づけられている子孫数」(the number of offsprings that it is physically disposed to contribute)という規定が出てくる。これならば、先の双生児ａ、ｂ両方に同じ適応度を帰すことができる。つまり、首尾一貫するためには、自然選択の概念の核をなす適応度の概念のなかに、傾向性という形での確率あるいは偶然性を組み込まなければならないということである。換言すれば、自然選択の確率的性格は適応度のこうしたあり方に起因している、ということである。

19　自然選択の低確率の結果

けれども、ビーティは、このように適応度の規定を確率化して洗練させても、あるいはむしろそのように洗練することによってこそ、深刻な問題に直面することになるという。最大のポイントは、適応度を、子孫の実数ではなく、確率的に解する場合、その値は環境と相対的にしか決めることができない、という点にある。これは、先に本章12節で私が指摘した、生命の遺伝的組成と環境それ自体とがあいまって偶然性に浸潤されているいう事態と呼応する指摘である。この文脈でビーティは、「暗色の蛾」と「明色の蛾」の例を挙げる。森全体が暗色の樹木で構成され、色を識別できる肉食鳥がいるという環境(E1)を想定すると、「暗色の蛾」の方が「明色の蛾」よりも、まさしく色の差のゆえに、繁殖成功率が高いと考えられる。これは適応度差による相違であろう。しかし、適応度差に関わらない環境要因によって繁殖成功率の相違が生じることもある。たとえば、先にも触れた山火事のような場合、適応度差とは無関係に繁殖成功率が決まってしまう。けれども、もともと山火事が頻繁に発生するような環境(E2)だったならどうだろうか。あるいは、捕食者が色の識別ができないという環境(E3)だったならどうだろうか。そうした場合には、「暗色の蛾」と「明色の蛾」とはほぼ同じ数の子孫を産む傾向にあると言って差し支えないのではなかろうか。ということは、E2やE3では、「暗色の蛾」と「明色の蛾」とは同じ適応度を持つということになるのだろうか(Beatty 1984, pp. 192-193)。

ビーティは、こうした問いを論究するため、さらに次のような想定をしてゆく。全体の六〇%が暗色の樹木で、四〇%が明色の樹木からなる森で、「暗色の蛾」は六〇%の確率で暗色の樹木に遭遇し、四〇%の確率で明色の樹木に遭遇する、そして色を識別する肉食鳥がいる、という環境(E4)を想定した場合、「暗色の蛾」は、暗色の樹木に止まっていくらか多くの子孫を残す傾向性と、明色の樹木に止まっていくらか少ない子孫を残す傾向性とを併せ持つことになる。つまり、ここには子孫数に関して、一定の可能なレンジ・広がりがあるのである。換言するならば、E4のような環境において、子孫数に関する「確率分布」(probability distribution)が考えられるということである。

では、こうした想定のなかで、適応度をどう算定し、自然選択と遺伝的浮動とをどう区別するか。E4に関しては、樹木分布や遭遇率に鑑みて、おそらく、「暗色の蛾」の方が「明色の蛾」よりも適応度が高いと言えるだろう。しかるに、ビーティはさらに次のような想定をして、議論をたたみかける。この森に生息する蛾のある世代において、「暗色の蛾」の率が予想されている平均よりも少なく、「明色の蛾」の率が予想される平均よりも多かったとする。子孫数は確率的に決まるので、こうしたことは確率は低いけれども無論ありえる。そして、こうした事態は、どうやら「暗色の蛾」が暗色の樹木よりも明色の樹木に止まる頻度がたまたま高かった、ということに起因すると考えられそうである。この事態を、ビーティは上のような確率分布図で表している。

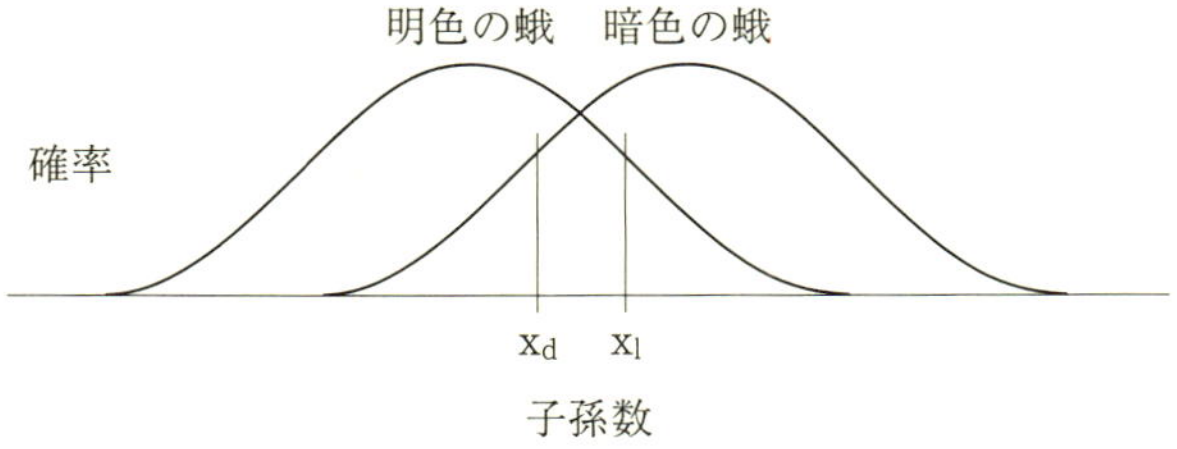

x_d：E4における「暗色の蛾」の実際の平均子孫数
x_l：E4における「明色の蛾」の実際の平均子孫数

　このとき、問わなければならない。このような事態は果たして自然選択の結果なのか、それとも遺伝的浮動の結果なのか、と。適応度差という点に関して、差別的な抽出の結果なのか、それとも無差別的な抽出の結果なのか、と。これを完全に無差別的な抽出だとは言い難い。明らかに、色という点で、生存と繁殖に関して見込まれる成功率に相違が認められるからである。少なくとも、E4での「暗色の蛾」の死は無差別的だけれども、同じE4での「明色の蛾」の死は差別的な選択である、と主張するのはいかにも苦しい。かといって、この事態の要因をひとえに自然選択に求めることも難しい。最適なものが選択されたとは言えないからである(Beatty 1984, pp. 193-196)。かくして、ビーティはこう論じる。

> 私が思うに、ここでの問題は、ランダム浮動と自然選択の低確率の結果(improbable results of natural selection)との二者の間を区別することが困難である、という点にある。
>
> (Beatty 1984, p. 196)

自然選択といっても、それを特徴づける適応度が確率的に規定される以上、選択の結果には一定のレンジがあり、確率的な分布としてしかそれは表現されえない。だとすると、低い確率が帰せられている事態が実際に生じることも、自然選択という概念のなかにもとから見越されているはずである。しかるに、そのような場合、単なる偶然ではなく、適応度に基づく変化である、という自然選択の特徴は薄まってしまう。かくして、単なる偶然による変化、つまりは遺伝的浮動との境界はぼかされ、自然選択と遺伝的浮動とは、単なる程度の違いであって、概念的な区別ではないことが暴露される。そしてビーティは、真に探究されるべき問題は、自然選択か遺伝的浮動かという「白か黒か」といった類の問いではなく、これこれに変化する偶然性の度合いは具体的にどのくらいかという「進化生物学における確率論的課題」(stochasticity issues in evolutionary biology)を追求することだ、と結論づける(Beatty 1984, p. 209)。これこそがビーティが進化理論に突きつけた、そして物議を醸した哲学的主張である。以下、便宜上これをビーティの「連続説」と呼ぶ。

20　決定論への揺り戻し

考えてみれば、自然選択も遺伝的浮動もともに確率論的に規定されるとされたときから、こうした見方が出てくることは避けられなかったはずである。確率はのっぺりと量的に連続した、グラデーションをなす数値で構成されているわけで、その間に、自然選択と遺伝的浮動というような質的で概念的な区別を設けるのは、恣意的にしない限り、難しいからである。* なので、自然選択という概念に特別の重要性を与えるというダーウィニズムの立場を堅持したいならば、ビーティの示した連続説を乗り越え、なんらかの非連続性を提出しなければならない。おそらくすぐに思いつく方策は、なんらかの仕方で決定論的なフレーバーをもう一度自然選択に持ち込むという道筋だろう。この点については、ビーティの連続説を承けて、その検討と批判を展開したミルスタインとブランダンの議論にまずは手がかりを求めてみたい。

＊　この点は、「奇跡」と「単に生じる確率が低い出来事」とをどう区別するのか、という問題とも深く関わっている。この辺りについては、私はかつてヒュームの奇跡論に即して検討したことがある（一ノ瀬 2001 第1章参照）。

ミルスタインの連続説への対応は、要約してしまえば次の二点からなる。(1)自然選択と遺伝的浮動の区別を論じる際には、「過程」(process)と「結果」(outcome)とを区別することが肝心で、選択と浮動は結果としては区別できないが、過程において区別できる、(2)そうした過程における区別のポイントは「因果的連関」(causal relevance)に基づくのであって、選択は因果的役割を果たしているのに対して、浮動にはそうした働きはない。この二点である。(1)の点に関して、ミルスタインはこう語る、「結果から過程を区分するとき私が意味しているのは、時間を通じて生じる種類の変化(過程)と、ある一つの時点において生じる「最終」状態(結果)という区別である」(Millstein 2002, p. 38)。換言するならば、長いスパンで見たときに見越される変化と、特定の時点にのみ視点を限ったときの変化、という区別である。この区別を導入すると、ビーティの連続説は、とりわけその「自然選択の低確率の結果」の議論は、差別的/無差別的な抽出という「過程」に関わる話に基づいていながら、ある時点での期待されていなかった「結果」、つまり「明色の蛾」の繁殖の成功を持ち出しており、「過程」と「結果」の混同を犯している、と診断される。ミルスタインによれば、こうした一次的な「明色の蛾」の比較的多数という事態も、環境E4においては、長いスパンにおいて「暗色の蛾」が自然選択されてゆく一つの過程であって、決して自然選択と遺伝的浮動とのどちらとも区別し難い事態ではない。色の相違は明らかに「明色の蛾」の死と因果的に連関している、というのである(Millstein 2002, p. 42)。

このミルスタインの議論のキーワードは、明らかに「因果的連関」である。では、これを導入することで、「因果的必然性」が見込まれ、ひいては決定論が再び呼び込まれることになっているのだろうか。この辺り、ミルスタインの態度は慎重である。まず彼女は、ビーティが挙げたE4におけるある世代での「明色の蛾」の増大もまた自然選択の過程に組み込まれる、という主張は、「もし私たちが自然選択理論が確率的であるという命題を真剣に受け止めるならば」(Millstein 2002, p. 43)、一層受け入れられるであろうとする。そして実際、自然選択から偶然性を排除するのはダーウィン自身以来の伝統的語法に反しているとして、メイアの次の言葉を引く。「自然選択は統計的現象である。それが意味するのは単に、よりよい遺伝子型は生き残るためのよりよい偶然性(チャンス)を持つ、ということを意味するにすぎない」(Mayr 1970, p. 107)。よって、自然選択を決定論的な過程と捉える見方を批判する。その見方とは、ソーバーの定式化に従えば、「自然選択が単独で作用するときには、ある集団におけるある形質の未来の頻度は、さまざまな遺伝子型の初期頻度と適応度値によって論理的に含意される」(Sober 1984, p. 110)とする立場である。これは、集団遺伝学での、無限な母集団のサイズを前提して導かれる「ハーディ＝ワインバーグの法則」(the Hardy-Weinberg Law)のような数学的な法則性にのみ訴えて自然選択を理解したときに出現する見方であろう。ミルスタインは、こうした決定論的見方を挙げている論者としてブランダンの名を挙げながら、こうした見方は確かにモデルとして扱いやすいが、扱いやすさのために実在世界で起こる現象への説明力を犠牲にするべきではない、と難じる(Millstein 2002, p. 50)。

　とはいえ、しかし、彼女はここでの自然選択の偶然性はあくまで自然選択理論の持つ偶然性であって、自然選択過程が決定論的かそれとも偶然的かについては不可知であると留保する(Millstein 2002, p. 52, note 5)。この辺りの論の運びは、私の主題にとってまさに急所に触れるものである。おそらく間違いなく、ミルスタインのような議論の根底には、「因果的連関」の概念が持つ決定論への傾斜がある。因果性ということで、単なる偶然性ではない何か、が思い描かれているのである。そうでないと、因果性を持ち出して選択と浮動を峻別するという目的がそもそも達成できない。しかも、因果的連関は「長いスパン」のもとで顕在化すると考えられている。これは、「ハーディ＝ワインバーグの法則」が無限な母集団サイズを前提したことと紙一重であり、その意味でも決定論へ方向づけられている。

21 因果的超越のアポリア

けれども、こうした論の方向性には注意すべき問題性が宿っている。まず基本的に確認しなければならない点を挙げよう。自然選択のなかに因果的連関を読み込むこと自体はミルスタインに限らず一般的なことであり、たとえばソーバーは、シマウマの「足が速い」と「足が遅い」という二つの形質に即して、こう言う。「一つの形質(足が速い)が肯定的に選択されて、別の形質(足が遅い)が否定的に選択される〔つまり選択されない——一ノ瀬注〕、と述べることは、これらの形質が当該有機体の生存と繁殖成功に対してどのように因果的に貢献するか、ということについての主張をなすことなのである」(Sober 2000, p. 83)。この際、厳密な言葉遣いをするならば、「適応度」が因果的貢献に直ちにつねに結びつくわけではなく、「適応度」は因果的貢献を果たす形質と単に「相関」(correlation)しているだけの場合もある。「因果的貢献」と「相関」とは正確には区別されなければならない。相関する二項が、別の共通原因の共通結果である場合があるからである。* しかし、いずれにせよ、私が強調的にここで押さえたいのは、さきほど引用したメイアの言にあるように、自然選択を構成している因果的貢献とか因果的連関というのは、それ自体が確率的なものであること、つまりは「確率的因果」(probabilistic causality)が念頭に置かれているという、この点なのである。確率的因果とは、すでに第2章で論じたように、ある出来事cが生じたときの別の出来事eの生起確率が、cが生じないときのeの生起確率よりも高いとき、さしあたりcがeを引き起こすという因果関係を見込んでいこう、とする考え方である。だとすれば、因果的連関を持ち込んでも、偶然性を排除することはなく、決定論的な見方へと至る道は最初から封鎖されているはずである。

＊　こうした共通原因にまつわる問題について、私は一ノ瀬(2001)の第4章にてスッピスの議論に即して詳しく論じた。さらに、この点は本書第2章でも触れた。

さらにぜひとも確認しなければならないことは、もとからして、因果関係というのは完全なる決定や確定にたどりつかないという機制のもとにあるということである。どういうことか。さきほどから例に挙がっていた、E4におけるある世代の「明色の蛾」の「暗色の蛾」に対する比較的多数の事例に再び沿って述べてみよう。ビーティがこれをランダム浮動とも自然選択とも確定し難いとしたのに対して、ミルスタインはこれを、長いスパンで見れば色の相違は繁殖成功に因果的連関を持つので、「暗色の蛾」が自然選択される一過程であると論じたわけである。けれども、こうしたミルスタインの議論は、色は色としてのみ、他の要因とは独立に肉食鳥に対して作用する、という前提のもとに立っている。もちろん、これはあくまで思考実験としての想定なのだ、だから状況を見やすくするために単純な構成にするのだ、と言われるかもしれない。しかし、実は自然選択や適応度を語るときに注目されるのが単独に独立したものと想定されている「形質」(trait)である限り、実際の進化理論的な研究の現場でも同様な事態がまま生じているはずである。

しかし、こうした形質の独立性に対しては、因果関係を探るという場面で言えば、いくらでも疑問を投げかけることができる。たとえば、断続的に、あるいは隔世世代的に、他の形質と影響を及ぼし合う形質がある、という前提を取ることはなぜ最初から排除されるのか。「暗色の蛾」の色の形質が、特定のにおいの形質を何世代かに一回という率で活性化させ、しかもそのにおいが肉食鳥を引き寄せる、という因果的連関があるとしたなら、そしてそうした事態が生じたときに「暗色の蛾」が「明色の蛾」よりも繁殖を成功させにくくなっているのだとしたら、この事態を「暗色の蛾」が自然選択されている一過程と捉えることはできないだろう。そして、私が言いたいのは、このような因果的連関の可能性をアプリオリに否定することはできないはずだし、実際問題として、E4の環境下で著しく「暗色の蛾」が少なくなった場合には、生物学者だったなら、必ずや、なぜそうなったのかと問い、こうしたにおいやその他の因子の因果的連関の可能性などを考慮するはずだ、ということなのである。こうした論点は、前章の最後で取り上げた、因果関係についての「対象化のアポリア」が暴き出した事態と対応している。

さらに言えば、「長いスパン」というくくり方も疑問を呼び起こす。数学的な無限をここで採るならば、先に触れたように、これは明確に決定論的な方向性を持つに至るわけだが、その道はすでに斥けた。では、どのくらいの長さか。一千年か、一万年か。しかるに、前段で触れた論法と同じ発想だが、一万年後に顕在化する隠れた形質をもたらす、そういう遺伝子型はないのだろうか。これは分からない。しかし同時に、そうした遺伝子型の存在可能性を否定することもできない。けれども、もしそうした遺伝子型があるとしたら、自然選択を決定づける因果的連関はどのように理解したらよいのか。私が思うに、このような、「対象化のアポリア」と通底する、理論的(あるいは哲学的と言うべきか)可能性を前にしたとき、因果的連関を持ち込むことで単なる偶然性との差別化をはかり、願わくば決定論的なフレーバーを密かに持ち込み、そのことで自然選択と遺伝的浮動とを峻別する、という論の立て方はいささか表層的にすぎるように思われるのである。

このような因果的連関への問いは、特定の因果的連関を申し立てている、という事態それ自体が実はその事態外の何かによって因果的に引き起こされている、と考えざるをえない、という把握に根ざしている。因果的連関は、それ自体が高階の因果的連関の項になっている、という捉え方である。現在の例で言えば、「暗色」という色が原因となって「暗色の蛾」が自然選択される、という理解の外部に、形質の独立性を前提するという高階の理解実践が原因として作用していた、ということに当たる。このように捉えるとき、いかなる因果的連関も、実はそれを申し立てるときには別の原因によって支配されているということ、そしてそのように階を上ってゆくという構造、つまりは当該の因果的連関を超越してゆくという構造は、理論上無限に続くということ、そうしたことに思い至る。私は、前章最後でも触れたが、別著にてこの因果性に巣くう構造を「因果的超越」と呼んだ(一ノ瀬 2001 序章参照)。この因果的超越は、言い方を換えるならば、特定の因果的連関を申し立てても、そうした申し立て自体が高階の特定の因果的連関のなかで引き起こされたものにすぎないので、他の道筋の可能性を論破する説明力など持ちえず、いつでも不安定かつ不確実にとどまる、つまりは偶然性のなかに漂う、ということである。こうした、いわば「因果的超越」に陥る困難性が不可避である以上、偶然性のなかの一部を特別視するため、自然選択と遺伝的浮動とを区別する基準として因果的連関を持ち込む、という発想は根拠を欠くと言わなければならない。

22　抽出エラーによる逸脱

ところで、ミルスタインに決定論者と名指されたブランダンもまた、自然選択と遺伝的浮動の区別という問題に並々ならぬ関心を寄せている。ブランダンはまず、「決定論的」(deterministic)という概念が生物学で使われるときには、哲学的な文脈での一般的な決定論つまり私の言う「決定論の原理」ではないと論じる。彼は、個別の有機体のレベルでの現象が決定論的であるというのは「哲学的偏見」であるとさえ述べている(See Brandon & Ramsey 2007, pp. 82-83)。しかるに、生物学でいう決定論とは、そうした偏見とは異なり、あくまでも遺伝的浮動に対して自然選択を対照させる特徴のことを指し示している。選択と浮動の「両方の過程ともが世代的時間経過を通じて遺伝子そして遺伝子型の頻度の変化へと至るのだが、こうした過程を説明する最良の理論の場合、選択の理論は世代横断的な変化についての比率(rate)のみならず、その方向性(direction)も予測することができるのに対して、浮動の理論はそうした変化の比率を予測することができるだけで、方向性は予測できない、という差別化を提示するのである」(Brandon 2005, p. 167)。実際、ブランダンは選択と浮動の区別を擁護しようとするのだから、こうした生物学的な意味での「決定論的」立場に立とうとしていると言えるだろう。やはり、案の定と言うべきか、自然選択を理解するときに、自覚的な形である種の決定論が姿を現してきているのである。

ブランダンは、すべての選択肢が等確率な無作為抽出の過程という規定に関して、無差別的なランダム浮動の意義を理解するミルスタインの議論を最初にやり玉に挙げ、つぼからガラス玉を取り出す例に沿って具体例を挙げながら、それぞれの選択肢が等確率でなくなれば直ちに差別的な抽出になるわけではない、という論点を提起する。そして、差別的か非差別的かは、ミルスタインの論に反して、過程だけではなく、結果を確認してからでないと決まらない、と論じる。そうした結果志向的な観点から、「浮動とは、抽出エラーによる、期待される結果からの何らかの逸脱である」(Brandon 2005, p. 158)という規定が導かれる。ブランダンは、ここでの期待性ひいては適応度はすべて環境相対的であるという点を強調しながら、結果が生じてから事後的に選択と浮動を区別するのは、情報理論で言う「ノイズ」(noise)に注目することで遂行できると、そう提起するに至るのである(Brandon 2005, p. 167)。

ここでいう「ノイズ」とは、最初のメッセージと受け取られたメッセージとの相違度のことであり、それは無論メッセージを受け取ってからしか判明しない。つまり、結果志向的な概念なのである。そしてこれを進化理論に適用すると、直近の過去の世代の遺伝子頻度や適応度と、現世代のそれとを比較して、「ノイズ」つまり抽出エラーがどのくらい生じたか、という考察が促される。こうした考察のもと、通常の抽出によって期待される遺伝子頻度や適応度の差が発生している場合、それは「自然選択」であって、抽出エラーによってそうした期待差から逸脱しているときに「遺伝的浮動」が生じたと判定するべきなのだと、これがブランダンの提案である(Brandon 2005, pp. 168–169)。

ブランダンの論の流れからすると、生物学者が言う「方向性」を確定するという意味での「決定論的」が、ここでの「期待差」(expected difference)に当たるだろう。ここでの「期待」はもちろん確率を含意しており、その確率とは、ブランダンによれば、客観的な確率である「傾向性」(propensity)

であり、それゆえ、ここでの自然選択の理論は実在的であるという(Brandon 2005, p. 154)。これは実に筋の通った議論展開であり、そうであるならば、ここに自然選択についての説得的な決定論が姿を現していると言えることになるのだろうか。しかし、そう解することに私はためらいを感じる。三つ理由がある。

まず、(1)期待差かどうかを判断するときに、何らかの「確率的因果」的な作用あるいは法則性が見越されるはずだが、そうした因果性には、前節で述べたように、確定性・決定性には到達しえないという因果的超越のアポリアが控えている。よって、期待差それ自体、選択と浮動の区別の厳密かつ堅固な基盤とはなりえない。次に、(2)事後的に変化が生じてしまったときに、その変化を説明する、という問題設定になっているが、生じてしまった変化に対し、通常私たちは(たとえ確定的な次元には至れなくとも)因果的説明を得ようと努めるのであって、期待差からの逸脱と言っても、そうした逸脱のように見える変化にも何らかの(見逃していた)因果的素因が潜在しているのではないかと探る。言い方を換えれば、逸脱のように見えるけれども、自然選択的な機制が実は働いていたのかもしれない、という疑問を払拭できないはずである。

最後に、(3)期待差に沿っている変化なのか、それともそこからの逸脱なのか、という二区分には、どちらともつかない「境界線事例」がたくさん生じることが予想される。明らかに曖昧性が介在しているからである。ここでの期待差はおそらく、フィッシャーの「自然選択の基本定理」、つまり集団の平均適応度の変化はその集団の遺伝子頻度の分散に等しいとする考え方に、あるいはそれを遺伝要因や環境要因にまで拡張した木村資生のモデルに基づくことになるだろう(森元 2007, pp. 148–149)。けれども、こうした進化モデルは期待される変化の散らばり具合(分散)の目安であって、しかも明らかに統計的な処理に基づくもので、データ一つ一つ(つまり有機体)の状態の厳密な確定をもとより意味していない。分散の平方根を取った標準偏差に沿って、単純化した形で考えてみる。一つ前の世代からの標準偏差は一般に、二つの対立遺伝子p、qの頻度を母集団のサイズNで考えたとき、次のαの値によって測られる(See Rosenberg 1994, pp. 67-68)。

$$\alpha=\sqrt{\frac{pq}{2N}}$$

この値は、こうした標準偏差の範囲内で変化が期待されるということを示しているだけで、個々の有機体や対立遺伝子や集団の状態を具体的に予測するものではない。その上、もとのパラメーターである「頻度」が誤差を含みうる統計量であるし、母集団Nの取り方にも多様性がありうる。だとしたら、それが期待される変化の範囲に入っているのかどうか明確でない場合が生じうることは想像に難くない。しかるに、もしそうなら、「ソライティーズ・パラドックス」が発生し、結局は区別が雲散霧消され、実は選択と浮動は連続していることになり、ビーティの連続説と同化してしまう可能性がきわめて高い。

23　道具主義と確率解釈

しかしでは、どう考えるべきか。生命科学の現場での実践あるいは便宜という側面ではどうあれ、原理的には自然選択と遺伝的浮動とは区別できず、連続していると、つまりはビーティの連続説を受け入れるべきだと結論づけるべきなのだろうか。もしそうだとすると、生命現象はひとしなみに偶然的であって、いかなる意味でも決定性はありえない、ということになる。もちろん、偶然的と言っても、すべて一緒くたに単に偶然だと片づけるということではなく、決定論的な仕方で必然的な関係性を見込めないということを述べているのであって、その後具体的には、偶然性の度合い、偶然性値、つまりは確率の値が主題化されてくる、という含意がある。しかし、そうであるにせよ、決定論は斥けられる、と直ちに結論づけることは拙速である。まず、理論的に言って、私が確認してきた生命現象の根源的な偶然性と、その決定性とを両立させる、大変にあっさりとした立場がある。それは、ローゼンバーグがかつて展開した、進化理論に関する「道具主義」(instrumentalism)の立場である。これは大変明快な考え方である。それによれば、進化理論がとりわけ遺伝的浮動に即して導入する確率あるいは確率論的概念は「認識的」(epistemic)であって、進化の理論に関わるにすぎず、進化の過程には関わらない。進化的な現象それ自体は、量子論的な非決定性をミクロに包含するにしても、結局は決定論的であって、進化理論は私たちの認知的な限界を反映しているところの便利な道具にすぎないのだ。これがローゼンバーグの議論の要点である*(Rosenberg 1994, pp. 57-83)。

＊　ローゼンバーグは、後には単純な道具主義の立場を放棄している(Rosenberg 2001)。なお、生物学の道具主義については、ローゼンバーグ以外に、ホランの議論も代表的である(See Horan 1994)。ホランの道具主義に対する批判としては、Ariew (1998)がある。

ここでいう認識的な確率とは、「信念の度合い」(degree of belief)として捉えられる主観的確率のことにほかならない。一般にそれは、ブランダンの導入した「傾向性」としての客観的確率と峻別される確率概念であり、そのことを自覚してか、ブランダンは自身の自然選択理解は決して便利な道具ではないと強調している(Brandon 2005, p. 154)。こうした確率概念の解釈については、私自身いくつかの場所で論じたし、本章11節でも触れたが、改めて述べるならば、現在の基本的なスタンスはこうである。「信念の度合い」としての主観的確率も、結局は主体の(脳などの)物理的状態や行動志向性として現れる「傾向性」としての確率として捉え返せる、と。また、確率の客観的解釈には「頻度」(frequency)としての確率もあるが、それもまた、そうした頻度が帰属される有機体や集団の物理的な「傾向性」として捉え直せるし、あるいは、そうした頻度のデータを受け取った主体が、そうしたデータを得たということでどのような物理的状態あるいは行動志向性を持つかという「傾向性」として理解することもできる。つまり私は、確率ということを基本的にポパー以来の「傾向性」として理解したいと考えているのである。こうした見方は、「傾向性」として捉えることによって確率についての実証的な検証がしやすくなる、という事情に動機づけられている。進化理論の文脈では、自然選択、遺伝的浮動、そして適応度など鍵概念のほとんどが確率を介して理解されるが、それに対しては、先に触れたローゼンバーグの議論のように認識的な主観確率をあてがう見方、適応度を実際の繁殖成功の頻度で捉える理解など、いろいろありえる。しかし、たとえばソーバーも指摘しているように、「傾向性」として確率を捉える見方を取れば、有機体の「物理的組成」(physical makeup)に注目することで、確率を自然科学的な手法で検証できるようになる(Sober 2000, pp. 68-69)。もちろん、「ハンフリーズのパラドックス」など、確率の傾向性解釈に固有の難問もあるが(一ノ瀬 2006, pp. 64-100 参照。また、本書五七頁も参照)、私は「傾向性」こそが確率解釈のなかでも最適かつ包括的だと思うのである。よって、「傾向性」に沿う道筋を採ることがさしあたり合理的であろう。

* ちなみに、ミルスタインも生命現象の確率に関して「傾向性」解釈を採用するが、それは「集団レベル」において「長いスパン」で計られる「傾向性」として解するべきだ、と論じている(Millstein 2003, pp. 1317-1328)。

いずれにせよ、このような私の観点からすれば、確率をどう解釈するかは重要な問題ではなくなる。すべての確率についての解釈を「傾向性」として一括して押さえ直すことができるからである。むしろ、ローゼンバーグ流の道具主義の立場に関して問題とすべきは、私たちには認知的限界があるがゆえに偶然性や確率によって進化の現象を理解しているけれども、事実としては決定論的に生起している、とするその論じ方である。実はこれは、もともとダーウィン自身が提起していた立場であった。『種の起源』の第五章の冒頭でダーウィンは次のように明言している。

私はこれまでときどき、あたかも変異は――飼育栽培下の生物ではきわめて普通で多様であり、自然状態での生物ではその程度は少ないが――偶然によるものであるかのように語ってきた。もちろん、これはまったく不正確な表現である。しかしそうした表現は、各々の特定の変異の原因について私たちが無知であることを率直に認める役には立つであろう。　(Darwin 2006, p. 534)

ダーウィンは決定論的な見解に立ち、進化理論の確率的性格を私たちの無知に帰している。ダーウィンそして特にドブジャンスキーに焦点を当てながら、自然選択理論の歴史的経緯について詳細に検討したホッジは、『種の起源』に至るよりもずっと以前からダーウィンは「遭遇するすべてのものに対する反応は、既存の遺伝的組織と先行する教育やその他によって決定されている」と主張していたとし、「偶然性についてのごく普通の無知解釈」を採っていたと指摘している(Hodge 1987, p. 242)。

けれども、私の考えからすると、こうしたダーウィンやローゼンバーグの路線は結局は、すでに以前に繰り返し取り上げた「頑固な決定論」の変種にすぎないと断じたい。そして私は、そうした頑固な決定論が、過去の確定性を不注意に全時間へと拡張した錯覚すなわち「決定論的誤謬」であり、裏づける根拠を提示し切れていないにもかかわらず、それを空しく強弁する一種の狂信であると論じたのであった。そうである以上、私はここでも首尾一貫して、ダーウィンにすでに胚胎され、ローゼンバーグによって自覚的に提起された道具主義という名の決定論をきっぱりと斥けたい。

24　偶然性の深遠

とはいえ、たとえ以上のように生命現象に対する決定論を徹底的に斥けたとしても、ごく素朴に考えて、生命現象のなかには完全に偶然的だとは言い難い事例が存在する、という直観を拭い去ることもできないように思われる。大体、自然選択と遺伝的浮動が概念的に連続している、などという議論は哲学お得意の空疎なたわ言であるおそれが濃厚であって、日常的直観からしても、生命科学研究の現場の感覚からしても、明らかに偶然ではない機制が働いている生命現象が多様に実在している、とも言うべきかもしれない。ルースの次の記述を引いておこう。

もしランダムな要因だけでは産み出しえない最終結果を示す体系的な地理的変化、「連続的傾斜」が存在するならば、こうしたパターンは適応の結果を露わにしていると言えよう。そのよい例は、集団が赤道よりも離れて生活するにつれ、暗い色から明るい色へと変化する人間の皮膚の色である。原因が何であれ、それがランダムな遺伝的浮動であるということはまずありえない。

(Ruse 2003, pp. 176–177)

私もこのルースの記述に直観的に同意したい。そして、その直観をやはり尊重したいと感じる。では、たとえ理論的な次元でだとしても、こうした自然な直観に抗って、果たしてビーティ流の連続説は主張可能なのだろうか。

この問いに対して哲学の議論らしく根源的な反省を迫りつつ対応し、自然な直観にかすかに潜んでいる亀裂を露わにして、生命現象に巣くう不可避的な偶然性のありようを示すため、だめ押しとして、私は最後に二つの究極的な論点を提起したい。第一は、適応度、自然選択、遺伝的浮動といった進化理論の基本概念を適用するときの測定単位に関わる論点である。そもそも、自然選択などの変化を考えるとき、進化理論では一般的に「世代」を測定単位と捉えて、ある世代から次の世代に至るときの子孫数とか繁殖成功率、遺伝子型や対立遺伝子の頻度などを進化の測度としてゆく。しかし、素朴に考えて、一つの世代交代でもって進化を語るというのは、いろいろな要素をあえてはぎとった抽象化であると思われる。直接の子孫(子ども)の数といっても、その子孫が虚弱で夭折したりして、次の三代目の世代での繁殖成功が期待できないといった事情や、ある生物種集団の特定の対立遺伝子の頻度といっても、環境の激変が起こり、やはり三代目の世代で頻度が著しく変化することが見込まれるといった事情がある場合、果たして二世代だけで適応度を語り、自然選択を指摘することに意味があるのだろうか。

おそらく、こうした見込まれる事情を、三代目のみならずずっと先の世代も射程に入れて、第一の世代の適応度を語るときにすべて乗じてゆくならば、原理的に不確実性は増大し、繁殖成功などと言ってもそれは刹那的なぬか喜びのようなもので、適応しているのか自然選択されているのかなどは決め難く、事態として、偶然そうなった、としか言いようがなくなるのではないか。実際、人類に関して対立遺伝子の頻度が現在どうなっているのか分からないが、これだけの人口の人類が生存し繁殖成功しているからといって、私たち人類が自然選択されているとは思えない、というのは多くの人の実感であろう。なぜならば、私たち人類が環境を破壊し、その末路として何百年、何千年後かには絶滅するかもしれない、と私たち自身が自暴自棄的に現在感じているからである。むしろ人類は、自然選択によって保存されつつあるのではなく、与えられた環境で生存するのに有害な変異を有するとして淘汰・棄却されつつある、と述べてもよいかもしれないくらいである。

しかし、無論、いま述べた問題は技術的にいくらでも回避されるものであろう。適応度は各世代にとって次世代との関係だけで規定され、時間軸あるいは世代に沿って変容してゆくと、そう定義すればよいだけだと言いうるからである（そう述べても、「繁殖」という言葉に関する私の直観のなかにはもやもやが残るけれども）。しかしながら、進化の測定単位については、実はもっと根源的な問題が横たわっている。それは、遺伝子型や対立遺伝子の頻度をどのように測り集計してゆくか、という統計の実際に関わる。そうした統計は一挙に全体に関して遂行することはできないので、大抵は空間的な意味で区画に区切って調査する。たとえば、生物種Aについて、aという区画では遺伝子型pが遺伝子型qよりも頻度が高く、bという区画でも同様だ、したがって、Aに関して現世代では「p>q」であり、そのそれぞれの数値は各区画の平均を出して使う、といった具合に。あるいは、時間的な区画を用いて測ることもあるだろう。すなわち、Aに関して西暦α年では「p>q」であり、西暦$\alpha+1$年でも同様だったので、いまのところ「p>q」であり、具体的数値はやはり平均を使用するなどと。けれども、統計に少しでも関心のある人なら誰でも知っているように、そして本書第2章で主題的に取り上げたように、こうしたごく普通の測定の仕方には「シンプソンのパラドックス」が生じる可能性がつねに存在する。

「シンプソンのパラドックス」とは、ある区画で「p>q」、別の区画で「p>q」ということが言えても、全体で考えると不等関係が逆転し、「p<q」となってしまう場合がありうる、という事態を指摘するパズルである。これは、こうした区画に区切って測定するというやり方（実際、私たちは統計

を取るときそうするしかない)を採る限り、つねにつきまとう可能性である。この「シンプソンのパラドックス」は、生物学の哲学の文脈では、「利他主義」(altruism)の進化はどのように可能か、という議論のなかで主に現れるが(See Sober 1984, p. 326ff and Sober 1988b)、私が見るところ、その射程ははるかに広大で、進化理論を展開するときの基礎的な統計全体に及ぶ、まことに深刻なパラドックスである。最も根本的なことを言えば、フィッシャーの「自然選択の基本定理」のような進化過程の秩序や法則(つまり進化という現象が一つの秩序としてこの世界に成立しているということ)それ自体でさえ、さまざまな時代、さまざまな場所でのデータを集積したものである限り、思いもかけぬ仕方で「シンプソンのパラドックス」に陥っている可能性を否定できない。そして実を言うと、こうした事情は、進化理論のみならず、経験的な次元で何らかの統計的手法を採らなければならない知識のすべてに発生可能性があり、私たちの認識全体に不安定性と不確実性を、そして根源的な偶然性を、つねに原理的にもたらしているのである。こうして、偶然性の深遠が巨大な暗黒のように立ちはだかり、私たちを呑み込もうとしていることに気づかされてくる。その深遠に呑み込まれることが不可避ならば、もはや意を決して突入するしかない。

25　進化の帰結としての確率

では、もう一つの、そして最後の、究極的な論点を挙げて、偶然性の深遠へと突入するためのだめ押しをしよう。それは、6節で言及した「自己言及性」に深く関わる。進化理論は、ダーウィンの時代からすぐに、さまざまな応用や適用が試みられた。そうした応用や適用の系譜のなかで、今日までいろいろな形で波紋を投げかけてきたものの一つは、社会生物学(sociobiology)であり、そしてそれを人間に特化させる形で発展させてきた「進化心理学」(evolutionary psychology)である。これは、人間の心理メカニズムを進化理論によって説明するという立場の研究領域であって、ある心理メカニズムを持つ個体がそれを持たない個体よりも生存・繁殖に有利ならば自然選択され、人間全体にそうしたメカニズムが広がっていくだろう、という考え方を基本とする。

進化心理学について、その系譜を整理したブラーによれば、E・O・ウィルソンの社会生物学においては人間の行動が選択基準であって、行動の適応が主題となっていたのに対して、トゥービーやコスミデスらが展開し始めた進化心理学のプログラムは、行動ではなく、心理的メカニズムに、そしてそれを因果的に支える脳過程に焦点を合わせて、より肌理の細かい研究課題を設定した、という。こうした進化心理学のプログラムは、進化や自然選択というものの速度から考えて、人類が出現し始めた、およそ一八〇万年前から一万年前までの「更新世」(pleistocene)の時代の適応問題に対する解決として私たちの心理的適応が形成されてきたと考える。そして、そうした適応問題には多様性があるので、各々の適応問題の解決に資するよう、私たちの脳はそれぞれの問題の解決に特化されたミニコンピュータのようなものから構成されるようになった。こうしたミニコンピュータは「モジュール」(module)と呼ばれる。しかるに、現代社会の環境はもちろん更新世とは異なっているので、ときどき適応に失敗するというのである。たとえば、私たちは蛇をほとんど本能的に恐れるが、それは更新世の人類と共通の適応行為と考えられる。けれども、更新世の時代には車や銃はなかったので、それらを恐れる心理メカニズムはなかなか生ぜず、その結果、蛇に殺されるよりもずっと多数の人々が車や銃によって殺されるという、不適応が生じていると言われるのである＊(Buller 2007, pp. 259-263)。

＊　ブラー自身は、こうした進化心理学のプログラムに批判的で、むしろ、人間を含むすべての生物は、不適応になりそうな事態に直面したときには、生存や繁殖と相関する多様な「通貨」(currencies)を最大化・最適化しようとする、として生物のあり方を説明する「行動生態学」(behavioral ecology)の方に生産性があると論じている(Buller 2007, pp. 263-274)。

こうした進化心理学の展開は、生命現象を理解する理論として進化理論を採用し、さらに、因果関係にせよスーパービニエンスの関係にせよ、脳と心理状態との何らかの対応関係を認める場合には、ほぼ必然的に生じる帰結であると言ってよいだろう。けれども、このように進化心理学的アプローチを採り入れたとき、進化理論あるいは自然選択理論にとってゆゆしき「自己言及」が発生する。私は、「確率」の理解にそれを見て取りたい。更新世の人類とて、獲物を捕獲するとき、いくつかの方法の成功率とか、眠る場所やねぐらの構造などの条件に応じた危険性の度合いとか、私たちの言う「確率」や「条件つき確率」の概念について、言語的な定式化とは言えないにせよ、なんらかの理解は持っていたはずだと考えられる。こうした理解を正確に持つことは、生存や繁殖成功、つまりは適応度に深く関わっていたと考えることができる。確率の誤った見積りを抱くならば、文字通り命の危険にさらされるからである。しかるに、そうであるならば、進化理論の基本概念あるいは基本情報として利用される「確率」は、それ自体、進化の産物、自然選択の結果であると捉える道筋が立ち上がってくる。少なくとも、進化の過程になんらかの形で関与していた一種の形質として考慮の対象にはなってくるはずである。

ということは、どういうことか。確率は進化の産物であるが、進化は確率によって理解される。ここにはある種の「自己言及」が生じていると、そう考えることができるのではないか。いくつか疑問が出よう。進化心理学のアプローチに沿って「確率」を自然選択に関わる要素とする場合、それは心理的メカニズムとしての「確率」、つまり「信念の度合い」としての「主観的確率」でなければならないはずだが、私の議論では「確率」は「傾向性」としての「客観的確率」ではなかったか。これについてはすでに論じた。私は、「傾向性」ということで主観的確率をも含めている。しかも、進化心理学のアプローチでは、心理的メカニズムは脳の状態と連携させられているのだから、その文脈での主観的確率は、規定上、「傾向性」とほぼ同義だと捉えてよい。

私が思うに、心理学が詳細に描き出す、私たちの確率概念利用に関わるバイアスが、確率それ自体が進化の帰結なのではないか、という先の推定を裏書きするのではないか。たとえば、よく引かれる例として「タクシー問題」というものがある。それは、以下のような問題である（広田・増田・坂上 2002, pp. 55-56 参照。少し一ノ瀬が修正を加えた）。

ある町で、ある夜タクシーが轢き逃げ事故を起こした。その町には、グリーン社とブルー社の二つのタクシー会社しかなく、他の町から流れてくるタクシーはないと想定する。これに関して、次のデータが与えられた。(1)町のタクシーの八五%がグリーン社で、一五%がブルー社である。(2)目撃者は轢き逃げタクシーをブルー社とした。この目撃者の夜間目撃についての信頼性が後にテストされ、当該時間の八〇％では二色の各色を正しく判断できるが、二〇％では見誤る、という結果を得た。では、事故を起こしたタクシーが目撃者の言うとおりブルー社である確率はいくつか。

これは、「ベイズの定理」を用いて計算すると、およそ「〇・四一」となり、むしろ轢き逃げタクシーはグリーン社だったという確率の方が高いことが分かる。にもかかわらず、多くの人は事前確率に関するデータ(1)を無視して、ブルー社である確率を「〇・八」と答えてしまうのである。

これは、おそらく、更新世のような時代には言語情報がなく、目の前の現実の敵や獲物とどう対応するかという直接の事態こそが何よりも重要だったので、「事前確率」や「条件つき確率」といった概念に対する適応がうまく進化しなかった、として説明できるのではなかろうか。だとすれば、やはり「確率」は、進化心理学的な意味で、進化の産物の一つなのである。

しかるに、ここに自己言及が発生しているとするならば、進化理論が描こうとする自然選択のシナリオには根本的な次元で不確実性が入り込んでくる。本来的に偶然性が染みわたっている。その限り、自然選択と遺伝的浮動とを明確に区切ることはできない。換言するならば、自然選択という現象をなんらかの仕方で決定論的に語ろうとすることは、決定論それ自体が狂信であるということを別にしても、一種の欺瞞なのである。

26　規範としての自然選択

かくして、生命現象に関する主題は、自然選択と遺伝的浮動という区別を明確化していこうとすることではなく、かつてビーティが記したように、生命現象の変化について確率論的な分析を可能な限り探究するという方向に向けられてしかるべきだ、ということになろう。過去についての完全な記述、未来についての絶対的な予見などは、実際上だけでなく理念的・原理的にも不可能なのだということを自覚化し、完全な決定性には至らないということを念頭に置きながら、なんとか精度の高い確率・偶然性の具体的な付値を目指すこと、それが合理的な主題設定でなければならない。これは、生命現象が自然現象であるという側面を持つとき、順当な帰結であろう。自然現象は、決定論的ではなく、非決定論的に生起しゆくものだからである。

けれども、ここで論を閉じたのでは、ビーティと結局は同じ論点を確認しただけにすぎないし、さらに私自身の直観のレベルでの生命現象についての感じ方は置き去りにされたままになってしまう。私は、以上のような議論展開にもかかわらず、他方で、単なる偶然とはどうしても思えないような生命現象があることを無視することはできないと感じるのである。実際、冒頭で確認したように、生命現象は自然現象であると同時に、人為現象であるという両義性を持っているのだから、偶然性の深遠に呑み込まれるという帰結は実は事柄の一面でしかないのだと、そう考えられる。生命現象は、その両義性のゆえに、ゆらぎゆくことを避けられない。それが自然な道筋なのである。

問題は、単なる偶然的でランダムな遺伝的浮動とはどうしても思い難い生命現象の存在である。先に引用したルースの言にあるような、人間の皮膚の色が赤道から離れる所に住んでいるに従って明るい色になってゆくとか、アリクイの口がアリの巣をつつきやすい形になっているとか、そうした現象である。ここで注目すべきは、これらの現象を観察したときに私たちが感じる非偶然性は、まずは、

(1)「過去の確定性」に大きな支持を受けていること、つまり、すでにそうなってしまっていた、という既在感を基盤としていること、

そしてその上で、

(2) 私たちの日常言語による語法からして「なぜならば」という原因や理由による説明が「氏《うじ》」に即して直ちにできること、

この二つではなかろうか。皮膚の色という「氏」についての語法には、外光の強度との連関がいわば文法的に織り込まれている。アリクイのとがった口の形という「氏」は、アリを食べるというその生活様式と語法的に結びついている。[*1] これに対して、急に降りかかってきたいん石によって特定の種の生物、たとえば恐竜の多くが死滅してしまい、遺伝子型の頻度が急変してしまったという場合、死滅してしまったという既在感(1)は皮膚の色やアリクイの口の場合と同様であり、そしていん石と恐竜の

死滅との間の原因や理由による説明はもちろん直ちにできるが、恐竜の「氏」に即しての「なぜならば」の説明⑵が直ちにはできないのである。私には、こうした事情こそが、直観のレベルで、自然選択と遺伝的浮動とを区別したい、という私たちの理解の源泉にあるのだと思われるのである。もちろん、ここでいう選択と浮動の区別は日常的直観のレベルの話であって、生命科学での詳しい観察や実験を介した研究の結果、自然選択の機構が解明されてゆく、といった場面とはさしあたり異なる。けれども、私が指摘したいのは、先の⑴と⑵の条件によって非偶然的な変化として理解されてくる、という直観レベルの理解がまず基盤にあって、そこからサイエンスとしての自然選択理論が立ち上がりえているのではないかという、そういう事情なのである。

私は⑴と⑵において、「直ちに」説明ができるかどうか、という言い方をした。それは、そうした説明が「直ちに」できて、したがって遺伝的浮動ではなく自然選択として解されるような場合でも、これまですでに多くの紙幅を費やして論じてきたように、概念的には自然選択と遺伝的浮動とは連続していて明確に切り分けることはできないのだから、よく精査して冷静かつ根源的に考えるならば、そうした区別は漸次解消されてゆくしかない、という私自身の基本的把握が根底にあるからである。しかし、いずれにせよ、直ちに分かるかどうかという瞬間的な直観のレベルでは、選択と浮動の区別は⑴と⑵の条件に従ってなされる。そして私は、特に⑵の条件に強調点をおいて、こうした区別は私たちの言語に固着している語法の「規範性」(normativity)によってなされていると、そう捉えたい。人間の皮膚の色の明度は浴びる太陽光の強さのゆえで「なければならない」のであり、アリクイの口のとがった形はアリを食べるためで「なければならない」のである。そういう風に私たちは言葉をすでに使ってきているのである。そうでない仕方で語ることは可能だし、実際、理論的には反論することもできるのだが、少なくとも理解し始めた瞬間には、私たちはこのような語法の規範性のなかで物事を理解し、コミュニケートしているのであり、そうでない語りは、さしあたり文法違反なのである。*2 そして、こうした事情が(1)の「過去の確定性」という既在感と結びつくとき、過去の確定性・決定性という私たちに根深く宿る形而上学的信念の正体が露わとなってくる。それは、そのように確定・決定されたものとして捉え「なければならない」という規範性の様態なのである。

*1　日本語に引きつけた連想的な物言いになるが、ここでの「氏」との結びつきによる非偶然性の理解は、「氏」が際だって顕在化するとき、たとえば特定の「氏」というきずなで結びつけられた一族が一致して行動するとき、とりわけ強力に非偶然的な決断性が感じ取られる、という事態と対応しているように感じられる。私が思い出しているのは鎌倉の北条氏のことで、新田義貞により鎌倉幕府が滅亡したとき、北条高時を中心に北条氏一族八〇〇人以上が、鎌倉の東勝寺にて自害し果てた、という西暦一三三三年の出来事である。「一つの有力な氏族が滅びるとき、必ずその庶流のなかに敵方に通じる者が出て、本家滅亡後その氏族の名跡を継いでいくことが多い。しかし、北条氏の場合はそれはなく、文字通り族滅していった。そこにはまれとも言える一門の血の団結を見ることができよう」（『北条一族』別冊歴史読本六二、新人物往来社、二〇〇一年、一五二頁）。

*2　こうした論法に対して、規範性それ自体の発生を進化理論的に説明することが可能なのではないかという、先に私が触れた進化心理学的な反論が持ち出されるかもしれない。私は、こうした反論には考察する価値が大いにあると思う。ただ、ここで私が焦点を当てたいのは、規範性込みでの理解を「この瞬間に」行っているという様相なのであって、それは、その瞬間的理解を事後的に分析すると

いう文脈とはさしあたり別問題である。なお、規範を進化理論的に説明できるかどうかという問いは、「倫理学の生物学化」(Biologicizing Ethics)という問題とも当然絡んでくる。この問題についての批判的検討が Kitcher (1993) にある。

27 決定性と偶然性の共闘

こうした事態は、生命現象が、自然現象であるという側面だけでなく、人為現象という側面も併せ持っているという基本的事態と、おそらく照応する。自然選択には、自然が選択する、というある種のかすかな擬人化が入り込んでいることは先に指摘したが、そうであるならば、その結果として出現する事態が人為についての語法を混入させてゆくことには、少なくとも不整合はない。さらに、自然現象と違って、生命現象には個体性が織り込まれており、それは「責任」や「死」の観念と連動していることも先に触れたが、ならば、生命現象に規範性が入り込んでくることになおさら矛盾はないはずである。「責任」や「死」の概念が、「すべき」、「殺すべきでない」、「生き返ると考えてはならない」といった規範性のネットワークに大きく取り込まれていることは明らかだからである。

そして、ここまで論を進めると、生命現象に関して、なにゆえ単なるランダム浮動とは異なる自然選択という意味での決定論的語りが、理論的な困難を持つことはすぐに分かるはずなのに、繰り返し繰り返し現れてくるのかという次第も解き明かされてくる。まず、(1)の条件があり、そこから過去の確定性の全時間への拡張という(理論的には錯覚の)「ブーメラン決定論」の種がまかれ(これは一般的な決定論と同様である）、次に重ねて、⑵の条件により、規範性が織り込まれ、その限りで生命現象には「ア・プリオリ」な様相が埋め込まれてゆく。こうして、理論的にはどう考えても偶然性の深遠に入り込まざるをえないはずであるにもかかわらず、しぶとく決定論的語りが繰り返し蘇生してくるのである。要するに、規範としての決定性、これが自然選択を遺伝的浮動と切り分ける実相なのである。世界のあり方と人間の知識をひっくるめて、すべて実は人間という生物の認識活動に包摂されるのだという立場をもし採用するならば、ここでの指摘は、ひとり生命現象についての決定性のみならず、一般的な意味での決定論が、理論的には自己破綻した狂信と言うべきものであるにもかかわらず、つねに哲学者によって主張されてしまう、という事態の一般的説明となるかもしれない。

　そして最後に指摘したい。実は、「偶然性」の概念それ自体にも、決定論を呼び込んでしまう本性があったのである。もともと「偶然に」という私たちの語法は、「過去の既在性」を包含している。「昨日、偶然に彼に出くわした」というのは自然な語り方だが、「明日、偶然に彼に会うだろう」というのは「偶然に」という語の文法に反している。その点で、実は「偶然性」は、決定論を呼び起こす条件⑴をやはり満たしているのである。この点は、私は別の論考で以前論じた（一ノ瀬 2002, pp. 279-281）。けれども、偶然性は、「過去の既在性」だけでなく、まったく意図していなかった、予想していなかった、という「意図外部性」という特徴も持っている。意図されたり予想されたりすることに対しては、「偶然に」という言葉を適用しないのは、おそらく偶然性概念のまさしく基礎文法だろう。こうした意味で、「偶然性」は、「あらかじめ決まっていた」というあり方から外れるという点で、「確率」概念と結びついてきたと考えられる。つまり、「偶然性」は「過去の既在性」にもともと基盤を持つという限りで、無時間制あるいは未来志向性とも馴染みうる「確率」概念とは本来異なるのだけれど、「意図外部性」という性質をも持ち、それは「あらかじめ決まっていた」というあり方からの逸脱を含意するという点で不確実性の様相を本質的に帯びており、それゆえに「確率」概念と結託してきたのであり、そのことで「偶然性」は普遍的な概念となってきたと、そう理解することができるのである。

いずれにせよ、「意図外部性」という特徴に即して考えると、もし(2)の条件に沿って、予想された結果という形で自然選択が語られるのだとしたら、自然選択と偶然性は相容れないだろう。けれども、(2)の条件を満たしたとしても、事前の観点からは予想できなかった変化や変異というのも十分にありうる。観察した途端にその原因や理由が理解できるけれども、思いがけない変異である、といった場合である。カメレオンの体色の変化能力つまり保護色をはじめて観察した人は、その原因や理由をおそらく直ちに理解できるだろうが、あまりに意外かつ予想外の変化だと思ったのではないか。そうした場合は、(2)の条件に即しても、実は決定性と偶然性は必ずしも対立するわけではない。捕食者から身を守るというメカニズムにまつわる自然選択の決定性を感じつつも、同時に、こんなやり方ではない変化仕方もあったのではなかろうかと思い、「たまたま」こうなった、と解する道筋の可能性も共存してゆく。決定論的語りへの傾斜は、偶然性の深遠という現実から目を背けているわけではない。両者は、(2)の条件に即しても、私たちの世界理解に際して共闘可能なのである。

しかしながら、偶然性は、決定性と異なり、つねに予想の外部にあるという事態にもともとの基盤を持ち、さらには確率と概念的に結託し、そうした結託を通じて未来にも適用されうるようになってゆく。決定論と両立し、そうでありながら決定論と離れてもゆくという、こうした偶然性のつかず離れずの自在性こそ、自然と人為の両義性のなかでつねにゆらぎゆく、という本性を持つ生命現象と相即不離に偶然性概念が語り出されてくる所以なのではなかろうか。かくして、章題の「生命現象は偶然的か」に対して、こう答えられるだろう。然り、生命現象は本来的に偶然的である、しかし同時に規範性という次元で決定性と融和的に語られる瞬間もある、と。

　こうして、生命現象の偶然性のありようを見定めた上で、次には、本章でもビーティーの連続説の検討の文脈で少し触れた、「境界線事例」を許すという曖昧性の問題、そして「ソライティーズ・パラドックス」について、改めて検討してみたい。それは、第1章で主題化した問題の、「確率」以外のもう一つの大きなトピックについて、再び行きつ戻りつしながらもう少し深みへと立ち入ろうとする試みである

第4章　曖昧性は矛盾を導くか——「真理値グラット」アプローチ

1　矛盾の爆発性

「曖昧性」が哲学の主題となって久しい。とりわけ一九八〇年代以降、多くの哲学者たちがこの問題に重大性を見て取り、格闘してきた。すでに第1章でも触れたことだが、「曖昧性」とは、おもに言語表現の述語に現れる性質で、その述語を使用して文を作ったとき、その文が真か偽かについて判定しにくく、ここまでは真でその先は偽といった鮮明な境界線を引けないような事例、すなわち「境界線事例」(borderline case)を許すということによって特徴づけられる。この曖昧性が現代哲学上の論争のテーマとなって以来、「重評価論」(supervaluationism)、「程度理論」(degree theory)、「認識説」(epistemic view)、「文脈主義」(contextualism)、そしてドロシー・エジントンの確率(probability)概念を用いた程度説など、百花繚乱の考え方が提唱され、さらに私自身も「因果説」(causal theory)を提起してきた(一ノ瀬2006の第2章を参照のこと)。このように議論が熱を帯びていることの背景には、論理、知識、倫理の諸問題に本質的に曖昧性の問題が関わっていることの認識が浸透してきたことがあるが、さらにその根底に、曖昧性が「ソライティーズ・パラドックス」(以下、「ソライティーズ」とも略記)というパズルをどうしても産み出してしまうという事態への再注目があった。「ソライティーズ・パラドックス」それ自体は古代ギリシア時代から知られているが、それが近年になって現代哲学のさまざまな問題系に新鮮な視点を提供しうることが了解されてきたのである。

言語使用、推論実践、認識、倫理的判断、そうした私たちの活動はもちろん完璧ではなく、誤りがあったり、とまどいが生じたりするにしても、全体としてどうにかこうにか成功している。少なくも、そうした活動場面においてその内容がまったく意味不明になったり、コミュニケーションが完全に破綻したりすることは、まずない。たとえ対立したり、競合したりしたとしても、互いに内容の理解はできるわけだし、結末の諸可能性についても大筋見当がつく。しかるに、上のような活動の全般にわたって、曖昧な言葉が出現する。たとえば、およそすべての形容詞や動詞がそうである。「赤い」「うるさい」「若い」「大きい」「熱い」「見える」「危ない」などなど。このような状況は、上のような活動に対して学問的あるいは科学的分析を加えて厳密化・精緻化をいくら施したとしても、残存し続ける。なぜなら、そうした分析の結果を「知る」ことによって、その分析は完結するわけだが、まさしく「知る」という言葉が曖昧だからである。*

＊　第1章でも指摘した論点だが、「知る」の曖昧さは、たとえば、「……は何か」という疑問に対して答えるまでにかかる所要時間に照らすならば確認できる。「色を表すカラーの英国式スペルは何か」と問われて即座に答えられるならもちろん知っていると言えるが、五分も考えているような場合はどうか。一時間ならどうか。一年ならばどうか。そんなに長く考えた後で正しく答えたとしても、「知っている」とは言えないだろう。というより、知っているかどうかを検証している人が、そんなに待

っていられない。試験に制限時間があることを想起されたい。しかし、では、どこが「知っている」と「知っていない」の境目なのか。どれくらい試験時間を設ければ、知識を正当に検証できるのか。これは曖昧であると言わざるをえない。一ノ瀬(2006)pp. 112-113も参照。

ところが、「ソライティーズ・パラドックス」の示すところによると、そうした曖昧な言葉は明白な「矛盾」を産み出すというのである。そして、「矛盾」が生じるということは、事柄に何の意味も持ちえないということである。言語的交流が、物理的には確かに発生したけれども、内容的には何の実質も持たず、破綻する、ということである。なぜか。「矛盾」は「爆発的」(explosive)だからである。ビオールによれば、この点はC・I・ルイスひいては中世の論理学者たちにまで遡ることのできる、次の「独立論証」(independent argument)によって示される。以下、「∧」は連言「かつ」を、「∨」は選言「または」を、「⊃」は条件法(もし～ならば……)を表す。

(1)　A∧~Aと仮定する。
(2)　(1)およびsimplification(単純化つまりは除去)により、Aは真。
(3)　(2)およびaddition(付加つまりは導入)により、A∨Bは真。
(4)　(1)およびsimplification(単純化つまりは除去)により、~Aは真。
(5)　しかるに、そのとき、(3)と(4)と選言三段論法により、Bは真。

(Beall 2004, pp. 5-6)

ここでBは任意の文を表している。ということは、(1)のように「矛盾」を認めるということは、任意の文を真なものとして認めるということになる。これと結局は同じ論点は、別な、もっと素朴な言い方で述べ直すこともできる。すなわち、(A∧~A)が恒偽式である以上、任意の文Bを後件とする{(A∧~A)⊃B}という条件文は、条件法の一般的規定(前件が真で後件が偽のときに条件文全体が偽となり、その他の場合は全体が真となるという規定。実質含意とも呼ばれる)に従うと、真となる。その上で、(A∧~A)を前提として導入すると(つまり矛盾を仮定すると)、「モードゥス・ポネンス」によって、Bが演繹される。次のような推論である。

$$\frac{(A \wedge \sim A) \supset B \qquad A \wedge \sim A}{B}$$

いずれにせよ、このことは、「矛盾」をいったん認めたら、「聖徳太子はチェス好きだった」とか、「地球は五年前に消滅した」とか、何でもかんでも真だと認めることになることを意味する。この事態が「爆発的」と呼ばれるのである。換言するならば、「矛盾」を認めるならば、その言説は無秩序になってしまって、結局なんら有意義なことを示せないということにほかならない。これはしかし、推論、認識、判断といった活動の私たちにとっての普遍性・偏在性を考えるとき、とんでもない帰結ではないか。なんとなく有意味に遂行されていた(と思っていた)活動が、実はなんの内実も持っていなかったというのである。「ソライティーズ・パラドックス」を解消することができなければ、私たちは合理性から遊離した、シュールな無意味世界に浮遊していることになってしまう。第1章ですでに大枠において主題化したこの問題について、ここで改めて戻り、いささか別の経路から再検討を行ってみたい。

2 「ソライティーズ・パラドックス」再び

さて、そんなに過激な破壊力をもつ「ソライティーズ・パラドックス」とは果たして何なのか。改めてこのように問うと、しかし、いささか拍子抜けをしてしまうかもしれない。このパラドックスの構造はおそろしく単純で、しかもひどくばかげているように感じられるからである。「ソライティーズ・パラドックス」はしばしば「砂山」(heap)という曖昧な述語を例として提示されるが、他のどんな曖昧な語でも構成できる。第1章では「私の意識」という例を使って提示したが、ここでは「寒い」という曖昧な述語を例に取って、改めて定式化してみよう。

たとえば、「摂氏二度の気温は寒い」が文句なく認められるとしよう(北極圏に住む人はそう感じないではないか、といった反論は有効でない。何度であれ、「寒い」という述語がほぼ完全に当てはまる事例があればいいのである)。だとすると、摂氏二度から○・○一度だけ高い気温を考えたとき、それが「寒い」から「寒くない」に変わってしまうということは考えられない。○・○一度の違いなど、ほとんど取るに足りない違いだし、第一その違いを識別できないからである。実際、はっきりと違いを識別できず、鮮明な境界線を引けず、よって「境界線事例」を許してしまうということが、まさし

Fa_1
もし Fa_1 ならば，Fa_2
もし Fa_2 ならば，Fa_3
……
もし Fa_{i-1} ならば，Fa_i

ゆえに，Fa_i.　　　（i は任意に大きく取れる）

く「曖昧性」の本性だったのである。しかるに、いったんこの論法を認めてしまうと、摂氏二一・〇一度からさらに〇・〇一度高い摂氏二一・〇二度もまた「寒い」と認めるしかなく、そうした認定は連鎖的にずっと続いてゆくことになる。かくして、たとえば摂氏三八度も「寒い」ということになる。けれど、摂氏三八度の気温が「寒い」というのは、「寒い」という言葉の使い方からして明白に間違いではないか。この「ソライティーズ」を繰り返しをいとわず念のため定式化しておくならば上のようになる。ここでの例に即せば、最初の前提の「Fa_1」は「摂氏二一度の気温は寒い」と読み、「もしFa_1ならば、Fa_2」は「もし摂氏二一度の気温が寒いならば、摂氏二一・〇一度の気温も寒い」と読み、以下同様で、結論の「Fa_i」は「摂氏三八度の気温は寒い」と読むことができる。

この「ソライティーズ」の推論は、それ自体として、いま触れたように「摂氏三八度の気温は寒い」といった言語使用に反する帰結をもたらすという点で、すでにしてパラドクシカルではある。けれども、「ソライティーズ」の、形式の単純さの背後に潜む理論的深刻さは、やはりすでに触れたように、「矛盾」を産み出すという点にこそある。たとえば、いまの「寒い」の例に沿って、「境界線事例」として「n＝13」の場合、すなわち、「摂氏一三度の気温は寒い」という文を考えてみよう。この文は、いま述べた、「寒い」についての推論から導出することができる。しかるに、こんどは、「F」という述語「寒い」の否定、すなわち「$\sim F$」つまり「寒くない」について考えてみて、「$\sim Fa_1$」を「摂氏三八度の気温は寒くない」として、「寒くない」という述語「$\sim F$」に関して別の同様な推論を形成してみる。すると、「もし摂氏三八度の気温が寒くないならば、摂氏三七・九九度の気温も寒くない」からはじまって、連鎖を伝ってゆくと、「摂氏一三度の気温は寒くない」に至る。すなわち、「ソライティーズ」に従うと、「摂氏一三度の気温は寒い」および「摂氏一三度の気温は寒くない」という帰結が導かれてしまうのである。一般的に言えば、「ソライティーズ」は、任意のa_nに対して、

$$Fa_n \,\&\, \sim Fa_n$$

という明白なる「矛盾」をもたらすのである。だとするならば、私たちが自分たちの言語的コミュニケーションに一定の合理性を認めている以上、なんとかして「ソライティーズ」の推論を打破しなければならないということになる。以上、第1章のおさらいである。

3　真理値ギャップ

「ソライティーズ・パラドックス」の打破、つまりは解消については、本章冒頭で挙げたようないくつかの立場が哲学者たちによって提起されてきた。どのような哲学的問題にも同じことが言えようが、難問やパズルに向かうに際しては、そうした難問の位置づけを整理する必要がある。「ソライティーズ・パラドックス」についてもそうで、まずは、そもそもこのパラドックスを促す「曖昧性」は

「言語的」(linguistic)なものなのか「存在的」(ontic)なものなのか、という区分に意識的である必要がある。また、このパラドックスがどの次元で生じているのかについて、「認識論的」、「意味論的」、「心理学的」、そして「因果的」といったように問題の身分を区分けしてゆくことも求められよう。さらには、パラドックス解消のやり方として、前提の拒否、論理形式の拒否、あるいはパラドックスを受諾してしまう、といったいくつかの異なる道筋も考えられる。

私はまず、本章の前半で、「ソライティーズ・パラドックス」をさしあたり「言語的」なものと捉えた上で、「境界線事例」をどのように解するか、という観点に焦点を合わせて、このパラドックスに改めて接近してみることにしたい。その後、本章の後半部(11節以降)で、「存在的」な曖昧性について主題化して論じていくことにする。ともあれ、言語的な「ソライティーズ・パラドックス」についての「境界線事例」をどう解するかという観点から見るとき、「境界線事例」に関する態度として、⑴**実際に鮮明な境界線は存在するが、無知や錯覚によって境界線が引けないと感じている**と論じる、⑵**文字通り鮮明な境界線は存在しない**とする、という二つの立場があることに気づく。⑴は大まかに言って「認識説」や「文脈主義」の提示する方向性であり、⑵は「重評価論」や「程度理論」の拠って立つ基本方針である。私はこの二つの分岐に関して、⑵の立場を優先したいと感じる。というのも、たとえば「摂氏一三度の気温は寒い」とか「身長一六九・五センチメートルの日本人成人男性は背が高い」というような文に対して、その通りだと、あるいはそうではないと一方的には断定しがたいと感じるのは自然で、そうした自然な感覚に議論の基盤を据えるというのは哲学の方法論としてさしあたり誠実であるように思うからである。

そして、このように境界線は存在しないと捉えるとき、境界線事例に対して「真とも偽とも言えない」または「絶対に真であるとも、絶対に偽であるとも言えない」という評価が現れる。つまりは、「真理値ギャップ」(truth-value gap)の考え方である。この考え方にのっとった立場で、今日影響力の最も大きいものはやはり「重評価論」である。「重評価論」はキット・ファインによって提唱された考え方で、境界線事例があるゆえに「ソライティーズ・パラドックス」が産み出されるのだから、パラドックスを解消するためには境界線事例の範囲のどこかに(人為的に)境界線を引き、曖昧な述語を鮮明なものにして、境界線事例をその述語の肯定的外延(真の範囲)か否定的外延(偽の範囲)かのいずれかに振り分けねばならない、と論じる。こうした線引きの操作をファインは「精確化」(precisification)と呼ぶ(Fine 1975, pp. 271ff)。しかるに、精確化の仕方はきわめて多数あり、それらのどれか一つに特権性を付与することはできない。よって、これら「すべての」精確化を考慮に入れること、つまり「すべての」精確化による真理値評価を重ねていくこと、が望ましいやり方である。すると、すべての精確化において真なものが本当に真なものであり、すべての精確化において偽なものが本当に偽なものであるという帰結に至る。こうした多様な真理値評価を重ねていくという意味論的な操作こそ、ヴァン・フラーセンが「重評価」と呼んだものにほかならない(See Van Fraassen 1968)。そして、個々の精確化において評価される真理値は、「暫定的な古典的評価」(tentative classical valuation)であり(この言い方はマシーナによる。See Machina 1976, p. 177)、すべての精確化において真であるものは「超真理」(あるいは「重真理」)(super-truth)と呼ばれる(Fine 1975, pp. 273ff)。いずれにせよ、私たちは事実上なんらかの精確化を遂行しているのだから、「ソライティーズ」の前提のなかの条件文のどれかが偽となっていなければならない。ここにパラドックスが解消される。「真理値ギャップ」に基づく、以上のような「重評価論」の最大の魅力とされている点は、古典論理における論理的真理をおおよそ保存できるという保守主義にある。これは、どのような精確化を採用するにせよ、そのつど暫定的に古典的評価がなされる以上、p∨~p(排中律)のようなトートロジーは、そのまま恒真と認められることから分かるだろう。

4　真理値グラットの導入

けれども実は、鮮明な境界線は存在しない、という立場として、「真理値ギャップ」の考え方だけが唯一の取りうる道ではない。この点は、「重評価論」を最初に提示したファインがすでに気づいていた。ファインは次のように述べている。

曖昧な文は真であり同時に偽でもあり、よって曖昧な述語は一定の対象に関して真でもあり同時に偽でもあると、そう考えた人もいた。けれども、これは決定不全性と決定過多性とのある種の混同である。曖昧な文はもっと精確にすることができる。そしてこの操作は真理値を保存するだろう。しかし、それによって、曖昧な文は真か偽かのいずれかとなりうる、それゆえ、もともとの文は真でも偽でもない。

(Fine 1975, pp. 266-267)

すなわち、鮮明な境界線は存在しない、ということを、「真でもあり同時に偽でもある」というように捉えるという道筋がありうるのである。これは「真理値グラット」(真理値過多、truth-value glut) と呼ばれる。ファインはこの「真理値グラット」を認める立場を、どうやら、真理値を保存しないということを理由に拒絶しているようである。確かに、「真理値グラット」の考え方は結局「矛盾」を許容することになるので、つまり「矛盾」した文を真であると認めることになるので、第1節で触れた「モードゥス・ポネンス」の推論の前提中の条件文が恒偽な前提として導入できないことになり、「矛盾」を前提すると任意の文を導出できる、という「爆発性」が発生しないことになる。つまり、少なくとも、「爆発性」と表現される推論の古典論理的な真理値は保存されないことが直ちに了解されるのである。いずれにせよ、こうしたファインの評価が影響したのか、その後「真理値グラット」の考え方を「ソライティーズ・パラドックス」に適用しようという試みはあまりポピュラーにはならなかった。

けれども、一九九七年にドミニック・ハイドがこの点について論文「山とギャップから、グラットの山へ」において重大な解明をもたらした。彼は、「真理値グラット」アプローチが、「真理値ギャップ」アプローチとは異なる仕方での「ソライティーズ・パラドックス」に対する対応をもたらすこと、よって「真理値ギャップ」アプローチに劣らない注目と検討が必要なこと、しかし同時にその二つのアプローチは形式的には対称的であって、鏡の裏表のような双対関係 (duality) にあること、したがって「ソライティーズ・パラドックス」の対応策としては結局は一蓮托生であること、こうしたことを説得的な仕方で論じたのである。

ハイドは、まず、論理的理論(logical theory)の「完全性」(completeness)概念の導入から論を起こす。それによれば、任意の矛盾した文の対「A, ~A」に対してどちらか一方が真でなければならないとき、そしてそのときに限り、論理的理論は完全である。「⊨」を、左から右への妥当な推論を表す記号とすると、「完全性」の必要十分条件は、

⊨A, ~A

ということになる。つまり、前提が何であれ、Aか~Aかのいずれかが妥当に導かれることが、完全であるということにほかならない。したがって、Aも~Aもどちらも真である必要がないときには、その理論は「不完全」(incomplete)である。いかなる文も真でないとする理論はトリヴィアルに「不完全」だが、「真理値ギャップ」アプローチはトリヴィアルにではなく、部分的にのみ「不完全性」にコミットするとされる。すなわち、なんらかの文Bに関して、

B⊭A, ~A

を認めるということである。ハイドはこうした「真理値ギャップ」アプローチがコミットする、トリヴィアルではない不完全性を「不完全許容」(paracomplete)と表現する。そして、「不完全許容」な論理に基づいて「ソライティーズ・パラドックス」に向かう意味論的立場の代表を「重評価論」であると捉える。すでに述べたように、「重評価論」はすべての「精確化」を重ねていって、それでも真なものが本当に真(超真理あるいは重真理)であるとする。

これに対してハイドは、今度は論理的理論の「完全性」ではなく、「無矛盾性」(consistency)の概念を導入して、「不完全許容」の双対となる性質を提示する。ハイドは、「無矛盾性」を「完全性」の双対として定義する。すなわち、論理的理論が無矛盾であるのは、任意の矛盾した文の対「A, ~A」の両方がともに真とはなりえないときである。この定義は、「完全性」の双対として次のように表記される。

A, ~A⊨

つまり、Aと~Aとを前提したときには任意の文が導かれるということ、換言すれば、「爆発」してしまうこと、それゆえAと~Aとをともに真として前提することはできないとすること、それが「無矛盾」であるということにほかならないのである。したがって逆に、Aも~Aもともに真でありうるときには「矛盾的」ということになる。いかなる文もその否定もともに真であるような理論はトリヴィアルに「矛盾的」だが、有意味な「真理値グラット」アプローチはトリヴィアルにではなく、部分的にのみ「矛盾性」にコミットするとされる。すなわち、何らかの文Bに関して、

A, ~A⊭B

を認めるということである。言い方を換えれば、「矛盾」を前提したときでもすべての文が導かれるわけではない、つまりは「爆発」しない、ということである。ハイドはこうした「真理値グラット」アプローチがコミットする、トリヴィアルではない矛盾性を「矛盾許容的」(paraconsistent)と捉える

(Hyde 1997, pp. 641–642)。

「矛盾許容性」(paraconsistency)あるいは「矛盾許容論理」(paraconsistent logic)についての議論は今日、主としてグレアム・プリーストによって展開されているが、プリースト自身「爆発性が成立しない論理が「矛盾許容的」と呼ばれるようになった」(Priest 2004. p. 25)と記述していることに鑑みても、このハイドの定義は十分に首肯できる。そしてハイドは、「不完全許容」な論理に基づく意味論的立場である「重評価論」に対して、しかし「重評価論」の双対として、「矛盾許容」な論理を採用する意味論を、ヴァルジの表現に従って、「細評価論」(subvaluationism)と呼ぶ。それは、「ソライティーズ」に即して言えば、「境界線事例」に関する文について、すべての「精確化」を重ねたときではなく、細分されたどれかの「精確化」において真でありさえすれば、本当に真である(true simpliciter)と捉える立場のことであり、* 同じ文が別の「精確化」においては本当に偽となってしまうことも許容するがゆえに、「真理値グラット」を認める意味論を形成する(Hyde 1997, pp. 646–647)。

* こうした真理は、「重評価論」での「超真理」(super truth)に双対的に言えば、「細真理」(sub truth)と呼ばれてしかるべきである。そして逆に、こうした思考の流れからすると、「super truth」は「超真理」ではなくやはり「重真理」と訳した方が一層よいかもしれない。

5　細評価論によるパラドックス解消

「細評価論」は、結果的に見れば、「真理値グラット」アプローチを採るという意味で、そして「矛盾許容性」と親和するという点でも、プリーストの用語法でいう「双真理説」(dialetheism)とほぼ同じ考え方になる。「双真理説」とは、文字通り、一つの文に対して「真」と「偽」という二つの真理値を適用することを許す立場、言い換えれば「真なる矛盾」を認める立場のことだからである。ただし、「双真理説」は特に「ソライティーズ・パラドックス」の解決を目指したものというわけではなく、それゆえ「重評価論」の「精確化」の操作とはなんの関わりもないのに対して、「細評価論」は「重評価論」の双対として「精確化」という操作を用いて定義されている点で、はっきりとした違いがある。さらに厳密に言えば、「双真理説」は「矛盾許容論理」とは概念的には独立であって、「双真理説」にコミットしない「矛盾許容論理」がありうるのに対して、*「細評価論」は本来的に「矛盾許容論理」と結びついている、という違いも指摘しておいてよいだろう。「細評価論」と「双真理説」との関係は論究するに値するが、ここでは「細評価論」に焦点を絞ってゆく。

＊　ビオールによれば、矛盾許容論理には三種あるという。真なる矛盾の可能性を認めず単に数学的ツールとして矛盾許容性を用いる「弱い矛盾許容論理」、真なる矛盾の可能性は認めるが実際にそれが存在することは認めない「強い矛盾許容論理」、真なる矛盾の実在的存在を認める「双真理的矛盾許容論理」の三つである。Beall 2004, p. 6.

ハイドによれば、曖昧性に対する矛盾許容的なアプローチはマルクス主義にその萌芽を見取ることができ、そして、ウカシュビッツの弟子であるヤスコフスキーの「討議論理」(discussive logic, discursive logic)、そしてそれを展開したブラジル学派に淵源するという(Hyde 1997, pp. 645-649)。ヤスコフスキーは「討議論理」の特徴についてこのように述べている。

こうしたシステムにおける主張の本性を明らかにするには、各々の主張の前に次のような留保をつけるとよいだろう。すなわち、「討議の参加者の一人の見解に従うならば」、あるいは「使用されている用語のある許容しうる意味において」という留保である。かくして、ある主張を討議論理に加えるということは、通常のシステムにおいて何かを主張することとは異なる直観的意味を持つことになる。(Jaskowski 1969, p. 149)

ヤスコフスキーの言う留保は、「細評価論」においては、「ある主張について、使用されている用語についてのある許容しうる精確化において真であるならば、本当に真であると定義した」(Hyde 1997, p. 649)と言い換えられることになる。

さて、では、こうした「細評価論」は「ソライティーズ・パラドックス」に対してどのような対応を提示することになるのだろうか。結論を言えば、それは、「ソライティーズ」において基本原理として使用されている推論原理「モードゥス・ポネンス」(modus ponens)を妥当でないとして拒否する、というパラドックス解消法を提示するのである。ハイドの議論を、私が挙げてきた「寒い」の例に読み替えて説明してみよう。たとえば、「境界線事例」に属するであろう文、「摂氏一三・五〇度の気温は寒い」(「寒い(一三・五〇)」と表そう)は、矛盾許容的アプローチに従えば、真であり偽でもあるのだから(ある精確化では真であり、別の精確化では偽となる)、真である。しかし、それは同時に偽でもあるのだから、「もし摂氏一三・五〇度の気温は寒いならば、摂氏一三・五一度の気温は寒い」という条件文(「寒い(一三・五〇)⊃寒い(一三・五一)」と表そう)は真となる。なぜなら、前件が偽だからである。しかるに、摂氏一三・五一度の気温は確定的に寒いとは言えないのだから、「摂氏一三・五一度の気温は寒い」(「寒い(一三・五一)」と表そう)は偽である(「摂氏一三・五〇度の気温は寒い」が偽ならば、なおさら「摂氏一三・五一度の気温は寒い」は偽であろう)。ということは、次のような「モードゥス・ポネンス」に基づく推論、

寒い(一三・五〇)、寒い(一三・五〇)⊃寒い(一三・五一)⊨寒い(一三・五一)

は真理を保存しない、つまり形式的に妥当でない、ということになる。なぜならば、二つの前提は真なのに、結論は偽となってしまうからである。こうして、「ソライティーズ」の推論は妥当でないとして斥けられる。

　この解決は、「細評価論」の双対である「重評価論」が「ソライティーズ」の前提のどれか(特定はできない)を誤っているとして斥けることでパラドックスを解消するのに対して、推論形式である「モードゥス・ポネンス」を斥けて解消しようという、明白に異なった解決の道筋の提示である。先に触れたように、ファインは「真理値グラット」アプローチの可能性に言及したが、それが真理値を保存しないがゆえに却下しようとした。しかし同時に、「グラットとギャップの闘いは無害であって、純粋に言葉上のものであるかもしれない。というのも、ギャップ説における真理はグラット説における「真かつ非偽」〔ある特定の精確化における——一ノ瀬注〕であるし、同様に虚偽は単に「偽かつ非真」だ

からである」(Fine 1975, p. 267)とも記している。けれども、二つのアプローチがたとえ形式的には双対だとしても、それらの「ソライティーズ・パラドックス」に対する対応の相違に鑑みるとき、ギャップとグラットの関係を単に言葉上のものにすぎないと片づけてしまうことは哲学的にはできないだろう。

6 双対性

それにしても、「細評価論」が古典論理的な推論を限定的にしか許容しないという性質を持っていること、これはやはり強調されなければならない。いま触れた、「モードゥス・ポネンス」に対する対応がそれを例証しているが、もっと一般的に言うと、「細評価論」では古典論理において妥当な「付加」(adjunction)が成立しないのである。すなわち、CLを「古典論理」、SbVを「細評価論」を表すとすると、古典論理では次の付加規則、

$$A, B \vDash_{CL} A \,\&\, B$$

が妥当な推論として成立する。しかるに、「細評価論」では、

$$A, B \nvDash_{SbV} A \,\&\, B$$

となってしまうのである。なぜならば、「細評価論」では各々の文の真理値評価はそれぞれの精確化に相対的なので、「A」を真とする精確化と「B」を真とする精確化とが同一の精確化であるとは限

らず、よって「A」と「B」とが真として前提されても、そこから「A & B」を導くことはできないからである。同じ事情が「モードゥス・ポネンス」の場合にも当てはまっていたのである。「A」と「A∪B」が真として前提されても、それぞれを真とする精確化が同じとは限らないので、「A∪B」を真とする精確化が「A」を偽と「B」を偽とする精確化である場合、「モードゥス・ポネンス」は妥当ではなくなる。「モードゥス・ポネンス」が妥当となるのは、あくまでも二つの前提が同一の精確化において真とされている場合だけなのである。ハイドによれば、古典論理において成り立っているとされる「付加規則」や「モードゥス・ポネンス」などは「語義曖昧の誤謬」(a fallacy of equivocation)を犯しているのであり、「討議論理」や「細評価論」はそうした誤謬に陥ることのない論理システムなのだとされる(Hyde 1997, p. 650)。「細評価論」による「ソライティーズ・パラドックス」の解決も、実のところこうした「語義曖昧」を暴露し整理する、という仕方で提示されたものにほかならない。

しかしながら、こうした「細評価論」の、あまりにも古典論理から遊離してしまっている特徴が、「細評価論」の「真理値グラット」アプローチを不人気なものにしてしまったと思われる。さらには、内在的な問題点も指摘されてきた。ロザンナ・キーフが手厳しい批判点を二つ挙げている。第一に、ハイドは「付加規則」や「モードゥス・ポネンス」を「語義曖昧の誤謬」を犯しているとするが、「A」も「〜A」もともに同時に真となることを認めるという「真理値グラット」の考え方それ自体もまた「語義曖昧の誤謬」なのではないか、という批判である。「A」が真になる精確化と「〜A」が真になる精確化とは異なるはずだからである。さらに第二に、ハイドが解決を試みている「ソライティーズ・パラドックス」は複数の条件文からなるヴァージョンだが、「ソライティーズ・パラドックス」

は、前提となる条件文をすべて連言でつなげて、全体として結論を後件とする条件文にしてしまう形で表現することもできるのであり、そのようにした場合、全体として一つの文として扱われ、よって「細評価論」においても妥当な推論として認められるのではないか、という鋭い批判もなされる（キーフは同時に、最初の前提と全称量化文とを用いた数学的帰納法ヴァージョンも「細評価論」は妥当と見なすはずだとしているが、これは検討を要することなのでいまは保留しておく）(Keefe 2000, pp. 199-200)。

キーフの批判は、「重評価論」こそが最善の「ソライティーズ・パラドックス」の解決策だとする立場からなされている。そしてその背景には、すでに触れたが、「重評価論」は古典論理的な論理的真理を保存する、という保守主義的な信頼性が控えているように思われる。けれども、ハイドによる「細評価論」の提示は、実はこの点についてのドラスティックな分析をも包含していた。ハイドはあくまで「重評価論」と「細評価論」とを双対として捉え、「細評価論」が古典論理の認める「付加規則」を受け入れないことの双対的事態として、「重評価論」は古典論理の認める「下位付加」(subjunction)を受け入れることができない、と喝破する。古典論理では次の「下位付加」の推論が当然ながら成立する。

$$A \vee B \vDash_{CL} A, B$$

「A∨B」が前提されるならば、「A」か「B」かのどちらかを導けるのである。しかるに、「重評価論」(SpV と表す)では、

$A \lor B \nvDash_{SpV} A, B$

となってしまう。この点は、たとえば「摂氏二度の気温は寒い」(文句なく真であると見なす)と「摂氏一三・五〇度の気温は寒い」(境界線事例だと見なす)との選言を考えてみれば分かりやすいだろう。この選言はすべての精確化を重ねてもいつでも成り立つので「超真理」(重真理)であると認められるが、だからといって二つの選言肢のどちらかを導けることにはならない。「摂氏一三・五〇度の気温は寒い」はすべての精確化において真なわけではないからである。

だとすれば、「細評価論」に対する、古典論理的な論理的真理を保存しない、という批判はそのまま「重評価論」にも当てはまる。「どちらの論理も、古典論理的な帰結の保存という点で優ってはいない」(Hyde 1997, p. 655)。「重評価論」と「細評価論」は、互いに異なる真理概念を提示しているのだが、それはどちらも古典論理からの意味論的逸脱を示しているのである。

7　存在的な曖昧性

ハイドは、こうした「重評価論」と「細評価論」との双対的事態を承けて、きわめて興味深い結論へと至る。もし私たちが「ソライティーズ・パラドックス」に直面し、それを解消する有力な方策として「重評価論」と「細評価論」という二つのライバル理論を提示されたとき、どちらを選択すべきか。双対的事態に照らすならば、どちらかをよりよい解決策として抜き出すことはできない。であるならば、選択の根拠をいずれの理論も提示できないということは、すなわち、両方とも拒絶すべきだという理由になると、そう捉えられるのではないか。とりわけ、「付加規則」や「下位付加規則」の侵犯などを考慮すると、そうした両方拒絶という道筋は説得的なように思えると、そう言うのである。

とはいえ無論、選択可能性はこれまで見てきた二つの理論に限定されない。ハイドは、「細評価論」に関して、矛盾許容的でありつつ「付加規則」を認めるような体系もありうるとする。しかしそれは完璧に「無矛盾律」を拒絶することになると、そう論じる。またそれと双対的に、「重評価論」を、不完全許容的でありつつ「下位付加規則」を認めるような体系に改訂すると、今度は完璧に「排中律」を拒絶するに至る。かくしてハイドは、そもそもこうした事態に陥るということは、いずれにせよ、曖昧性の問題そして「ソライティーズ・パラドックス」を意味論的に捉えるという方向性それ自体が間違っていることを示唆していると論じ及ぶのである。だとすれば、曖昧性の問題は、むしろ世界に属するものであって、言語に属するものではない。ハイドの驚くべき結論はこうである。「重評価論」と「細評価論」とがいずれも不満足であることは、曖昧性の存在論的本性を指し示す証左なのだ、と(Hyde 1997, pp. 658-659)。

ハイドのこうした結論は、「重評価論」と「細評価論」以外にも、意味論的な仕方で「ソライティーズ・パラドックス」に向かう「程度理論」などのアプローチがあることを考えるとき、いささか性急に思える。また、なぜ「無矛盾律」や「排中律」を破るに至る問題というのは、言語的ではなく存在的な問題だと言えるのか、その辺りの理屈も判然としない。けれども、たとえそうした瑕疵があるとしても、私には、ハイドの議論は、「細評価論」による「真理値グラット」アプローチの位置づけを明確にし、そのことによって結果的に曖昧性の問題に重大なパースペクティヴをもたらし得ていると、それゆえ十分に傾聴に値すると、そう思えるのである。どういうことか。

ハイドが「重評価論」と「細評価論」の双対性を指摘しているのに反して、私にはこの二つの理論には決定的な相違があり、その相違がハイドをして存在的曖昧性の問題へとおのずと向かわしめたと思われるのである。それは、言ってみるならば行為論的相違と呼べよう。すなわち、「重評価論」は行為として遂行しえない真理値評価に基づく、その意味でもともとから純粋に意味論的な理論にとどまる内在的本性を持っているのに対して、「細評価論」は行為として遂行しうる真理値評価に基づいているという点である。「重評価論」は、「すべての」精確化を重ね合わせて真理値評価を行うという考え方だが、精確化は無限数ありうるので、実際には本当に重評価することはできない。よって、理念的にのみ「超真理」(重真理)の概念は導入されるにすぎないのであり、したがってそれは世界の事実とは言いにくい。それに対して、「細評価論」は細分された「どれかの」精確化にのみ照らして真理値評価をすればよいのだから、実際に遂行可能であり、よって少なくともそうした行為出来事として世界の事実に対応する。「細評価論」がヤスコフスキーの「討議論理」に由来することも、このことを裏書きする。「討議論理」は、討議しているその都度の文脈において個別的に真理値評価をしてゆく、という観点に立脚する論理であり、討議しているという現実の出来事に明らかに触れているからである。こうした視点から曖昧性の問題そして「ソライティーズ・パラドックス」を考えていくという道筋は、当然ながら、「ソライティーズ」の推論が現に発生しているということ、言い換えれば、現に「矛盾」が発生しているということ、これを含意するはずである。これが存在的曖昧性という問題圏につながってゆくことはまことに自然である。

8 「真理値グラット」と確率の文法

しかし、では、存在的曖昧性という問題圏において「真理値グラット」はどのように捉えたらよいのか。もし存在的曖昧性を論じるに当たって、さしあたり、現に「矛盾」が発生していると認めることから議論を起こすのだとしたら、「真理値グラット」の考え方は少なくとも手かがりとしては本質的である。「真理値グラット」は定義的に「矛盾」を認める考え方だからである。もちろん、こうした言い方に対しては、「矛盾」は意味論的なものであり、「存在的」曖昧性の問題に持ち込むべきではないのではないか、という批判も生じるだろう。しかし、ここでは深入りしないが、パトリック・グリムが論じているように、「矛盾」には少なくとも「意味論的」なもの以外に、「構文論的」なもの、「プラグマティック」なもの、そして「存在論的」なものなどがあり、意味論的なものにそれを限る必然性はない(Grim 2004, p. 53)。そもそも、「矛盾」とはなにかというのは、意外に聞こえるかもしれないが、未決の課題なのである。いずれにせよ、こうした事情からして、私は存在的曖昧性の問題を論じる際にも、「矛盾」を主題的に導き入れることに問題はないと考える。しかるに、こうした主題設定をしたとき、「細評価論」は、いくら「真理値グラット」アプローチにのっとっているとはいえ、議論のツールとしてはあまり適切とは言えない。というのも、「細評価論」は、「精確化」という、「重評価論」に由来する純粋に意味論的操作によって規定されている考え方だからである。「ソライティーズ・パラドックス」、とりわけ境界線事例に対して「真理値グラット」アプローチを採用する立場は、なにも「精確化」に依拠する必然性はないのである。

では、どういう別の方向性があるだろうか。ここではアイディアを素描するにとどめたいが、私は、「ソライティーズ・パラドックス」を実際に発生しているリアリティとして捉えて、そこで現に生じている「矛盾」を「確率」(probability) の用語に回収する、という方策が「真理値グラット」の考え方をこの問題に正当に導入するのに有効ではないかと考えている。「ソライティーズ・パラドックス」をリアルな現象として捉えるというのは、すでに第1章でも触れた論点だが、「人格」の実質の曖昧性に発する人工妊娠中絶の問題、「残虐」とは何かという曖昧性に起因する死刑存廃論、「安全」をめぐる原発問題など、明らかに「ソライティーズ・パラドックス」が実際の問題として現れ、生々しい論争を呼び起こしているという認識に基づいている (一ノ瀬 2006, pp. 138-141 も参照)。

このように、私の理解では、「ソライティーズ・パラドックス」は、自然的および人為的どちらの意味も含めた意味で、世界の実在的事実であり、[*1] その意味で「言語的」というよりむしろ「存在的」であり、[*2] それゆえ意味論的解明のみならず、あるいはそれに先立って、その因果的メカニズムについての記述的解明がなされる必要がある。しかるに、そのように考えたとき、境界線はあるけれど気づいていないと論じる戦略や、「真理値ギャップ」アプローチと比べて、「真理値グラット」アプローチはかなり有効な方策となる。なぜならば、境界線はあるけれど気づいていないとする見方は、文字通り私たちの「気づき」や認識の事実には即しておらず、世界の実在的事実の記述的解明には寄与しないし、「真理値ギャップ」もまた、どっちつかずの、いわば懐疑的な未決状態の意であり、そのままでは因果的効力を持たないのに対して、「真理値グラット」アプローチは、真であると断定し、同時に偽であると断定する、という確定状態であり、それは明らかに因果的効力を持つと言えるからである。誤解を恐れず分かりやすさのためにあえて言うならば、ここで私が理解している対比は、国会の議決にたとえることができるだろう。一つの案件を国会で審議し議決しようとするとき、「真理値ギャップ」というのは、各議員が賛否を未だ決断できず、議決できない状態であり、それに対して「真理値グラット」は、各議員はすでに賛否を決断し、賛成の人は何人、反対の人は何人と表現できる状態になぞらえられる。このたとえで言うと、文字通りの「真」は満場一致で可決された場合であり、逆に文字通りの「偽」は満場一致で否決された場合である。いずれにせよ、賛成の人は何人、反対の人は何人という「真理値グラット」の状態は、その議会の実際の判断に結びつくのであり、政治的な文脈で、ひいては物理的な文脈でも、因果的効力を持つことは明白であろう。

＊1　実在性・リアリティというものを、物理的な意味での現状や事実に限定する必然性は全くない。たとえば、「日本には皇室が存在する」という言い方に不思議な点はなにもなく、そうであるなら、そうした次元での制度的・人為的なリアリティも、リアリティとして受け入れるのが筋だろう。というより、むしろ私は、実在性・リアリティとは、突き詰めれば総じてそうした制度的なものであると捉えており、それがゆえにリアリティのことを、本書第2章の末尾でも触れた言い方だが、「制度的実在」(institutional reality)と呼んできたのである。一ノ瀬(2001)序章を参照。

＊2　とはいえ、「言語的」と「存在的」とは完全に背反するわけではない。「言語的」ということを「発話」とか「言語行為」として捉えたとき、それは世界のなかの現象となるからであるし、逆に、

「存在的」なものも、それの理解について問題にするとき、言語を媒介せざるをえないからである。この点は、12節で触れる。また、一ノ瀬(2006)pp. 105-107も参照。

そして、こうした「真理値グラット」を、意味論的ではなく存在的に捉えるとき、「確率」の考え方は有力な基盤となりうる。なぜなら、「確率」とはもともとからして、ある主張とその否定との両方にそれなりの可能性を許容するという文法であると見なせるからである。このような、「真理値グラット」と「確率」とを結びつけて理解するという道筋は、決して私だけが展開している奇妙な見方なわけではなく、一定の普遍性を持っている。実際たとえば、ハートリー・フィールドは、「信念の度合い」(degrees of belief)という主観確率に沿った形で、そして「不完全許容的」(paracomplete)理論と「矛盾許容的」(paraconsistent)理論との双対関係を用いながら、次のように論じている。まず、不完全許容的な理論に関して、「人は、Aを拒絶しながら、「Aを受容しないでいることができる。これが可能なのは、Aに対する信念の度合いと「Aに対する信念の度合いとが合計されても1以下であって、したがって両方とも低い度合いであることがありえるからである。これに対して、矛盾許容的な双真理説の場合に新しい点は、よってそれに慣れていく必要がある点は、いま述べたことと双対な状況に面することがありうるということである。すなわち、私たちは、Aに対する信念の度合いとその否定に対する信念の度合いとが合計されると1以上になり、したがって両方とも高い度合いでありうるという、そういう状況を許容する必要があるということである」(Field 2008, p. 364)。

フィールドは、こうした信念の度合いに関する一見ありえなさそうに思われる非標準的な理論も、確率論での次の一般法則に照らして、理解可能な解釈を導くことができるとする。

$$P(A)+P(\neg A) = P(A\vee\neg A)+P(A\wedge\neg A)$$

ここで、不完全許容的な理論の場合、$P(A\wedge\neg A)=0$と解するけれども、$P(A\vee\neg A)<1$と言うことが許容されるので、$P(A)+P(\neg A)\leqq 1$となっていなければならない。これは、少なくとも信念の度合いという主観確率のレベルでは大いにありうる事態であろう。そして、このような場合を認めることで、不完全許容的な理論のもとでも先の一般法則が維持されると言える。では、矛盾許容的な理論の場合はどうか。フィールドはこう述べる。

> 矛盾許容的双真理説者(paraconsistent dialetheist)は、もしプリーストのように排中律を受容するならば、$P(A\vee\neg A)$は1であると受け取るけれども、$P(A\wedge\neg A)$が0よりも大きいことを許容するので、そのとき、$P(A)+P(\neg A)$は1よりも大きい、または1に等しい、ということにならなければならない。この場合、Aを拒絶すること(tを受容できるぎりぎりの閾値とした場合の、$1-t$以下の信念の度合いを持つこと)は、¬Aを受容することを要求するが、その逆は成り立たない。 (Field 2008, p. 364)

このような、$P(A)+P(\neg A)\geqq 1$という信念の度合いを持つこともまた、主観確率として捉える限り、十分にありえる。スポーツなどで瞬間的な一発勝負に賭けるとき、うまくいくという予想とうまくいかないという予想との両方が、ともに高い、というのは決して不思議な事態ではないだろう。そして、こういう解釈を認めることで、矛盾許容的な理論は先の一般法則を維持しつつ、理解可能なものになる、というのがフィールドの主張である。このことを先の国会の議決の例に即してあえてたとえれば、一人の議員が賛成票と反対票の両方を投票できるような場合も想像可能であり、おそらくそれが $P(A)+P(\neg A)\geqq 1$ という信念の度合いを持つケースになぞらえられるだろう。いずれにせよ、ここには、矛盾許容的な双真理説、つまりは「真理値グラット」の立場が、「確率」の概念に結びつけられながら理解されている一つの形を見届けることができるのである。

９　傾向性確率と矛盾

もっとも、以上に触れたフィールドの議論は、「真理値グラット」が「確率」と結びつく次第の一例には確かになるけれども、同時にそれは、不完全許容性と矛盾許容性との双対関係に基づく議論であり、その意味で「重評価論」つまりは「真理値ギャップ」との双対性を前提にする議論である点に注意したい。しかし、「ソライティーズ」で発生する「矛盾」が実在的な事象であり、因果的働きをなしうる実際的効力を持つ、そして「真理値ギャップ」はそうした効力を持っていないが「真理値グラット」にはそうした効力がある、というコントラストあるいは非対称性を見届けることが私の捉え方である限り、「真理値グラット」と「真理値ギャップ」との双対性を文字通りに承認する議論をそのまま追認することはできない。

この事情を、再び国会の議決のたとえを使って例解してみよう。先に、矛盾許容的な理論での、

P(A)＋P(¬A)≦1という信念の度合いのありようについて、一人の議員が賛成票と反対票の両方を投票できる可能性にあえて言及したが、その流れに沿いつつ、フィールドのまとめ方に即して言うならば、おそらく矛盾許容性の双対をなす不完全許容性に関して、P(A)＋P(¬A)≦1という信念の度合いのありようは、何人かの議員が棄権してしまう場合になぞらえられるだろう。こうした対比は確かに首尾一貫しており、明快である。けれども、何人かの議員が棄権したとしても、その議会の決議はなされてしまうはずである。つまり、実効性を持つ、すなわち因果的効力を持つことになるはずである。であるなら、この国会のたとえに沿う限り、矛盾許容性と不完全許容性とで質的に相違はなく、対称的である。これは単に一つのたとえであって、このたとえに執着する必然性はないが、少なくともこのたとえから、フィールドの図式では、私が考えている「真理値ギャップ」と「真理値グラット」の非対称的な対比を十全に表現することはできないという事情が暗示されはすると思われるのである。フィールドの整理と大本の発想を共有しつつも、それとは違って、「矛盾」の実在性と「真理値グラット」とを特に結びつけながら、「確率」を導入していかなければならない。どのようにか。本書のこれまでの議論展開からして、実は答えは見えている。

次のような例が手がかりになるだろう。あるケヤキの苗木に対して、「このケヤキは最終的に二五メートル以上の高さになる」という確率が五〇％であったとしよう。このとき、「このケヤキは最終的に二五メートル以上の高さになる」と捉えることは間違いとは言えない。まさしく五〇％の可能性があるのだから、誰がそれを偽だとして拒絶できようか。また、「このケヤキは最終的に二五メートル以上の高さにならない」と捉えることも同じ理由で間違いとは言えない。そうである五〇％の可能性もあるからである。だとすれば、ここには「矛盾」が顕現すると言ってよいだろう。もっとラフな例を挙げてみよう。日本人とインド人のハーフの人がいたとしよう。もし民族というものが遺伝的要素によるものであるとするならば(この考え自体疑わしいかもしれないが)、この人が示すさまざまな遺伝的発現は五分五分の確率で日本人とインド人のものになると考えられる。こうしたとき、この人は日本人であるという理解も、この人はインド人であるという理解も、どちらも絶対の間違いとして斥けることなどできるはずもなかろう。私は、これと類似の事態が「ソライティーズ」の推論にも現れていると捉えてみたらどうかと考えているのである。すなわちたとえば、「摂氏一三・五〇度の気温」という「寒い」の境界線事例に対して、「摂氏一三・五〇度の気温は寒い」という事態が成立している「確率」を問題にすることによって、「真理値グラット」アプローチに沿った仕方で、しかしリアリティに関わる存在的曖昧性という問題圏のなかで、「矛盾」を導入することができるのではないかと考えているのである。

もちろん、果たしてここで言及されている「確率」とはなにか、という疑問が生じるのは必定であろう。「確率」といっても、多様な解釈があることは、「確率の哲学」がつとに教える通りだからである。これに対して、私は、「存在的」曖昧性を主題化するというこれまでの議論の方向性からして、ここでの「確率」は客観的なものでなければならず、したがって私は主としてポパーに由来する「傾向性」(propensity)としての「確率」を念頭に置いている、と答えたい。この点は、すでに第1章で論じ及んだ論点にほかならない。この場合、各々の個別事象においてその都度「矛盾」が発生するという、そういう場面を主題としているのだから、客観的な確率といっても、(個別事象だけでは成り立たない)「頻度」は、ここでの確率解釈として適当でない。ただし、「傾向性」が「頻度」によって解明されてくるという側面を有するならば、「頻度」も間接的には曖昧性という主題に関わりゆくだろう。

また、前節でフィールドの名前とともに触れた主観確率について言えば、特定の「信念の度合い」(degree of belief)を持っている、という事態そのものは世界の実在的事実であり、実際、信念の度合いとしての主観確率を導入したラムジー自身、そうした信念の度合いを(賭の)行為との因果的プロセスのなかで規定されるリアルな事象だと捉えていたのであった(Ramsey 1990, p. 65)。ならば、いわゆる主観確率も「存在的」曖昧性の問題と背反することはなく、現在の文脈に導き入れることができるはずである。あるいは、やはり第1章で展開した論点だが、特定の信念の度合いを持つということを丸ごと、そうした判断主体の「傾向性」と捉え返しても同じことだろう。実際、「ソライティーズ」は、たとえ存在的曖昧性に発するとしても、そして世界の事象の客観的「傾向性」を問題にするとしても、それ自体は推論や理解であって、推論主体や理解主体が定義的に介在せざるをえない。存在的曖昧性の傾向性とは、結局は、推論主体や理解主体に丸ごと吸収される形でしか現れない。ということは、そうした主体の「傾向性」ということで、通常の傾向性も、信念の度合いを持っているという傾向性も、どちらも一括して押さえ返すことができるだろう。*

いずれにせよ、そう捉え返すことにより、「ソライティーズ」の推論遂行のプロセスを確率概念に依拠しながら記述的に分析することで「存在的」曖昧性の問題に立ち向かう、という議論の方向性が確立してくる。そしてそうしたプロセスの確率概念の働きは、一つ一つの推論を順次「因果的」に結びつけてゆくことにあり、したがってここで主題となる因果性は、第2章で主題化したような「確率的因果」(probabilistic causality)であることが浮かび上がってくるだろう。

＊　このような議論の道筋からすれば、「真理値グラット」とは因果的効力という点で異なると私が主張した「真理値ギャップ」もまた、「傾向性」の問題として取り込まれる、したがって結局やはり、質的に「真理値グラット」と同次元化されてしまうことになるのではないか、という疑問が出るかもしれない。こうした疑問に対しては、私は二つの仕方で答えたい。第一に、「真理値ギャップ」が「真でも偽でもない」というネガティヴな事態として表象される限り、それは、「傾向性」として捉え直されたとしても、なにかをポジティヴに引き起こす原因力を持ちえないだろう、と述べたい。しかし第二に、「真理値ギャップ」が、フィールドが「不完全許容性」として定式化したように、信念の度合いという次元で「程度」を持ちうる事態として表象されるならば、「傾向性」としてなんらかの因果的効力を発揮できると、そう述べたい。ただし、その場合、「真理値ギャップ」という事態は「真理値グラット」と双対関係になるのではなく、「真理値グラット」よりも弱い因果的効力を持っている状態として理解されるべきであろう。

10　確率評価論――ハイブリッドの試み

こうした「確率的因果」に基づく「ソライティーズ」の推論の分析、とりわけそこでの因果概念のあり方については、わたしはかつて「ソライティーズの因果説」と称してある程度考察を試みたし(一ノ瀬 2006, pp. 156-165)、本書第1章7節でもそれに言及したので、詳しくはそちらを振り返ってほしい。ここでは、こうした方向性をさらに追求するべく、「ソライティーズの因果説」が、存在的曖昧性の問題に傾斜しているとはいえ、「真理値グラット」アプローチに合致してゆくという、これまでの議論の流れをさらに基礎づけるために、そうした事態に見合った「真理」概念の改訂についてスケッチしておきたい。私は、こうした議論の流れに沿った「真理」概念の描出を、今回主題的に検討した「細評価論」の着想を混ぜ合わせることで果たせるのではないかと見越している。いわば、「ソライティーズの因果説」と「細評価論」とのハイブリッドの試みである。

「細評価論」は、境界線事例に対して、細かく分けたどれかの「精確化」に照らして「真」ならば「本当に真」と見なす、という意味論的原理にのっとった立場だが、すでに述べたように、私がここで試みているのは、意味論的分析ではなく、存在的曖昧性についての因果的・確率的な分析なので、「精確化」という場合分けの操作は使えない。けれども、境界線事例に対して確率的に接近してゆくときにも、原理的に、少なくとも二つの場合分けがつねに生じてしまっていることに気づく。たとえば、「摂氏一三・五〇度の気温は寒い」と理解する「傾向性」としての「確率」を問題にして、それに〇・六の値が与えられるような確率分布が成立していたとしよう。そのとき、「摂氏一三・五〇度の気温は寒い」を「真」とする確率が〇・六なわけだが、それは同時に「摂氏一三・五〇度の気温は寒い」を「偽」とする確率が〇・四であることを含意している。この確率分布に対して、前者を、この理解は「絶対に偽とは言えない」という限りで「本当に真」と捉える立場だとして、後者を、この理解は「絶対に真とは言えない」という限りで「本当に偽」と捉える立場だとすること、これを私は提案したいのである。この二つの場合分けに沿って「真理」概念を規定し直してゆけば、確率の文法の中に

「真理値グラット」を取り込める、しかも「細評価論」の着想を利用する形でそれを取り込めると思うのである。もちろんその場合、こうした意味での「本当に真」と「本当に偽」とは、判断主体のうちにある、それぞれ異なる因果的効力を持つ「傾向性」として解されるわけである。要するに、「精確化」の代わりに、それぞれの「確率分布」に依拠して真理値評価を行うということである。これが私の考えている「ソライティーズの因果説」と「細評価論」とのハイブリッドの骨子である。これは「確率評価論」(probabilistic-valuationism)と呼ぶのが自然だろう。

もちろん、何度も繰り返してきたように、「確率的因果」を利用した「ソライティーズの因果説」は世界のなかで現に生じている現象についての因果的分析であって、それの意味論的構造は派生的なものであるにすぎない。けれども、確率を用いた判断に対して意味論的分析を行うことにおかしなことはなにもないし、むしろそれは必要であろう。しかし、「絶対に偽とは言えない」という意味の「本当に真」や、「絶対に真とは言えない」という意味の「本当に偽」という真理概念は、果たして普遍性を持ちうるだろうか。

こうした真理概念を前提する「確率評価論」を提示するに当たって、私は、かつてダメットが「真理」と題する記念碑的論文のなかで提起した、真とも偽とも言いにくいケースについての解明を念頭に置いている。すなわち、ダメットが、前件が偽の条件文言明と、非存在について言及する単称言明とについて、その真理値をどう考えたらよいのか、という問題を論じていた箇所である。このときダメットは、「真」と「偽」という語は、偽なることを言わなければよい場合と、真なることを言わなければならない場合との、二部門に分けて考えなければならないという。そして、話者が、真とも偽とも言いにくい場合がある可能性を見越して言明したとき、自分の言明が誤っていると見なされる場合と、見なされない場合との区別こそが重要だと、そう論じ及び、次のように述べる。

> われわれの条件文言明について言えば、その区別は、その言明が偽であると言われる事態と、それが真かまたは真でも偽でもないと私たちが述べる事態との間にある。単称言明について言えば、その区別は、その言明が偽かまたは真でも偽でもないと私たちが述べる事態と、それが真である事態との間にある。 (Dummett 1978, p. 12)

ダメットのこの条件文と単称言明についての、真理値区分の対比は、上のように図示すれば分かりやすいだろう。

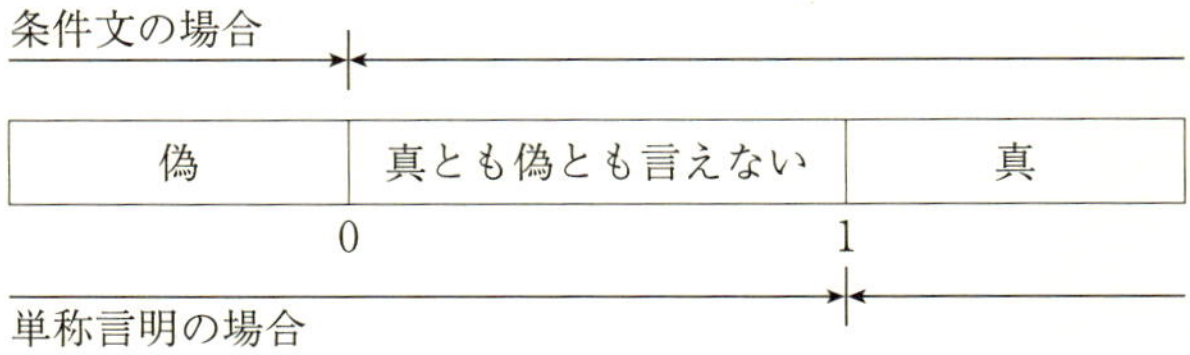

こうした見方を、ダメット自身が最終的にどう評価するかはここでは問わない。私が言いたいのは、ここでダメットが論じている条件文についての真理値評価は、「確率評価論」の言う、「絶対に偽とは言えない」という限りでの「本当に真」という評価と対応していること、またダメットの言う単称言明についての真理値評価が、「確率評価論」の言う、「絶対に真とは言えない」という限りでの「本当に偽」という評価に対応していること、このことである。とするならば、「確率評価論」とは、確率が付与される文、とりわけ曖昧

な述語のもたらす境界線事例の文に対して、ダメットの言う二部門を同時に取り込むことで「真理値グラット」を導入する立場だと解することもできるだろうと思われる。* ダメットの提起した区分に相応の普遍性がある限り、「確率評価論」の携える真理概念にも一定の意義があると言ってよいだろう。

要するに、私の考える「確率評価論」とは、先の例「摂氏一三・五〇度の気温は寒い」で言えば、それに対して、「絶対に偽とは言えない」という限りでの「本当に真」と、「絶対に真とは言えない」という限りでの「本当に偽」とが、判断主体の「傾向性」として同時に併存している、その意味で「矛盾」が現実に発生している、しかし、それぞれの傾向性には〇・六と〇・四という因果的効力差がある、というように捉えていく立場である。この考え方は、真理概念が問題となっている以上、意味論的な含意を当然持っているが、しかし同時に、「傾向性」という実在的現象についての因果的分析としての認識論的な主張でもある。こうした二義構造は、もちろん、「ソライティーズの因果説」と「細評価論」とのハイブリッドという性質の反映にほかならない。

* ここで私の提起している「確率評価論」は、さしあたり「ソライティーズ・パラドックス」に現れる境界線事例を念頭に置いたものだが、厳密に言えば、もっと普遍的な適用可能性を持っていると思う。というのも、論理的真理は別としても、いやそれも含めて、絶対に真という事態も、それを真ならしめる文法が将来も成り立ち続けるのかどうかという点で、帰納に巻き込まれていることを考えるとき、実は probabilistic であると言わなければならないと思われるからである。こうした言い方に対して、論理と事実は異なる、という紋切り型の応答がなされることが考えられるが、それでは事態の解明にはならないだろう。というのも、そうした紋切り型の捉え方そのものに対する疑問がここで主

題化されていると考えられるからである。こうした、「論理的真理」という概念にとってドラスティックな考察を要求する問いをさえ喚起しうること、それが「確率評価論」には含意されている。

11　輪郭のぼやけ

以上、言語的な曖昧性、そしてそこに生じる「ソライティーズ・パラドックス」について「ソライティーズの因果説」に沿った記述的観点から、そして「細評価論」の発想をも取り込みつつ、とりあえず「確率評価論」による解明にたどりついた。けれども、こうした「確率評価論」の意義を曖昧性という問題の全体像のなかで十全に位置づけるには、「ソライティーズの因果説」を根底から支える把握についてさらに踏み込んで検討しなければならない。すなわち、曖昧性の問題を現に生じているリアリティとして捉えるという立場について、言い換えれば、存在的な曖昧性の問題それ自体について、もう少し掘り下げておく必要があると思われるのである。というのも、この存在的曖昧性という領域には、それ固有の問題性がつとに指摘されてきたからである。それへの検討なしに、「ソライティーズの因果説」そして「確率評価論」はおそらくその射程を測りきることはできないと思われる。では、その固有の問題性とは何か。以下、本章の後半部で、そうした問題性として、私は二つのパズルを取り上げて検討していきたい。その二つのパズルを導入するため、まずは次のような具体例に沿って話をおこしてみよう。

それは音楽の例である。楽器の奏でる音のなかには、エッヂのはっきりしない音というものがある。

一つの音程にぴたっとはまっておらず、音程の幅があるような音である。ジャズのテナー・サキソフォンやウッド・ベースなどがしばしばこうした音を出す。音感のよい人にとって、ちょっと気持ち悪い音であろう。しかし、なんでもクリアカットになっていればよいというものでもない。余計な音や倍音が重なってエッヂがぼやけていたり、ダーティー・トーンが混ざっていたりすることによって醸し出される魅力や快感というものもあるからである。そうした快感が、クリアカットな音程によっては決して産み出されない、エッヂのぼやけに固有の感覚である以上、「ぼやけ」は単に「はっきりしない」という否定的な性質なのではなく、なんらかの効果を現に私たちにもたらす肯定的かつ実在的なあり方なのだということに思い至る。

　考えてみると、輪郭がぼやけている現象や対象は至る所に存在している。「台風」などはその典型だろう。どこから台風の暴風域に入るのか。どこから「台風の目」なのか。そもそも台風とは一種の「風」や「雲」の集まりなのだから、「風」も「雲」もクリアカットな事物などとは到底言えない代物である以上、台風という事物はいわば本来的に輪郭がぼやけているのである。ということは、台風のぼやけた輪郭辺りの所にいる人は、「自分はいま台風の中にいる」と言うべきなのか、「自分はいま台風の外にいる」と言うべきなのか、迷うことになろう。そして実は、原理的に言って、同じことが通常の物理的現象や物質的対象一般に広く当てはまってしまうのである。輪郭がはっきりしないという点では、「海の匂い」、「炎」などの本来的にぼやけた現象は言うまでもなく、特定の「猫」や私たち個人個人としての「人」などの有機体もまた、ひいては特定の「銅像」とか「石碑」などの無機物でさえも同様であると言わなければならない。猫のいまにも抜けかかっている毛の一本は、果たして猫という個体の内側なのか外側なのか。人の蒸発しかかっている汗はどうなのか。銅像にいま発生しようとしている錆の成分はどうなのか。前段に挙げたエッヂのはっきりしない音も、音というものを特定の波長を持つ空気のかたまりとして捉えるならば、どこまでがそのはっきりしない音を構成する空気のかたまりなのかについて、まさしく輪郭がぼやけている対象の例となる。ミクロの次元にまで視点を向ければ、こうした輪郭についての疑いはすべての物質に妥当してゆくだろう。*

＊　ここで言う輪郭のぼやけは、さしあたり共時的なものに限定しておく。通時的な観点からのぼやけも当然問題になりうるが、議論を分かりやすくするため、共時的なものに焦点を合わせたい。

　こうした疑いは決して単に理論的なものというにとどまらない。実在の事物についての疑いであるがゆえに、実践的な場面にも影響を及ぼしうる。一例を挙げてみよう。二〇〇六年六月に改正された「自然公園法」第一三条三－一〇には、国立公園において環境大臣の許可なく行ってはならない行為として「高山植物その他の植物で環境大臣が指定するものを採取し、又は損傷すること」が挙げられている。たとえば、尾瀬国立公園に入って「ニッコウキスゲ」を勝手に取ってきてはならないということである。しかし、そうした植物もまた、輪郭がぼやけており、どこまでがこの特定の「ニッコウキスゲ」なのか実ははっきりしていない。植物のなかに取り込まれつつある雨の滴はどうなのか。私の身体がニッコウキスゲに触れて、そうした雨の滴を植物から分離させてしまったとき、私は植物を損傷したことになるのか。これは決してばかげた問いではない。というのも、もしこんな些細な水滴などは実際上問題にならない、屁理屈など不要だ、と言うならば、どこまで問題にならないのかを、そしてどこから問題になるのかを知りたくなるが、そもそも「輪郭がはっきりしない」のだから、そうした区切りは本来的に確定不可能だと考えられるからである。花びらの一ミリグラムの破片はどうなのか、それを分離することが損傷に当たらないなら、二ミリグラムだって大した違いはないではないか。あるいは一ミリグラムの分離が損傷だというなら、〇・九ミリグラムはどうなのか。こうした問いかけが示唆するように、「ニッコウキスゲ」の勝手な採取や損傷は禁じられているのだが、そもそも「ニッコウキスゲ」とはどういう輪郭を持つ植物なのかが実は明らかではないのである。事が法的判断にまで及ぶ可能性がある以上、「輪郭のぼやけ」とは、先にエッヂのぼやけについて言及したように、やはり実在的効力を持つ事態であると言うべきだろう。

こうした状況は、たとえば、「この水滴はニッコウキスゲの一部である」という事態（NPaと表記しよう）と「この水滴はニッコウキスゲの一部ではない」という事態（~NPa）との、いずれも不成立なわけではない、というように捉えられると思われる。もし、不成立なわけではないということを広義に考えて「成立している」ことと等値してみるならば、この状況は一つの事態が成立しており、同時に成立していないというあり方を指し示しているのではないか。つまり、

NPa & ~NPa

である。だとしたら、これはつまり、「矛盾」が実際の状況として実在しているということにならないか。これまで繰り返し論じてきた、現に発生している「矛盾」とは、具体的にはこういうことだと言ってもよいのではなかろうか。

12　曖昧な対象

そのように捉えるとき、存在的な曖昧性の問題が純粋に立ち上がってくる。というのも前節で問題にした「輪郭のぼやけ」は、境界線がまさしく曖昧であるということにほかならず、しかし同時に、その曖昧性は、本章で最初に問題にした「寒い」のように、ある自然状態に対する私たちの言語的意味づけに関わる曖昧性ではなく、「台風」や「ニッコウキスゲ」が例となっていることから分かるように、自然界に存在する現象や対象にダイレクトに関わる形で生じている曖昧性であると思われるからである。ここには、いずれも曖昧性に関わるとはいえ、そして最終的には両者を同次元で捉えようというのが私の戦略であるとはいえ、さしあたり確かに何らかの意味で相違が認められる。実際、多くの哲学者たちもここに違いを見出しており、すでに触れたように、今日では曖昧性の問題は「言語的曖昧性」(linguistic vagueness)と「存在的曖昧性」(ontic vagueness)とに区分されて論じられるのが標準的である(See Keefe & Smith 1996, pp. 16-17 & 49)。言語的曖昧性が「曖昧な述語」(vague properties)、つまりは「意味の曖昧性」に関わるのに対して、存在的曖昧性は「曖昧な対象」(vague objects)に関わるということである(See Tye 1990, pp. 539-540)。以下、とりあえずこうした整理基軸に即して、「曖昧な対象」にまつわる固有の問題性を検討していくことにしよう。

もっとも実は、私自身すでに論じたことだが(本書一九四―一九五頁の注を参照)、この二つの曖昧性の区分それ自体、決して鮮明ではなく曖昧である(一ノ瀬 2006, pp. 105-106 も参照)。「待て」という命令の言語行為は、それが成立しているかどうかに関して、どういう姿勢を相手がしたときにそう言えるのかという点で意味的な曖昧性に巻き込まれると思われるが、同時に、「待て」という物理的音、つまりは「音」という物理的現象・対象(雲と同様な、ある種の空気の集まり)が相手まで物理的に届いているかどうかという存在的曖昧性をも被らざるをえないように思われる。届いてなければ、言語行為ではなく単なる独白になってしまうからである。つまり、こうした「待て」の言語行為は言語的かつ存在的な両方の曖昧性についての境界線事例と言えるのである。さらに言えば、存在的曖昧性が「対象」の境界や輪郭の曖昧性であり、「対象」がそもそも私たちの言語に規定されるものである以上、言語的曖昧性と存在的曖昧性は混じり合う。たとえば、「山」などという対象が「山」という言葉や概念なしに自然のなかにそのものとして存在するということは到底考えられない。「特定の山の境界それ自体が、山性という性質の境界が私たちの言語を反映するのに劣らず、私たちの言語を反映しているのである」(Williamson 1994, p. 269)。デイヴィッド・ルイスもまた、存在的曖昧性の問題を論じるとき、「プリンストン」と「プリンストン・ボロ」とが対象として同一かどうかという例を出しているが(Lewis 1988, p. 318)、こうした行政区分が濃密に言語的であることは明らかで、よってこれは、哲学者たちも存在的曖昧性が言語的曖昧性とクリアカットに区分されるとは捉えていない証しであろう。かくして、存在的曖昧性の問題も、それが分析されるときには、「真理」といった言語的かつ意味論的概念に媒介されることに何の不合理もないことになる。

他方、言語的な意味の曖昧性の方から見ても同じことが言える。「摂氏二一度は暑い」という文を、肯定できるかどうか明確でない、つまりは「真」なのか「偽」なのか明確でない、として捉えるとき、そう捉える判断主体の状態は一つの自然現象である。さらに、そうした境界線事例についての判断をした直後に、「摂氏二一・五度は暑い」という文の真理値評価をせよと言われたならば、最初の「摂氏二一度は暑い」に対して生じた主体の状態は「摂氏二一・五度は暑い」に対する真理値評価に因果的な仕方で影響を与えるであろう。因果的に影響するという以上、そうした事態は実在的であると考えねばならない。私の言う「ソライティーズの因果説」は、以上のような観点に立って、真理値評価をする主体の状態を「傾向性」(propensity)と捉え、そうした傾向性を客観的確率としての傾向性に重ねつつ、ここでの因果性を「確率的因果」として捉えてゆくという道筋を展開しているわけだし(本書第1章7節および一ノ瀬 2006, pp. 156-165を参照)、本章の前半部で導入した「確率評価論」はそうした観点から真理概念をも規定しようという目論見であった。それは結局、言い方を換えれば、言語の意味について生じる曖昧性は、それを判断する主体の傾向性という、自然に存在する現象・対象の輪郭の曖昧さとして捉え返せるということを意味する。つまり、言語的曖昧性もこうした意味で存在的曖昧性の問題と融合してゆくはずだということである。「ニッコウキスゲ」の水滴の例に対応させてもう少し具体的に言うならば、おそらく端的には、こうした真理値評価の傾向性は、「水滴を分離させたとき、私はニッコウキスゲを損傷した」という文を肯定してうなずくに至る時間経過とか、その文を真だと判断するときのなんらかの脳内物質の量といった形で、物理的かつ統計的に測定可能な様式に引き写すことができるだろうということである。

13　多数問題と一〇〇一匹猫

だとすれば、もともと言語的曖昧性に関して提起されていた「ソライティーズ・パラドックス」が存在的曖昧性にも発生してくることは想像に難くない。「ニッコウキスゲ」に付着する水滴の葉細胞の中心からの距離(「ナノ」の単位で考えればよいだろう)に着目すれば、そこから「ソライティーズ」の推論を容易に形成することができ、矛盾の発生を導くことができるだろう。また、より一般的に、テーブルなどの実在の対象を構成する分子に注目して、分子を一つずつ除いていったときどこからテーブルはテーブルでなくなるか、といった次元でも容易に「ソライティーズ」が発生してくる(See Unger 1979)。

けれども、存在的曖昧性、つまりは曖昧な対象の問題は、言語的曖昧性の問題とそっくりまったく同じというわけではない。存在的曖昧性に固有の問題も提起されてきたのである。ここで、先に予告した二つのパズルについて、いよいよ取り上げよう。一つ目のパズルは、アンガーが提起した「多数問題」(the problem of the many)である。アンガーは「雲」という曖昧な対象の例からこのパズルを導入する。雲は、遠くから見ると輪郭がはっきりしているように見える場合でも、近づいて見ればそれは小さな水滴の集まりなので、中心から離れてゆくと、それぞれの水滴が雲の内側にあるのか外側にあるのかはっきりしなくなる。それゆえ、ほぼ間違いなく雲の内側にあると言える水滴の集合に、そうしたはっきりしない辺りの水滴のそれぞれを一つずつ加えてできる多数の集合は、みな等しく、まさしくその雲である、と見なされる資格がある。しかるにそうなると、ここには一つの雲ではなく、多数の雲が存在することになる。他方で、それらの集合のどれか一つを雲ではないと捉えるとすると、他の集合もみな等しく雲ではないと捉えなければならないことになる。ということは、雲は存在しないということになる。では、一体果たしてどのように一つの雲が存在するということが言いうるのか(Unger 1980, pp. 412-415)。これが「多数問題」である。アンガーは、このパズルは多数の事物が存在するか、あるいはなにも存在しないか、というディレンマを導くのだから、より正確には「多数か無かの問題」(the problem of the many or the none)と呼ばれるべきだとも述べている(Unger 1980, p. 412)。

この「多数問題」はピーター・ギーチによっても印象的な仕方で提起された。それは「一〇〇一匹猫のパラドックス」(the paradox of 1001 cats)と呼ばれる。「チブルズ」(Tibbles)という名の猫がマットの上にいるとする。チブルズは一〇〇〇本の毛からなっているとする。それらの毛全体の集合をcとして、一本一本の毛をそれぞれ $h_1, h_2, \ldots, h_{1000}$ とおいて、c_n をcから h_n だけを除いた集合とする。すると、わずか一本の毛のあるなしで猫が出現したり消滅したりするとは考えられないので、cそして c_1 から c_{1000} までのすべての集合は等しく猫である。つまり、マットの上には一〇〇一匹の猫がいることになる。しかし、実際は一匹の猫「チブルズ」がいるだけなのである。これは不条理ではなかろうか(Geach 1980, pp. 215-216)。この一〇〇一匹猫の議論に対してルイスは、ギーチの言うcはそもそも「チブルズ」の部分(つまり「チブルズ」の毛の集合)であって「チブルズ」と同じではないと指摘する。そして代わりに、$h_1, h_2, \ldots, h_{1000}$ をいま抜け落ちようとしており、「チブルズ」の一部だと明確に肯定しがたい毛だとして、cをそうした毛のすべてを持つ状態とし、c_n をcから h_n を除いた状態としたとき、ここに一〇〇一匹の猫が現れ、すべて等しく「チブルズ」だと認めざるをえないことになる、という改訂版を提案する。そしてこれは、議論構造からして明らかに「多数問題」の別ヴァージョンだということが判明すると論じ及ぶ(Lewis 1993, pp. 24-25)。

これをどう解決するかは、濃密にどのような存在論を採用するかに依存しており(Keefe & Smith 1996, p. 51)、実際アンガーは「排除原理」、すなわち二つの対象は同時に一つの空間を占めることができないという原理などを批判的検討の核心に据えている(Unger 1980, pp. 446-451)。この原理はライプニッツがしばしば言及する「不可透入性」(impénétrabilité)と同じであり(Leibniz 1966, pp. 102 et al.)、純粋にオントロジカルな原理である。さらに、「多数問題」に対する解決案として、ギーチが提起する「非絶対的同一性」や(Geach 1980, p. 216)、ルイスのいう「部分的同一性」(partial identity)すなわち「多数〔の猫〕はほとんど一つ〔の同じ猫〕である」という捉え方も(Lewis 1993, pp. 177-179)、検証を超えた存在論的主張であり、明らかにメタフィジカルな解決案であろう。この点、曖昧な対象についての議論が、言語的曖昧性の問題圏が依拠するセマンティックな次元をとりあえず超え出たものであることが確認される。

私見では、しかし、この「多数問題」は、範囲を限った「ソライティーズ」の一つのヴァージョンとして構成し直すことができるだろう。一〇〇一匹猫のルイスの改訂版に沿って言えば、抜け落ちようとしている毛のすべてを除いた猫(c_0と表せよう)が「チブルズそのもの」だと認められたならば(たとえ毛を剃られて寒そうにしていても、それはむしろ猫の本体であろう)、それにh_1を加えた状態c_1も、ほとんど違いはないので、やはり「チブルズそのもの」と認められる。累加的に毛を一本ずつ加えていきつつ同様な推論を c_{1000} まで連鎖的に続けると、それぞれの段階を一つ一つと勘定するならば、やはり一〇〇一匹の猫そのものが現れることになるのである。逆に、抜け落ちようとしてる毛のすべてを持つ状態を「チブルズに外物が付着したもの」(つまり「チブルズそのものではないもの」)と見なしたならば、そこから c_{1000} だけを除いたものもほとんど違いはないので、やはり「チブルズに外物が付着したもの」と認められ、今度は累減的に毛を一本ずつ除いてゆきながら同様な推論が連鎖的に続いて、c_0 も「チブルズに外物が付着したもの」ということになり、一〇〇一の猫そのものでない状態が現れることになる。かくして「ソライティーズ」型の「矛盾」がここに発生するのである。

14　エバンズの議論

とはいえ、曖昧な対象についての「多数問題」の射程がすべて「ソライティーズ・パラドックス」に還元されてしまい、問題性という点でも言語的曖昧性と同化してしまうとは直ちには言えない。以上の議論の流れから明らかなように、「多数問題」は結果的に対象・現象の「同一性」という問題系を曖昧性をめぐる論争にもたらしたのであり、それは「ソライティーズ・パラドックス」についての意味論的論争とはさしあたり異なる系統の問題提起であった。そして、まさしくこうした「同一性」を自覚的に主題化することによって、曖昧な対象の問題に固有な第二のパズルが現れるのである。それは、三四歳で夭折したオックスフォードの哲学者ギャレス・エバンズが雑誌 *Analysis* に発表したわずか一頁だけの論文「曖昧な対象は存在しうるか」に端を発し、その後、日本の研究者たちはほとんど関与せずにここまできてしまったが(日本で話題になる英語圏の哲学には奇妙な偏重がある)、一九八〇年代と九〇年代に莫大な量の論争を呼び起こしたいわくつきの問題である。エバンズの議論は次のようである。

まず、世界そのものが曖昧性という性質を本来的に持ちうること、そして、同一性言明にはそうした世界の曖昧性のゆえに確定的な真理値である「真」や「偽」を持たない言明があること、この二つの論点が仮定的に導入される。そして、それら二つの論点を組み合わせると、世界のなかには同一性が不確定な諸対象が存在するという考え方が導かれるが、それは果たして整合的な考え方なのだろうか、と問題が立てられる。具体例としては、一〇〇一匹猫のルイス改訂版の c と c_1 との同一性関係を念頭に置けばよいだろう。これは毛一本の違いであり、同一かどうかは不確定的だからである。さてそこで、aとbを特定の対象を表す単称辞と置き、「a=b」という同一性言明が不確定な真理値を持つとする。つまり、aやbという対象の曖昧性のゆえに、「a=b」は確定した真理値である「真」や「偽」を持たないとする。さらに、真理値が不確定ということを示す文演算子として「▽」が導入される。すると、仮定より、

(1)　$\triangledown(a = b)$

が言える。次に、xがaと同一かどうか不確定であるという性質を $\hat{x}[\triangledown(x = a)]$ と表記し、その上で、(1)が表しているbについての事実、すなわち、bがaと同一かどうか不確定であるという性質を持っていることを、

(2)　$\hat{x}[\triangledown(x = a)]b$

と表記する。しかるに、事柄の本性として、aは自分自身と確定的に同一であって不確定的に同一なのではないはずだから、

(3)　$\sim\triangledown(a=a)$

が成り立っている。ということは、aはa自身と同一かどうか不確定であるという性質を持っていないわけだから、

(4)　$\sim\hat{x}[\triangledown(x=a)]a$

が導かれる。しかしここで、いわゆるライプニッツの法則、すなわち「同一者不可識別の原理」(同一のものは性質が同じで識別できないとする原理*)に従うならば、(2)と(4)により、

(5)　$\sim(a=b)$

が出てくる。ということはつまり、「a=b」という同一性言明は成立しない、つまり「偽」であるということであって、それは、「a=b」は不確定的な真理値を持つとした前提に反することになる。エバンズはさらに、様相論理のいわゆるS5の体系、すなわち可能的に真であるものは可能的に真であることが必然であることを認める体系に言及する(See Hughes & Cresswell 1968, pp. 49-50)。そして、それを受け入れるならば、(5)は「∼(a=b)」ということが私たちのいるこの可能世界で成り立っているということを意味する以上、そうしたことが必然的に成り立っていることが導かれる。すなわち、エバンズは、不確定性(可能性に対応)の記号「▽」に対して確定性(必然性に対応)を「△」と表すとした上で、

(5′)　$\triangle\sim(a=b)$

をさえ導出するのである。これは、もし「▽」／「△」が「可能」／「必然」と同様に双対的であるならば、「〜▽(a=b)」と同値である。かくして、前提(1)は明白なる矛盾に至る(Evans 1978, p. 208)。ということは、背理法的に言って、対象についての曖昧な同一性という事態はありえないということになるわけである。そしておそらく、対象というものが同一性によって規定されるものである限り、このエバンズの議論は、曖昧な対象などというものはありえない、というラディカルな主張にもつながっていくはずであろう。

＊　ここで言う「ライプニッツの法則」つまり「同一者不可識別の原理」は厳密に言えばライプニッツ自身の主張したものではない。ライプニッツ自身は、「性質が同じで識別できないものは同一である」とする「不可識別者同一の原理」を主張していたのであって、その逆の「同一者不可識別の原理」は提起していない。石黒(1984) pp. 27-28 参照。

15　ポスト・エバンズ

なんという衝撃的な議論だろうか。すでに触れたように、この議論が提出された直後から多様な観点からの反論や問題点の指摘が熱病にかかったかのように行われた。一九七六年にデイヴィッド・ルイスによって発表された、条件文を条件つき確率によって理解しようとする考え方に対して致命的な欠陥となりうる「トリヴィアリティ結果」についての論文(Lewis 1976)と並んで、エバンズのこのたった一頁の論文は八〇年代以降の分析哲学を強力に牽引していったと言って間違いないだろう。

ポスト・エバンズの議論を総括するのは難しい。じっさい、それは依然として進行中でもある。ただ、いくつかの明確に浮かび上がってきたポイントは指摘できる。まず最初に確認できるのは、エバンズの議論の結論それ自体が端的に間違っている、というシンプルな反応が多くなされたということである。ルイスは、先に言及した「プリンストン」と「プリンストン・ボロ」との不確定な同一性を例に出してエバンズの結論を排除しようとしているし(Lewis 1988, p. 318)、「多数問題」で挙げられていた諸例も実際の証拠となるだろう。あるいは、ジョナサン・ロウが言及している量子論における事例も分かりやすい。ロウが記すように、イオン化された箱のなかである自由電子aがある原子に吸収されてマイナス・イオンを形成し、その後、その原子が電子bを放出することでニュートラルな状態に戻るとする。しかるに、量子論の枠内では、aはbと同一かどうかについて確定する客観的事実は存在しえない。そしてこれは、量子論が扱っている対象の性質上、単なる言語的な不確定性ではなく、存在的な不確定性なのである(Lowe 1994, p. 110)。ロウが言うには、確かに量子論の将来の展開によってこうした不確定的な同一性が解消され、確定的な同一性判断が可能になるかもしれないが、エバンズの議論が現在受け入れられている量子論の整合性を反駁することはできない、という点が成り立ちさえすれば、エバンズへの反論として十分なのである(Lowe 1994, p. 112)。私自身も、曖昧な対象や現象が因果的な効果を持つリアリティとして実在しているという立場から議論を展開しようとしており、その意味でエバンズの結論は受け入れ難い。しかしいずれにせよ、もしエバンズの結論が間違っているとするなら、エバンズの議論のなにかが誤っているのでなければならない。それはなんだろうか。

もっとも、エバンズの議論は曖昧な不確定的同一性の問題を扱ったのであって、それと曖昧な対象の問題とは同じでない、という指摘もある。一〇〇一匹猫の例に沿って言うと、対象への帰属が曖昧な部分も含めて、境界を厳密に共有するときにのみ対象の同一性が成り立つと考えると、いま抜け落ちそうな一〇〇〇本の毛をすべて欠いている猫と、そうした毛を何本か持っている猫とでは、確定的に不同であるということになる。しかし、対象への帰属が曖昧な猫はここに存在している。つまり、曖昧な対象が存在していても、その同一性については曖昧でない場合がある、というのである(Keefe & Smith 1996, p. 51)。だとすれば、エバンズの議論を仮に受け入れたとしても、曖昧な対象の存在を容認することができる。けれども、境界の厳格な共有性を同一性の基準とするという方針が適切かという疑問は残るだろう。そうした捉え方は、「同じ」という日常的概念をはるかに逸脱しているようにも思えるからである。だとすれば、やはりエバンズの議論は曖昧な対象の問題に関わっていると捉えざるをえない。

　エバンズの議論のなにがおかしいのかについては、まことに多様な見方がある。主な論点を列挙してみよう。(i)この問題は「対象」の曖昧性ではなく、「指示」(reference, denotation)の曖昧性の問題ではないか、という点の検討が必要(E. g. Noonan 1982, Sainsbury 1984 et al.)、(ii)そもそもエバンズの示す「$\hat{x}[\triangledown(x=a)]$」は、同一かどうかを確定する事実は存在しないということであり、それは「性質」であるとは認められない、よってエバンズの議論のなかの(1)から(2)への推論、(3)から(4)への推論は誤りである(Lowe 1994, p. 112)、(iii)エバンズの議論のなかの(2)と(4)から(5)を導くときの推論原理は妥当ではない、せいぜい「$\sim\triangledown(a=b)$ and $\sim\triangledown\sim(a=b)$」しか導けないのではないか(Broome 1984)。(iv)「ライプニッツの法則」の適用が誤っている。エバンズは「ライプニッツの法則」の対偶を使用しているが、不確定性の演算子が導入されているときには対偶律は成立しない(Parsons and Woodruff 1995)。また、「ライプニッツの法則」は「確定的に真」に関してのみ定義されているのであって、不確定性が入り込む文脈には使用できない(Broome 1984)。(v)エバンズは様相論理のS5の体系を利用しているが、「▽」/「△」の対は様相論理の「可能」/「必然」の対と同じように双対ではないので、S5の利用は適切でない(Garrett 1991 et al.)。そのほかに、(vi)「外延性公理」を前提しない集合論のモデルを採用すれば、エバンズの議論を受け入れても、曖昧な対象の存在が認められる、とする矢田部と稲岡の提示したややテクニカルな提案もある(Yatabe and Inaoka 2006)。

16 「真理値グラット」再び

以上のような対応以前に、エバンズの議論に対して抱く素朴な疑問の一つは、そもそも果たして(1)と(5)は矛盾しているのか、というものであろう。S5を利用して導出した(5′)は別として、(1)と(5)だけを並べてみるならば、(1)は要するに「a＝b は確定的な真理値を持たない」と読めるので、それは「a＝b は真とは言えない」ということを含意していると思われる。しかるに、その含意はまさしく(5)そのものではないか(Keefe & Smith 1996, p. 54)。だとしたら、(5)はむしろ(1)からの自然な帰結であって、両者に矛盾はないと見えるのである。こうした反応を促す背景には「不確定性」というものを「真でも偽でもない」という「真理値ギャップ」(truth-value gap)として捉えるという考え方が潜在している。多くの論者も、エバンズの議論を「真理値ギャップ」の文脈で多値論理的な観点から分析している

(Broome 1984 et al.)。こうした傾向は、言語的曖昧性の問題そして「ソライティーズ・パラドックス」に対する対処としてかなり有力だと思われる「重評価論」が「真理値ギャップ」の立場に立っている、という事情にも呼応していると思われる。

もっとも、「真理値ギャップ」の立場を採った場合、(1)から「a=b は真とは言えない」を導くことは確かにできても、「a=b は偽とは言えない」も導かれてしまう。しかるに、「否定」をどう扱うかにもよるが、(5)は「a=b は偽である」を意味すると思われる。だとすると、(1)と(5)はやはり整合しないのではないか。そうも思える。けれども実は、エバンズの議論の(1)と(5)とが矛盾していないように感じられるという直観を導く捉え方としては、別の道筋もありえる。すなわち、(1)を「a=b は真でもあるし偽でもある」とする捉え方である。すでに何度も言及したように、こうした「真でもあるし偽でもある」という真理値のあり方は、「真理値ギャップ」に対して「真理値グラット」(truth-value glut, 真理値過多)と呼ばれる。もし「真理値グラット」の立場を採用するならば、(1)と(5)とは矛盾せずスムーズに整合する。なぜなら、その立場では、(1)が「a=b は真でもあるし偽でもある」である以上、そこから(5)「a=b は偽である」は自然に導出されるからである。かくして、「真理値グラット」の立場が、エバンズの呪縛から脱却する有力な突破口になりうることが見込まれる。

私は、本章前半で述べたことからも示されているように、エバンズの議論の解消策としてだけでなく、曖昧性の問題一般に関しても、「真理値グラット」の考え方はとても有望だと思うし、曖昧性にまつわる私たちの理解の実相にも適っていると考える。一〇〇一匹猫の抜けかかった毛の例に沿って述べるならば、そうした毛は、抜けかかってはいてもまだかろうじて猫の本体に付着しているのだから、「猫の一部である」と私たちは一方で認めることができるが、同時に、それはもはや抜けかかっていて本体とは機能的に結合していないのだから「猫の一部ではない」とも認められる。どちらの捉え方も受け入れられるのである。同様なことは「暑い」についても言える。「摂氏二一度」は歩くと汗ばむ気温なので「暑い」と言えるし、同時に、じっと寝ていれば毛布が必要な気温でもあるので「暑くない」とも言える。どちらも正しいのである。確かにどちらかにせよ、と問われれば迷うだろうが、それはどちらにも決められないという迷いではなく、どちらか一つだけには決められないという迷いなのである。

実際、こうした「真理値グラット」の捉え方は、曖昧な事態の実在性という、私が本章11節冒頭で確認した論点とも符合する。そこで確認したように、現象や対象の輪郭のぼやけという事態は私たちにリアルな因果的影響を及ぼす。しかるに、「真理値ギャップ」の捉え方は「真でもないし偽でもない」というようにネガティヴなもので、実在として因果的効力を持つようなポジティヴな事態とは結びつかない。これに対して「真理値グラット」の立場ならば、「真でもあるし偽でもある」という肯定的な理解仕方なので、実在的な因果的効力を説明しうることが見込まれる。

このように論を展開してくると、先に触れた「多数問題」に対しても一つの解決が生まれてくる。アンガーの最初の定式化にあったように、「多数問題」は正確には「多数か無かの問題」と呼ぶべきディレンマのパズルなのであった。けれども、「真理値グラット」の立場を採るならば、これはディレンマではないことが導かれる。すなわち、「雲」であれ「猫」であれ、輪郭のぼやけという点で、それらはまさしくいろいろ多数の互いに異なるあり方を同時に持ち合わせている対象なのであって、そうした肯定的な意味で、もともとから「多数」なのである。雪をかぶった富士山も、雪のない富士山も、山肌の一部がえぐられた富士山も、すべて互いに異なり、違った色合いをもたらしながらも、同じ富士山なのである。だとすると、一つの観点から富士山の輪郭を規定すると、その特定の状態こそが富士山となるが、その同じ状態が別の観点からすると富士山ではないとも言える。富士山に対して独自の観念を抱き(これこそが本当の富士山だ)、それを追求する画家や写真家たちを思い起こしてみよ。「真理値グラット」に対応する事態がここに現れていることが分かるだろう。同様なことは森羅万象に当てはまるのではないか。一人の「人格」が多様な側面を持ち、その都度異なる性格とパーソナリティを示しながらも、同じ人である、などといったことはごく自然なことだろう。「多数問題」は、おそらくこうした迂回した仕方で「真理値グラット」の考え方を志向していたのであり、そこに「多数問題」の意義があったのではなかろうか。

17　存在論的な矛盾

もっとも、単に「真理値グラット」の立場を宣言すれば万事片がつくというわけにはもちろんいかない。いくつかの本質的な困難が直ちに突きつけられてしまう。そもそも「真理値グラット」とは「真でもあり偽でもある」という事態を認めるということであり、それはすなわち「矛盾」を認めるということにほかならない。しかるに、この「矛盾」に関して、相異なる二つの方向から重大な疑問が生じる。第一に、私の挙げた「真理値グラット」の例は、単に異なる観点や時点から捉えたときに相反する真理値を持つということであって、それはまるで、いま空腹でありかつ三〇分後に(その間に食事をしたので)空腹でない、ということを「矛盾」だと言い立てているようなものではないか、という疑問が出るだろう。

これはまことにもっともな疑問である。この問題は、ひとえに「そもそも矛盾とは何か」ということにかかっている。「pでありかつ同時にpでない」が矛盾だ、と一行で答えれば済みそうにも思えるが、そんなに簡単にはいかない。なぜならば、「pでありかつ同時にpでない」というのは不可能な事態のことであって、それゆえ言表も表象も理解も不可能なはずだと思われるからである。理解も言表も不能なものを、一行で説明し終えた、などとうそぶくことはできないのではないか。私が思うに、哲学的なパズルのなかで「矛盾」が言挙げされるときには、真に不可能な厳密な意味での「矛盾」ではなく、なんらかの不整合性をもたらすように見える対立や衝突が問題になっているのではないか。実際、そうでなければ「言挙げ」できないはずだからである。

今日、曖昧性の問題も一つの引き金となっていると思われるが、「矛盾」について再び哲学者たちが関心を向け始め、多くの成果が出始めている。そうしたなか、パトリック・グリムは「矛盾とはなにか」と題する論文のなかで、従来「矛盾」は構文論的に「一つの文とその否定との連言」として、あるいは意味論的に「真であり同時に偽である」として理解されてきたと思われているが、一つの「状態」(a state of affairs)が両立不可能な性質を持つことという「存在論的」な「矛盾」もあり、それはアリストテレスの『形而上学』での「矛盾」の規定に対応する、と論じている(Grim 2004, p. 53)。こうした「状態」が世界に存立している実在的事実ならば、ここでの「矛盾」した性質は文字通りには両立不能のはずがない。真に両立不能ならば、事実として存立しているはずがないからである。よって、存在論的「矛盾」とは、ある種の衝突や対立であると考えられる。私は、こうした意味での「矛盾」が、曖昧な対象について「真理値グラット」の考え方を導入したときに発生している「矛盾」なのだと捉えたい。本章11節で導入した「矛盾」の実在性という捉え方は、こうした「矛盾」の位置づけに対応している。同じことは、言語的な「ソライティーズ」において発生する「矛盾」にも当てはまる。すでに論じたように、私は言語的な「ソライティーズ」の推論を、推論主体のあり方として捉え直すという道筋、すなわち、「ソライティーズの因果説」と「細評価論」とのハイブリッドであるところの「確率評価論」に訴える立場を考えており、そしてそこで析出される事態はある種の実在的事実だと捉え返すことができ、よってこの点で実は曖昧な対象の問題と同化しうるからである。実際、言語的な「ソライティーズ」の「矛盾」とは、改めて振り返るならば、異なる観点から導かれる判断の対立であって、文字通りの不可能性ではなかったことに気づくだろう。

けれども、たとえこのような仕方で「矛盾」を意義づけたとしても、それを言語表現として扱うときには「p & ~p」と表記せねばならず、だとすると、論理的にとんでもない帰結が生じるのではないか、というさらに重大な第二の疑問が出てくるのは必定だろう。なぜなら、本章1節で触れたように、いったん「p & ~p」という恒偽式を前提として認めると、それを前件にした条件文もすべて真なるものとなり(前件が偽の条件文は真となる)、よって「前件肯定式」(modus ponens)により、いかなる命題も真なるものとして正当に帰結されてしまうことになるからである。すでに触れたことだが、こうした「矛盾」の性質はグレアム・プリーストにより「爆発性」(explosion)と呼ばれている(Priest

2004, pp. 24 et al.)。プリーストは、この問題について「矛盾許容論理」(paraconsistent logic)を展開し、「矛盾」を認めても爆発しない論理の体系化を試みたわけである。それと並んで、一つの文が真と偽という二つの真理値を持つことを認める立場は「双真理説」(dialetheism)と呼ばれ、「矛盾許容論理」と並行的に検討されている。「双真理説」はあきらかに「真理値グラット」の考え方の一つである。

また、これもすでに本章5節以降で詳しく論じたことだが、まさしく言語的曖昧性や「ソライティーズ」への対処法として「真理値グラット」の立場を応用する、という道筋の検討もすでに行われている。それは「細評価論」(subvaluationism)にほかならず、ドミニック・ハイドにより本格的に論じられたのであった(Hyde 1997)。すでに触れた「重評価論」によれば、曖昧な述語の境界線事例について人為的にどこかに境界線を引く作業は「精確化」と呼ばれ、「重評価論」ではすべての「精確化」において真なものを本当に真と認めるのだが、「細評価論」は、細分されたどれかの「精確化」において真なものをそのまま真と認める立場であり、よって、同じ文が別の「精確化」においては偽となることも容認される。まさしく「真理値グラット」の立場に立つのである。

こうした文脈を背景にしつつも、言語的なあるいは意味論的な曖昧性、そしてそこから発生する「ソライティーズ・パラドックス」を、判断主体の傾向性と捉え返して、その確率を問題にして矛盾の実在を許容することにより、存在論的な曖昧性と連続させること、それが私の「確率評価論」の道筋であった。そして、こうした「真理値グラット」に訴える道筋が、反対方向からも、すなわち、エバンズの議論から露わとなった存在論的な曖昧性の問題からも導かれてきたのである。すなわち、12節で触れた論点を改めて確証することにもなるが、存在論的な曖昧性、とりわけエバンズによって提起された対象の同一性に関わる曖昧性の問題は、さしあたり言語的な曖昧性、そしてそこから発生する「ソライティーズ・パラドックス」とは一見別種のパズルに見えたのだが、「真理値グラット」の立場を採用し、そこで露わとなる矛盾性を実在的事実と捉えることによって、二種の曖昧性は連続するものとして理解されるに至ったことになる。というより、そのように理解することを、ここで私が提案しているのである。いずれにせよ、私の議論では、矛盾が実在するという論点が、言語的であれ存在論的であれ、曖昧性という問題の核心をなしていることになる。しかし、このことを指摘することで、果たしてどういう含意が見込まれるのか、どういう展望がもたらされるのか。最後にその点を簡単に確認して、次章につなげたい。

18　確率と自由度

私の考えている展開可能性をラフにスケッチするならば、こうである。曖昧な対象をめぐって生じる「多数問題」やエバンズの議論などのパズルは、そして実は言語的な「ソライティーズ・パラドックス」についても、それを推論したり判断したりする主体のあり方としての「傾向性」というポパー的確率(を人間の物理的状態に適用した確率)の問題として捉え返すことができ、そしてそうした確率概念の導入こそが「真理値グラット」の立場に整合するのであり、そのように捉えることによって曖昧な道徳的概念を用いた判断や推論などに「程度」が導入されて新しい眺望が開けるだろう、と。曖昧性のパズルを推論主体の「傾向性」に集約させるというアイディアはすでに論じた(一ノ瀬 2006 も参照)。しかし、確率の導入が「真理値ギャップ」ではなく「真理値グラット」に整合するとなぜ言えるのか。この点、いままで明確ではなかったかもしれないので、改めて確認しておこう。たとえば、「この毛は猫の一部である」と解する傾向性としての確率〇・四というとき、そうした状態とは、それを〇・四の傾きで肯定しているということだし、同時に〇・六の傾きで否定しているということでもある。つまり、確率とは、判断内容について肯定と否定の両方が現に実際に発生しているという状態、すなわちある種の実在的な矛盾を許容する文法なのであり、そういう意味で「真理値グラット」と整合的なのである。また、「排中律」(p∨~p)に対する態度を考えると、確率概念そして一般的な「真理値グラット」の立場に関してはそれは恒真と認められるが、「真理値ギャップ」つまり多値論理的な立場ではそうは認められない。その点でも、確率の文法は「真理値ギャップ」ではなく、「真理値グラット」に整合するのである。しかも、単に「真理値グラット」と整合的というだけでなく、「程度」も考慮でき、よりきめの細かい分析のツールとなりうる(一ノ瀬 2007, pp. 15-20 を参照)。

以上のような着想に従うと、いろいろと興味深い帰結が生まれる。私が考えている適用例は、「自由」というメタフィジックスの核心的主題への適用である。この点、次章で主題的に論じるが、少し先取りして言えば、「自由」概念の中心的な意義は、自発性の自由であれ拘束からの自由であれ、「他のものに強制や束縛をされていない状態」ということだと思われる。しかし、これは曖昧な状態である。よって、ある人aが自由な状態にあるかどうかは、そうであるともそうでないとも確定できない事例を許す。他人に誘導されて行ったのかどうかが明確でないような行為の場合などである。このとき、aの自由な状態についての問いを、これについて判断する人bのあり方、すなわち「aは自由な状態にある」という主張に対して肯定するbの「傾向性」へと集約させる、というのが私のアイディアの応用となる。こうしたアイディアは、「自由」かどうかは実は当人には分かりにくい、という点にも基づいている。自分で「自由に」振る舞ったと思っていても、客観的には、誰かの誘導の元にあることなど多々あるからである。

こうした場合、bの「傾向性」を推定する手がかりとしては、おそらく、(i) aの生理的物質の多寡あるいは脳の状態などのデータとか、(ii) aのある振舞いに対して「なぜそうしたのか」と問うたとき、aが、自分に発する一次的な理由を述べるまでに要する時間といった事象が考えられ、それらは統計的な仕方で測定可能である。(ii) はつまり、即座に一次的な理由を述べられるならば、訳が分からず衝動的に行ってしまったという場合や一般的価値観に誘導された場合などと比べて、他に統制されている度合いは少ないはずだという考え方である。そして、そうしたデータや事象にのっとってbが判断する「傾向性」が、b自身が特殊な条件にあるならばそれを勘案しつつ、しかしそうでなければbを統計を素直に反映する平均的主体と見なして、算定されるのである。* この「傾向性」は確率であり、その意味で「真理値グラット」に対応しながら、度合いを有する。かくして、こうしたアイディアに従うと、ある人の「自由」という状態には度合いがあることになる。すなわち、「自由度」(degree of liberty, degrees of freedom) である。「自由度」というのは、日常的にはなんの違和感もない概念だが、哲学の自由論ではなかなか主題化がされにくかった。こうした「自由の程度説」(the degree theory of freedom) と呼ぶべき考え方、それがここでは明確なトピックとなって姿を現してくるのである。

さて、では、章題「曖昧性は矛盾を導くか」に対して、どのように答えられることになっただろうか。こう答えられよう。曖昧性は確かに矛盾を導く、しかしその矛盾は確率の文法によって対処可能なリアルに発生している因果的効力を有する矛盾である、と。ともあれ、こうして、言語的な曖昧性から発した私の議論は、「ソライティーズ・パラドックス」、そして存在論的な曖昧性へと論が展開し、エバンズの議論の検討を経由して、「真理値グラット」の考え方へと収斂し、それを具現化する「傾向性」としての確率概念の適用を示唆するに至り、しかもその応用例として「自由」および「自由度」の問題を射程に収めることにひとまずたどりついたのである。これを承けて、次の最終章ではその「自由」の問題を主題的に取り上げ、確率と曖昧性をめぐる本書の議論の行方を見定めていこう。

＊「自由」を確率概念を適用して理解するという道筋は、もう一つの可能性として、自由を「もし……する気になれば、……できる」という「性向」(disposition) を示す条件文として捉えることによっても提起されうるだろう。この場合、それ自体が「傾向性」としての確率の表現と読めるし、さらにはこの条件文を理解する側のありようを「傾向性」として押さえることもできるかもしれない。ただし、条件文と確率との関わりについては、本論中でも触れた、ルイスの「トリヴィアリティ結果」という重大な議論があり、条件文の理解に確率を持ち込むことには相当に慎重な考察が求められる。一ノ瀬 (2006) pp. 153-159 などを参照。さらに言えば、いささか第5章の議論の先取りとなるが、責任の概念と関わりがある「自由」と、さしあたり関わりがない「自由」とでは、扱い方もおのずと異なりゆくと思われる。いま述べた、「性向」や「傾向性」に基づく「自由度」は、責任概念にさしあたり関わりのない「自由」について当てはまる概念である。責任概念に関わる「自由」については、規範的な要素と事実的要素が錯綜して入り込むので、一筋縄ではいかない。次章で論じる。

第5章　自由は生命現象か——時制差と自由度の導入

1　自由をめぐる錯綜

「自由」(freedom, liberty)ほど、議論をしていくうちに一層の混沌のなかに陥っていく哲学の問題はそうはない。そもそも、哲学者たちが自由を論じるとき、果たして同じ「自由」という問題を扱っているのかどうかさえ、定かではない。もしかしたら、各人が異なる問題を論じていて、それゆえに壮大なすれ違いが起こっているのではないか、とさえ感じられる。たとえば、自由と必然が両立するか、といった一連の伝統的な問題圏が一方であるかと思えば、「多数者の専制」を免れるという意味での「自由」(J・S・ミルの『自由論』を想起せよ)が主題化されることもある。これら二つははっきりと異なる問題である。また、「手を上げる」といった、日常的な行為一般のレベルで自由意志が問題とされることがあるかと思えば、既遂の犯罪や加害行為に対する「責任」(responsibility)と連動する形で自由意志が問われることがあったり、「自由に選んでください」というときのように、これから生じる事柄について語られたりもする。あるいは、自由は、「意志」ではなく、「自己」、「行為」、「人格」や「行為者」、などに帰属される性質として言挙げされることもある(Pettit 2001, p. 4)。のみならず、「自由」という概念は、「自由電子」(free electron, ポテンシャルがゼロの電子)とか「自由論理」(free logic, 存在者を想定しない論理の意)などのように、かなり広範な領域に拡張的にも用いられる。そして、拡張的な用法はとりあえず別にするとしても、それぞれの文脈のなかに内在してさえ、多様な見地が提起され、そのことで、果たしてそもそも「自由」ということでなにが論じられるべきなのか、という肝心の点がぼやけていってしまうのである。「自由」はおそろしく多義的なのである。

こうした「自由」の多義性は、「自由」を論じる領域の両義性をもたらしている。一方で、「自由」は伝統的に形而上学の主題の一つとして、道徳哲学あるいは法哲学の観点から責任概念との連関のもとで論じられてきたのであり、そこには自然科学的な見地から正当化を導くという発想はない。しかし他方で、特に今日では、後ほど触れるが、「自由」あるいは「自由意志」は、脳科学、生理学、進化理論といった生命科学にまさしく依存した形で研究されてもいるのである。ここには確かに注目すべき両義性がある。

もちろん、「自由」とは、前章末でも述べたが、もっとも大まかにいって「束縛されていない」ということだ、というように要約することはできる。そして、そうした要約は、「束縛」という概念が因果性を暗示する点からして、自由の概念と因果性の問題との深いつながりを示唆するという意味で、大いに意義はある。さらに言えば、「自由」は、定義的に、記述的な意義だけでは尽くせない、規範的含意を有しているとも要約することができるだろう。もしあなたが「何でも好きなもの(食べ物、旅行先、投票対象など)を自由に選んでください」と言われた場合のことを考えてほしい。もしここでの自由が本当に成り立っているのならば、それはほぼ必然的に、あなた以外の他の人々はあなたの選択を受け入れるべきである、という義務を負っているのでなければならないはずであろう。つまり、「自由」は、他の人々がそれを容認するべきだという「規範性」と意味的に連動しているのである。実際、そうした義務や規範性がなければ、そもそも「自由」とは言えないだろう(好きなものを選ぼうとしたら阻止される場合を思い描いてほしい)。これは、いわゆる「権利と義務の相関性」という議論と対応している論点である。*「自由」は権利概念の一つにほかならないと考えることができるからである。いずれにせよ、この点から言って、実は、「自由」や「自由意志」を自然科学的にのみ解明するという道筋は、最初から的外れすれすれの線をいくことになると考えられる。これは、「べきである」(ought to)を「である」(is)から定義できないとする、ムーア以来の「自然主義的誤謬」(naturalistic fallacy)の議論とも絡んで、自由論においてつねに注意を払うべきポイントである。

＊　長谷川(1991)、p. 32を参照。もっとも、長谷川自身は、権利と義務は、互いに結びついてはいるけれども、同一の概念ではなく、それぞれ独立であると論じている。

しかし、そのように「自由」についての大まかな特性を要約できるといっても、直ちに問題解決とはいかない。まず、どういう意味で「束縛されていない」のか、やはりはっきりしない。あらゆる意味において「束縛されていない」、無差別に広がっている、ということは、確かにそれに対応する「無差別の自由」というものが自由概念の一つの意義として形而上学的に語られることはあるにしても、少なくとも人間に関しては事実的にも理論的にもありえない。私たちは、時間・空間の形式には束縛されているし、自然法則にも束縛されているし、生物としての身体性にも束縛されているからである。では、「束縛されていない」とはどういう意味か。政治的な拘束から「束縛されていない」ということか。確かに、それも「自由」だろう。けれども、それだけに尽きるわけでもない。合理的に制御できない衝動に「束縛されていない」というのも、「自由」の意義として妥当だと思われる。ほかにも多々ある。なので、「束縛されていない」というように「自由」を総括的に捉え返すことは、確かに解明に向けて一歩踏み出すことにはなるとしても、それによってすべてが解決されることにはならない。むしろ、謎の深みがかえって明るみにもたらされるだけかもしれないのである。同様に、「自由」の規範性についてもはっきりしない点が残る。「手を上げる自由」といった自由に果たしてどのように規範性が関わっているのか。義務や規範とは関わりない、事実のレベルでの「自由」も有意味に語れるのではないか。

かつてヒュームは、自由の問題についてこう言っていた、「論争がこれほど長いあいだ闘わされ、そしてなお未解決であるという状況を見るだけでも、表現になにか多義性があり、論者たちは論争で使われている語句にそれぞれ異なった観念を付与しているのではないかと、そう推定できよう」(Hume 1999, p. 148)、と。事態は、実は、二一世紀の今日でもそう変わらない。自由をめぐる論争は錯綜をきわめている。けれども、そのことをもって、哲学は後退あるいは停滞してる、と悲観する必要はない。よくよく考えてみれば、実のところ、哲学の核心を形成する問題や概念は、おしなべてほぼ同様な事情のもとにあるのである。なかなか論争が終結しないところで、少しずつ新しい見方を提起しつつ、それをめぐって論争を重ね、そのことで理解の深化、あるいは新たなパースペクティヴの創造を果たしてゆく。むしろ、そうしたダイナミックな揺れ動きが、哲学のアクティヴィティの本性なのではないか。いずれにせよ、不確実性のリアリズムを主題とする本書にとって、まさしく「自由」はその本丸に位置する主題であると言えるだろう。

2 p-自由とf-自由

このような混沌とした状況のなかで、自由について論じるとき要求されるのは、この広大で錯綜した困難な問題領域に足を踏み入れるときに、論者が、いかなる海図、いかなる羅針盤に従って、議論を提示していくかという、大枠の戦略を最初に明確にしておくことである。そうでなければ、ただただ混沌のなかへと埋没していってしまうだけである。私自身は、この点について、最初に次の二つの方針をもって臨むことを明言しておきたい。

第一は、「自由」について論じるとき、過去時制における「自由」、つまり「あのとき彼は自由に選択した」といった記述にまつわる問題圏と、現在時制そして未来時制における「自由」、つまり「私はどこに行こうと自由である」、「彼女は自由に投票できるだろう」といった記述にまつわる問題圏とを区別する、要するに、自由という現象に対して時制差による二種を区別する、という方針である。それぞれの観点は「過去視線的」(past-oriented, backward-looking, hindsightful)、「未来視線的」(future-oriented, forward-looking, foresightful)と呼ぶことができるだろう(一ノ瀬 2005を参照)。別な言い方をするならば、「回顧的な」(retrospective)自由と「展望的な」(prospective)自由という対比として表現してもよいだろう。* あるいは、後述する議論を見越して言えば、それぞれの意義からして、

「責任連関型自由」(responsibility-related freedom)と「権利連関型自由」(right-related freedom)というような呼び方もできる。つまり、上の表のように二つの自由を区別したいのである。

ただし、多くの呼び方が出てくると混乱してしまうので、そして欧語での表記可能性をも考慮して、以下、過去視線的自由を「p-自由」、「未来視線的自由」を「f-自由」と呼ぶことにしたい。いずれにせよ、こうした時制差による二区分を設けることの根拠の一つは、p-自由は「責任」の概念あるいは少なくとも行為帰属の働きと本質的に結びついていて、そこには事実問題と規範との両方が要素として絡み合っているのに対して、f-自由は、「責任」概念との結合はなく、しかも、「自由にできる」といっても本当に事実問題としてそのf-自由が成り立っているかどうかは不可知でしかないので、基本的に規範の問題、そしてそうした規範を実行する能力の問題として現出するという対比、これが認められるという点にある。徐々に説明を重ねていこう。

過去視線的・回顧的・責任連関型の自由 ⟶「p-自由」
未来視線的・展望的・権利連関型の自由 ⟶「f-自由」

＊　「回顧的」と「展望的」というコントラストは、平野龍一および堀内捷三の議論による。両論者とも刑法学者だが、両者の議論は哲学的な観点からしても大変に示唆的であり、大いに参考になった。ただし、平野も堀内もこの対比を「自由」に直接関わらせているのではなく、「責任非難」の二つのありようとして提示しており、そうしたコントラストは応報刑論と抑止刑論の二つに対応するとしている(平野 1966, p. 29 および堀内 1988, p. 187)。また、平野も堀内も、と

くに対応する英語を示してはいない。「retrospective」「prospective」という英語は私が対応づけたものである。さらに、平野や堀内と違って、私自身は、後に触れるが、自由に関するこの区別が、そのまま責任にも妥当するとは考えていない。

まことに興味深いことだが、p‐自由とf‐自由の両方ともが反自由となってしまいかねないようなパラドクシカルな特性を持つことを指摘することから、議論を進めていこう。まず、p‐自由についてだが、p‐自由は定義的に過去の行為や出来事に関わっているがゆえに、当然ながら、事実として現在時点においてはp‐自由が帰属される事柄を操作することができない。しかし、そうだとしたら、もはやそうした事柄を自由にアレンジできないのだから、それは自由とは言えないのではないだろうか。果たして、確定して固定されたものに対して「自由」という概念を帰属できるのだろうか。このような疑問が湧いてくるだろう。また、f‐自由について言えば、前段で述べたように、事実問題としてそれが真に成り立っているかどうかは、これまた定義的に検証不能である。f‐自由が帰属される行為や出来事はいまだ生じていないからである。よって、f‐自由はある意味で自由ではないと言わなければならないように思われる。というのも、f‐自由が成立していると完全に述べることはつねに不可能だからである。しかし、少なくとも時制という観点から眺めた場合、この二つの自由以外の自由はありえない。これはどう理解したらよいだろうか。「自由」なるものは、壮大な幻想でしかないのだろうか。

3　二つの条件文

この根源的な問いに対して、私はさしあたり二つのタイプの解答を提示したい。第一に、すでに触れたことから分かるように、自由の問題は、事実記述的な側面だけでなく、規範的な側面を導入することによって再構成すべき問題であると、したがって仮に事実として自由が成立していないという論点を認めたとしても、それだけでは自由は幻想であるということは導けないと、そう答えよう。実際、先に、自由は権利概念の一つであるという点に触れたが、権利というものが、水素原子や酸素原子のように自然界に存在するものでは全くなく、私たちの主張し訴えるという行為によって確立されてくる、社会的・政治的な様態であることを思い描くとき、*自由は事実として成立していないという指摘は、的を外した議論であることが分かる。そして、このことは逆に、記述的な観点にのみ基づく自由論というのは結局は失敗する運命にあることを、あるいは少なくとも不完全にとどまることを、強く示唆するだろう。

＊　たとえば、法学者の高柳信一はこう喝破している。「権利は要求を前提にしてはじめて権利として観念されるものである。これらをはなれて、自由や権利があるかないかを五感で感知しようとしても不可能であろう」（高柳 1973, p. 11）。

そして第二に、p‐自由とf‐自由のいずれに関しても、それらは、現実世界の事実事象にシンプルに対応するだけの条件なし文(unconditional sentence)ではなく、条件文(conditional sentence)の形式で定式化されなければならない、したがって、現実世界の事実に対応していないことが自由の不成立の根拠にはならないと、そう答えたい。この点は、そもそもどのような違いとしてp-自由とf-自由とを区別するのかということとも絡み、私の自由論の最重要論点の一つである。伝統的に言って、「別の仕方でも行為できたはず」(could have done otherwise)という「他行為可能性」という基準が自由や責任を確立する際に重要な役割を果たしてきた。そしてこれは、私の用語法で言えば、p-自由に関わる。もちろん、この他行為可能性基準に対しては、「フランクファート・ケース」と呼ばれる、他行為可能ではないけれども責任が語れる事例のゆえに、自由や責任の必要条件にならないのではないかという議論がよく知られている(see Frankfurt 1986, pp. 143-152)。しかし、少なくとも私たちの常識に照らすならば、他行為可能性基準は自由や責任の十分条件であるとはとりあえず言えるだろう。p-自由に関して、他行為可能性基準は、「それがゆえに責任があるのだ」という非難的な機制を担う概念装置としておおよそ働いていると思われるのである。では、この基準は厳密にはどのように理解されるべきなのだろうか。おそらくそれは、一種の「反事実的条件文」(counterfactual conditionals)として捉えられるべきなのではないだろうか。たとえばそれは、次のように定式化できるだろう。

(a)　もしその特定の行為時にその気になったならば、あなたは別の仕方でも行為できたはずだろう。

あるいは、こう定式化してもよいだろう。

(b)　もしその特定の行為時の状況にもう一度舞い戻ったならば、あなたは別の仕方でも行為できたはずだろう。

または、ダニエル・デネットの議論を援用して、可能世界の概念を用いて次のように定式化するのも説得的だろう。

(c)　もしこの現実世界にきわめて類似した可能世界にあなたがいたならば、あなたは別の仕方でも行為できたはずだろう(see Dennett 2003, p. 150ff)。

さて、では、f-自由についてはどうだろうか。f-自由もまた条件文として定式化できるだろうか。もちろん、それは容易にできる。たとえば、私がf-自由に外国に行けると想定してみよう。このf-自由は、次のような直説法条件文(indicative conditionals)として表現できるだろう。

(d)　もし私がある外国に行こうと思うならば、いつでもその国に行けるだろう。

ここから、f-自由が(規範性を別にすれば)いわゆる「性向」(disposition)と似たありようをしていることが窺われるかもしれない。いずれにせよ、こうして、p-自由もf-自由も、構造的に、条件文として成立している事態であることが了解される。そうであるならば、単に現実世界とシンプルに対応する事実としては自由が成り立っていないことが認められたとしても、そこから自由の不成立を導くのは誤りであると言えるだろう。

のみならず、こうした検討を通じて、p-自由とf-自由との区別の、もう一つの重要な根拠が露わとなってもくる。先に私は、p‐自由は責任帰属に関わるが、f‐自由はそうではない、という差異に言及したが、それだけでなく、二つの自由の区分は、「反事実的条件文」と「直説法条件文」との相違にも対応しているのである。この二つの条件文の違いは現代哲学のホットな話題の一つであって、それらの条件文はどういう点で異なるかについて多様な見解がある。たとえば、『条件文の論理』を著したアーネスト・アダムズは、条件文の後件が偽であることが判明した場合に、直説法条件文は真である確率が低くなるが、反事実的条件文の場合は真である確率はむしろ高くなる、というコントラストを指摘している(Adams 1975, pp. 104–105)。いずれにせよ、二つの条件文の相違が、現代哲学の文脈で、意味論的あるいはメタフィジカルな意味においてきわめて重大な区別であると捉えられている限り、その区分に対応的に現れるp‐自由とf‐自由の区別も、自由論のなかで無視されてはならないはずである。

ここで一点、f‐自由と他行為可能性基準との関係について注記しておく。他行為可能性が「他の仕方でも行為できたはず」と過去形で語られる限り、定義的に、f‐自由とは関わりえない。また、他行為可能性が、「いろいろな仕方で行為できる」というように現在形または未来形で語られる場合には、それはf‐自由の意義そのものにほかならない。しかるに、こうしたf‐自由も、それを一旦行使した後に振り返る、という状況も当然考えられる。その場合は、「他の仕方でも行為できたはず」という言い方もf‐自由に、いわば二次的に、当てはまる。厳密に言えばそれは、「他の仕方で行為してもよかったし、そうでなくてもよかった」というように表現されるべき事態であろう。そして、その場合には、他行為可能性は、責任帰属ではなく、「そういう状況だったのだから問題はないのだ」

という単に容認的な機制を担うだけなのである。「自由に海外旅行に行ってよい」というf-自由を想定してほしい。そういう状態のなかで、どこかの外国に旅行をしたならば、その人に対して「他の国に行くこともできた」という文をあてがうことはできるけれども、それはつまり「他の国にも行けたし、実際に行った国にも行けたという、そういう状況だったので、何の問題もない」ということを含意しているにすぎないだろう。いずれにせよ、自由と他行為可能性はしばしば連関させて論じられるけれども、自由に時制的な二義があるのに対応して、他行為可能性にも二義あるということ、それをここで確認しておきたい。

4　逸脱・責任そして権利

もう少し、二つの自由について検討を続けよう。まず、p-自由についてもう一つ指摘したいのは、p-自由とは、定義的に、「あなたがこれこれの行為をなしたとき、あなたは自由だった」というような自由のことであり、責任概念や行為帰属の働きと密着しているわけだが、そのことはすなわち当該行為に関してなんらか価値的な問題性が発生したので、それが自由かどうかが問われている、という背景事情を含意しているという、この点である。ここでいう価値的な問題性とは、日常的な規則性からなんらかの意味で逸脱した状況のことであり、典型的には加害行為や犯罪行為だが、重要な意思決定や選択も含まれるだろう。いってみるならば、p-自由は「逸脱起因性」を持っているのである。ということはすなわち、p-自由に関しては、逆に、日常的であって価値的な問題性が発生しないような行為、たとえば起床したあと歯を磨いたとか、仕事に行くのに歩いた、などのありふれた行為は、「自由」という問題を論じる対象にはならないということでもある。一般的に考えて、電車に乗るのに最初に右足を出したといったことは、それは自由になされたかどうかなど、問題にならないだろう。自由かどうかという問いは、どんな行為に対しても適用されるわけではない。なんらかの逸脱、なんらかの価値的問題性があってはじめて、自由かどうかが問いとして浮上してくる。もちろん、仕事に行くのに歩く、ということが、その仕事に真面目に就業するという決断の表れとして発生しているときには「自由」が問いうるものになる。ここには、確かに、どこがｐ-自由を適用できるかどうかの境界線となるのか、という点で曖昧性がある。けれども、なんらかの逸脱、なんらかの価値的問題性があってはじめて、ｐ-自由が問題となる、という逸脱起因性の構造には紛れがないはずである。*そして、そうした価値的問題性が絡むということが、ｐ-自由が規範的な文脈のなかで立ち現れて来るという事情と即応している。けれども、このｐ-自由は、確かに責任などの規範的概念と相即的に現出するものではあるが、同時に、すでに事実として生じた行為や出来事に関わるという意味で、事実やデータを素材として持ってもいる。つまり、ｐ-自由は、事実的な側面と規範的な側面とのハイブリッドとして成立している自由なのである。いずれにせよ、そういう、すでに決着した過去の事実を本体として持っている限り、自由だったのかどうかという問いもまた、最終的には決着できるはずだという理解へと結びつきうるのである。まさしく、こうした理解こそが、責任をめぐる法的言説の前提となっている。つまり、責任を判決できる、という制度の基盤となっているのである。

＊ この点で、実験哲学を展開しているノーブが「意図的」という概念に関して、「意図的」かどうかの判別には道徳的考慮が関与しており、そうした判別は「賞賛」と「非難」という価値づけとともになされる、というありようを統計的なデータに基づいて提示している点は大変に興味深い。というのも、「意図的」という概念は、「自由」という概念と明らかに強く連動しているからである。ノーブの指摘が正しいならば、やはり「自由」という概念も、賞賛や非難と結託して理解されているという可能性が高い。この点は実験哲学的研究を待たねばならないが、もし私の予測が正しいならば、「自由」が価値的問題性とともに問題として浮上してくる、という私の論点はさらに実証的に補強されるだろう（See Knobe 2008）。

もちろん確かに、朝、歯を磨くなどのありふれた行為に関して、自由になされたかどうかという問いを提出することは理論的にいくらでも可能である。しかし、このことは、ｐ-自由の逸脱起因性とどう整合するだろうか。二つのことを上げて、これに答えておこう。第一に、こうした事態は、必ずしも「自由」の概念ではなく、意識とか、無干渉とか、能力とかの、他の概念によって実は記述可能であるし、特に規範的要素が存在しない状況では、そのように他の概念で記述した方がより適切である。第二に、そうしたありふれた行為に関しても、逸脱的な状況に置かれている、あるいは何らかの意味でスポットライトが当てられているときには、それが自由になされたかどうかは問いうるし、それはｐ-自由の逸脱起因性に背反しない。押し込み強盗に拘束されているにもかかわらず、その目を盗んで歯を磨きに行ったときとか、歯を磨くという行為を特別に意図して行う場合には、それが自由になされたかを問うことは十分に意味をなすし、逸脱起因性に適っている、ということである。この点は、前段で挙げた、決断を込めながら歩いて仕事に向かうという事例にも当てはまるし、しかしまた同時に、どこから逸脱に起因していると言えるのかの境界線に曖昧性があることも確かである。しかし、構造として、p-自由が問題になるときにはなんらかの逸脱や価値的問題性があることは間違いなく見て取ることができるのである。

これに対して、f-自由とは、たとえば「あなたは自由にどこにでも行けます」と言われるときに現れる自由であり、それは、まだ事実としては実現されていない事柄に関するもので、事実として本当に自由になしうるのかどうかは分からない。「自由にどこにでも行ける」と言われても、本当にそうできるかはやってみないと分からないからである。あるいは、本当に自由にできそうだとしても、実際は私の行為が外的ななにかに制御され束縛されていて(自分は気づかないとしても)、自由ではない、ということにもなっているかもしれない。薬物の影響とか、洗脳状態とか、そんなことを想起せよ。[*1] いずれにせよ、このf-自由は、p-自由とは根本的に違って、責任概念との連関性を持たないし、決着した事実やデータなどをその本体として有してもいない。[*2]

＊1　ある見方からすれば、p-自由とて、f-自由と同様に、束縛されていなかったとは確実に分からない、いやそれどころか、生物的な制約や外的に植えつけられた価値観などによって本質的に私たちの活動は束縛されているので、そもそも過去における自由や責任など、概念として不可能なのではないか、という議論展開もありえる。これは、たとえばゲーレン・ストローソンが提示した、「基本的議論」(the Basic Argument)と呼ばれる考え方にほかならない。私は、こうした議論は理論的に可能だし、こういうように考えたくなる文脈も確かにあることを認めつつも、自由や責任の概念は理論的

にのみ処理されるべきものではなく、実践的な機能も担っているという思いを強く抱いているので、この「基本的議論」をそのまま受け入れることはできない。やはり私たちは、少なくとも実践的には、意図的に他人を傷つけた場合と、不可抗力で(たとえば、自分が気絶してしまって他人に覆い被さってしまったがゆえに)他人を傷つけてしまった場合とを区別しており、その区別にのっとって自由や責任のあるなしを決めていっているのだし、そうすることが必要なのである。こうした観点からして、自由や責任のあるなしを、とりあえず事実的なデータに基づいて実践的に決着できる、決着することが求められているp-自由と、そうした事実的データを本来的に欠いているf-自由とを、きっちりと区別すべきだろう、というのが私の立場である(See Strawson 2008)。

＊2　ただし、厳密に言えば、f-自由は私たちの身体や健康の条件に依存している側面を持つので(身体が動かせなければ、自由をそもそも行使できない)、その限りにおいて、事実的な条件に基づいている。しかし、こうした既存の事実は、あくまでf-自由の必要な背景を構成しているにすぎず、p-自由に関して事実的要素が果たしているような実質的な役割をf-自由に関して果たしてはいない。

では、f-自由とは、なにを主体として語られているものなのだろうか。f-自由の帰属先はなんなのだろうか。p-自由の場合は、帰責の対象としての行為あるいは行為者が自由の帰属主体であった。これに対してf-自由の場合、先にすでに示唆したが、おそらく、「許可」あるいは「可能性」という意味での規範性[*]のもとで、そうした規範を実行できる能力を持つ人格(パーソン)が、自由の帰属先なのではないだろうか。そして、そうした能力は、あるいはそうした能力の本体は、「権利」の概念と融合してゆくはずである。哲学ではしばしば、p-自由とf-自由という区別への考慮なしに、「手を自由に動かせる」といった、なんの変哲もない日常的な行為に即して自由が語られたりするが、そうした事例もまた、よくよく考えれば、ここで私の理解するf‐自由として位置づけることができる。というのも、そうした自由は、厳密には、手を自由に動かしても他者に迷惑をかけることはないし、他者に妨げられることもないので、そうすることがいわば「権利」として許可されている、というような意味だろうし、あるいは、事故や病気で身体が麻痺した人が「手を自由に動かせる」と述べる場合には、それは権利として許可されているだけでなく、「能力」としての自由が意味されていることは間違いないだろう。いずれにせよ、そういう意味で、このf‐自由は「権利連関型自由」とも呼べると私は思うわけである。さらに言えば、このf‐自由は、どのような仕方で自由という権利を行使してゆくのかという、その人格のあり方、それを放射的に取り込んでもいくと思われる。こうしたあり方は、伝統的な言葉で言い換えるならば、「徳」(virtue)にほかならないと解してよいのではなかろうか。つまり私は、p‐自由がいわゆる責任基底的倫理を志向しているのに対して、f‐自由は権利基底的倫理へと融合し、ひいては究極的には徳倫理へと結びつきうると、そういう対比をここで思い描いているのである。本章冒頭で述べた自由の両義性は、こうした事情の反映でもあろう。

＊「許可」と「可能性」とは、義務論理と様相論理の対応関係のもとで結びつけられる、二つの親近したモードである。そして、義務論理では、「許可」は「ねばならない」という「義務」との相関のもとで定義されるので、「許可」を規範性の範疇に入れて扱うことができる。

責任の概念について、一点注記しておこう。私の論じ方に対しては、「責任」の概念は、必ずしもすでに生じた過去の事柄に対してのみ語られるのではなく、未来に向けての義務を表す場合もあるのではないか、という異論が提起されるだろうと予想される。「私には明日の会議を運営する責任がある」というような場合である。だとしたら、p-自由は責任に関わるが、f-自由はそうではない、という対比は危ういのではないか、という疑念が湧きそうである。実際、「この部屋を自由に使っていいです。ただ、責任を持って後始末をしていってください」というような言い方を私たちはすることがあり、ここにはf-自由と未来における責任概念の用法が結託しながらともに現れているようにも思えるのである。この疑念に対して、次の二点をもって答えておきたい。一つは、こうした未来における責任もまた、それが帰属される主体の、過去から現在につながる既存の事実を帰責の対象として持っていると考えられるという点である。すなわち、「私には明日の会議を運営する責任がある」というときには、私はすでに運営者という立場に就いており、その既存の立場に対して責任が語られていると考えることができる。だとしたら、やはりここでの責任も過去視線のもとでの回顧的なものである。もう一つは、未来における責任に関して、たとえ既存の立場に対して責任帰属が行われているとは考えにくいとしても、実はそうした責任は、責任が帰せられる該当事象が実際にすでに発生したという事態になってはじめて機能し始めるのであり、その意味で、表現上は未来時制になっていたとしても、実態は過去視線の回顧的な機制のもとにある、という点である。明日の会議運営についての責任は、実際に会議が開催され、なにか(椅子が足りないとかの)支障が生じたときにはじめて、責任が問われる。問われる事柄がすでに生じて、過去形になったときに、責任という概念が実体を持つことになる。部屋の後始末の場合も同様である。以上二点の意味において、私は、未来時制の責任もまた、実質的には過去視線の回顧的な責任概念と同類であると、そしてそうである限り、責任はp-自由と本質的な連関を持っていると、そう理解する。そしてこのことは、「自由」が論じられる外延と、「責任」が論じられる外延とは、必ずしも一致しないということを含意する。「自由」には回顧的なものと展望的な用法とがあるのに対して、「責任」には基本的に回顧的な用法しかないからである。

5 「自由度」の概念

さて、「自由」の問題を論じるに当たっての、私の第二の方針を表明しておこう。それは、すでに前章末にて触れた論点である。すなわち、「自由」という概念は、自由か自由でないかという二者択一的な思考には決して馴染むものではなく、「どのくらい自由か」という意味での「程度」を許容するという点、これである。すなわち私は「自由の程度説」(the degree theory of freedom)を受け入れるべきだと考えるのである。こうした自由の程度は「自由度」(degrees of freedom)と表現することができよう。この点は、日常的な事例からいくらでも確認することができる。まず、行為者に対して外在的な視点から自由度の概念がごくありふれたものであることを跡づけることができる。たとえば、運転免許証を持っている人と、持っていない人では、職を選ぶ際に、選択の自由の度合いが違う、と私たちは考えるだろう。運転免許証を持っている人の方が、そうでない人に比べて、より自由に職業を選択することができる。あるいは、なにか犯罪を犯して、執行猶予のついた刑を受けた人と、無実の一般の人とで、行動の自由の程度が異なるというのは、私たちの常識である。無実の一般人ならば、とくに誰に断ることもなく、海外旅行を自由にすることができるが、執行猶予つきの刑に服している人は、たとえば保護観察官や保護司の観察下に置かれ、七日以上の旅行の際には保護観察所長の許可を得なければならなかったりなど、無実の一般人に比べて明らかに自由の度合いが低い。ここで私が言及している「自由」は、内容的にf-自由だが、同じ論点はp-自由にも当てはまるだろう。たとえば、船が転覆し、緊急避難的な状況のときに、自分がボートに乗りたいがゆえに、他人を押しのけてしまったとしても、そうした状況のときには、自由に行動を選択できる度合いが少ないので、「責任」も少ないものになると考えられる。あるいは、スキーをしているときに突然雪崩に遭遇し、流されてしまい、その過程で他人の車をスキー板で破損してしまった、という場合なども、もともと選択の自由の度合いが大変に低いので、責任も重くは問われないということになるはずである。

ちなみに、こうした議論の道筋からも窺われるように、私は、「自由度」の概念と、「責任の程度」つまり「責任度」(degrees of responsibility)とを一部重ね合わせて理解したいと考えている。もっとも、こうした対応関係は、あくまで「回顧的な」自由度と責任度の間に成り立つにすぎないのであり、「展望的な」自由度についてはそうした対応関係は成り立たない。すでに論じたように、責任はおしなべて回顧的なものであると私は捉えるからである。また、自由度との部分的な重なりのもとで理解される責任度は、理念的には量刑の際の重要な手がかりになることが期待されるが、現行の司法体系のもとでは、必ずしも直ちに「量刑」に直結するわけではない。というのも、私の考えている責任度は、基本的に、「害」(harm)の原因性という、事実的・客観的なファクターに眼差しを向けたもので、責任能力などについての精神医学的な考慮とはさしあたり独立だからである(「責任度」の概念については、一ノ瀬 2008 において、やや詳しく論じたので、参照してほしい)。ここでは詳しく繰り返さないが、私は、いわゆる責任能力は、有罪・無罪や量刑の判決の際に問題とするべきものなのではなく、刑を実践する能力の判定という場面でのみ考慮すべき概念であると、そう捉え直すことを提案している(この辺りも、一ノ瀬 2008 を参照)。もちろん、逆に言えば、責任能力は、刑の実践能力についての判定に関わる限りでは有効であり、そして次の段落から触れるように、「自由度」の概念はそうした判定をも導く。換言すれば、「自由度」は「責任度」と連関してゆき、その意味で一定程度は量刑判断に結びつくものだが、それだけでなく、責任度とは違って、責任能力すなわち刑の実践能力の判定にもリンクしていく。私の考えでは、自由度は、責任度よりもずっと広い外延を持つのである。

また、こうした「自由度」の概念は、行為者に内在的にも、その正当性を跡づけることができる。すなわち、行為者の精神的なありように沿って「自由の程度」が語られることの日常性を容易に指摘できる。まず、いますでに触れてしまったが、一般に責任能力という概念のもとで問題となる「心神喪失や心神耗弱」に関する「程度」が当然ある。たとえば、いわゆる弁識能力や制御能力を著しく欠き、「無矛盾律」に従う、最も基本的な合理的推論能力さえ持たない人の場合と、一般の健常な人の場合とを比較してみて、両者が触法行為をしたとき、彼らの行為時の「自由」のありようについて、まったく同じに「自由であった」とは言えないのは、私たちにとって直観的に明らかである。この点からして、「自由度」の概念を導入する正当性が確証できる。

そして、いま挙げた二つの両極的な場合を「自由度」で0から1と大まかに割り振るとすると、その中間に、0と1の間の有理数に対応するほとんど無数の「自由度」が考えられるだろう。たとえば、制御能力はそこそこあるが、道徳的善悪の判断という点でやや病的な人の場合、制御能力も弁識能力もおおよそ正常だけれども、いわゆる人格障害的な気質の持ち主で、やや暴力的な傾向のある人の場合、健康だけれども、幼少時より特定のやや風変わりな宗教観や死生観に洗脳されてきた人の場合、これらの場合に当てはまる人々が触法行為を犯したときに、彼らの行為遂行時の「自由度」は0と1の間でさまざまに割り振られなければならないはずである。そして、こうしたさまざまな「自由度」は、いま触れたようなp-自由に関してだけでなく、触法行為とは無関係に帰せられる、f-自由に関しても当てはまる。* さまざまな精神的気質は、f-自由に関しても、束縛されている度合いという意味で、やはり程度ということを考慮させる、いや考慮させるのでなければならないと思われるからである。もっとも、こうしたf-自由を将来に加害行為を犯してしまう「危険性」(dangerousness)と等値して、保安処分的な政策へ直結させてしまってよいかどうかには、大いに疑問の余地がある。慎重な理論的検討が必要である。

＊ というよりも、私自身が考えているスキームに照らすならば、厳密には、回顧的な視点からの自由度のうち、行為者に内在的な状態(一般に責任能力と呼ばれるもの)に関する自由度は、展望的な視点からの自由度を測定する最も基本的な手がかりとして、あるいは手がかりとしてのみ機能する。過去の行為時の自由度こそ、その行為者の今後のありようを強く示唆する、最重要のデータとなる、という発想である。しかし、なぜ回顧的な自由度を文字通り回顧的なものとして扱わずに、わざわざ展望的な自由度へとリンクさせるのかというと、私の立場は、責任能力を、それが展望的な実践能力にのみ関わるがゆえに、回顧的な視点にのみ立脚する責任度の測定から除外しようとするものだからである。先に述べたように、私は責任度と責任能力とをはっきりと区別しようとしている。これに対して、行為者に内在的ではなく、外在的な状態、たとえば船の転覆事故に巻き込まれたというような状態、それに関しての回顧的な自由度は、そのまま回顧的なものとして扱うことができる。そしてそれは、

責任度の測定に直結してゆく。以上のような意味において、回顧的な自由度は、部分的に責任度の概念と重なっていくわけである。

こうした精神的気質という点以外に、行為遂行時にのみ当てはまる一時的な行為者のありようという点においても、「自由度」の概念は機能する。たとえば、夫に日頃から家庭内暴力を加えられている妻が、暴力を受けている最中やその他の場合に突然衝動的に過剰防衛的行動を取って夫に反撃し、夫を死なせてしまった場合、すなわちいわゆる「殴られ女性症候群」(battered women syndrome)の場合と、保険金を得るため保険金殺人を周到に準備して、証拠隠滅まではかった場合とで、行為時の「自由度」の違いがあるとするのは、むしろ常識的な見方ではないだろうか。*こうした「自由度」の違いは、少なくともいま挙げたような文脈では、「責任度」の判定へと強く結びついていくだろう。いずれにせよ、「自由」の問題を論じるに当たって、「自由度」という「程度」を必ず考慮していくべきだ、というのが私の第二の戦略である。おそらく、本章冒頭で述べた自由の多義性は、自由に程度があるという、この事情にも誘引されて生じているのではないだろうか。

もちろん、一体どうやって「自由度」を測定するのか、という疑問が出るのは必定であろう。この疑問については、前章末ですでに少し触れた。ここでは、p-自由とf-自由のいずれに関しても、第三者の観察者の視点に立った上で、物質的証拠や脳状態などについての科学的あるいは医学的方法論、主観的確率によるベイズ主義的手法などを総動員して「自由度」の測定は遂行されるべきだ、あるいは、少なくともそうした多様な方法を駆使することを一つの重要な手がかりとして遂行されるべきだ、とだけ述べておきたい。この課題は、いわゆる「法科学」(Forensic Science)の一分野として真剣な考察に値するだろうと思う。

＊　この「殴られ女性症候群」は、夫から日常的に暴力を受けている女性が陥る心理状態として、アメリカ合衆国では、実際に免罪あるいは刑の減軽の理由と見なされることがある(See Slobogin 2007, pp. 23ff)。

6　決定論の拒絶

こうした観点に立つならば、伝統的な自由論の問題の立て方、すなわち自由と必然は両立するか、あるいは自由と「決定論」(determinism)は両立するか、という問いかけはミスリーディングであると言わなければならない。というのも、こうした問いかけは、自由か自由でないかといった二者択一的な立場をひそかに導入しているように聞こえるからである。そうした二者択一的な問題の立て方が「自由度」という概念に馴染まないことは明らかである。とりわけこうした自由度概念との懸隔は、自由と必然あるいは自由と決定論は両立するとする、ヒュームに代表されるような両立主義(compatibilism)の立場において顕在化する。ヒュームの場合、意志が決定論的に行為を引き起こすとき、意志以外のものが行為を引き起こすときとは違って、自由が成立する、としているわけだから、そうした自由は決定論的文脈でのみ成り立つことになり、度合いを許すものではない。だとすると、こうした両立主義的な議論の立て方は、私自身の自由論の問題設定からして検討する意義を有さないことになる。では、非両立主義(incompatibilism)、とりわけ自由と必然は両立せず、しかし自由は成立するとする「自由主義」(libertarianism)はどうだろうか。これは微妙な問いだが、私が見るところ、

「自由主義」が決定論をどう扱うかは別にして、「自由主義」においても、「自由度」が主題化され、その測定方法が検討される、という論立ては行われていないと思われる。だとすれば、自由度についての議論は、こうした伝統的な論争の文脈から独立に立てられなければならないだろう。

＊　自由主義は、両立主義に対するから、非決定論を打ちだす、とは単純には言えない。たとえば、一般に自由主義の一つの典型と目されるカントの議論では、現象界での因果的必然性に基づく決定論的構造は強固な前提であり、それとは別に、叡知界での「自由の因果性」が導入されるという構造になっていたことを想起すれば、そのことが確認できるだろう。

もっとも、私が決定論を拒絶するのは、それが「自由度」を扱う態勢になっていないから、という理由だけではない。私は、そもそも「決定論」という概念それ自体、字義通りに受け取った場合、意味をなさないナンセンスな主張だと考えている。私が決定論を斥ける根拠ははっきりしている。決定論とは、平均的に言って、「すべては因果的に決定されている」とする考え方であると言ってよいだろう。[*1] しかるに、「すべては」という以上、未来に生じる事象も含めて丸ごと「決定されている」と言いたいはずである。しかし、生身の身体を持つ私たち人間が、一体どんな資格で、未来の事象のすべてについて、そのありようを断言できるというのか。私には、そのように断言できると述べる人たちの心境が到底理解できない。こうした理解不能の断定を含意する限り、「決定論」を受け入れることは哲学的良心に反する、と私は思うのである。ここにはおそらく、過去の事象がすでに「確定／決定されてしまった」という過去理解(これは、おおむねは健全だと言える)から、すべてが「決定されている」という無時制的な主張へと、不注意かつ無自覚的にジャンプしてしまうという事態が潜んでいるのではなかろうか。これは、私が「序」において論じた「決定論的誤謬」(deterministic fallacy)にほかならない。[*2] いずれにせよ、私は、以上のような観点に立って、基本的に、決定論を受け入れないという限りでの「非決定論」(indeterminism)の立場に立ちたい。もっとも、決定論と自由をめぐる論争は、あくまで「もし決定論が成り立っているならば」という仮説に基づく論争あるいはリサーチ・プログラムなのだと言うならば、話は別かもしれない。しかし、個人的には、私は、「決定論が成り立っている」ということの表象可能性に疑いを抱いているので、(別に表象可能でなくても仮説としての議論はできるだろうが)自由を決定論と並べて論じることに生産性を感じない。あるいは、「すべては因果的に決定されていると考えるべきである」という規範が問題になっているという場合も、話は別かもしれない。それは、「必然性」という概念の系譜からしてもありそうなことではあるし、実際、カントが「権利問題」として因果的必然性を純粋悟性概念の一つとして言い立てるような文脈は、こうした「規範」という意味での決定論が問題となっていると捉えることもできるだろう。しかし、いまはこの路線に立ち入ることはしない。いずれにせよ、額面通りに受け取る限り、決定論は到底許容できる考え方ではないと、そう私が捉えていることをここに記しておく。[*3]

＊1　たとえば Taylor (1992), p. 36 などを参照のこと。また、第3章10節で触れた「決定論的偶然性」の場合のように、因果性と独立に定式化される決定論の概念もありうるが、私の議論にとってはその違いは効いてこないので、本章では触れない。

＊2　私は、二〇〇九年七月一七日に韓国ソウル大学にて、「Seoul National University BK21 Group for Philosophical Education and Research」が主催する「the Lectures of Distinguished Scholar」にオックス

フォード大学のピーター・ミリカン(Peter Millican)教授とともに招かれ、'Hume's Determinism Undetermined'と題した講演をした。その際、ヒューム批判という文脈で「決定論的誤謬」(detreministic fallacy)の話を展開した。

＊3 こうした私の主張に関しては、「決定論」はメタフィジカルな主張であるのに対して、私の言う、断言できるかどうかという観点は、結局、知られるかどうかということにほかならず、その意味で認識論的な観点からの申し立てなので、決定論への反論にならない、とする批判が考えられる。これは確かに一理あるだろう。けれども、私が見るに、メタフィジックスと認識論はそれほど独立したものではない。たとえば「神の存在証明」といった純粋にメタフィジックスの議論領域を顧みるならば、そこでは神の存在をどう「知る」ことができるかが主題になっていることが分かる。メタフィジックスの議論だからといって、なんでもかんでも自由に提起できるわけではない。どうしてそうだと分かるのか、という自然な問いかけに対して答えることができなければ、説得力は持ちえないのである。こうした視点から、私は、額面通りに平叙文の断言として受け取る限り、すなわち、本論で述べているような、仮説、リサーチ・プログラム、規範、権利問題、といったありようを度外視する限り、「決定論」の主張はナンセンスだと言いたいのである。

7 犯罪行動の生命科学的条件

以上、自由を論じるに際しての私の戦略表明であった。以下、先に述べた戦略に沿って、自由の問題の現代的展開について、その一端を検討することで、現段階での私の自由論の方向を示したい。その一端とは、自由の問題、ひいては(p-自由の場合には)責任の問題を、生命現象を媒介して理解していこうとする観点についてである。適応度、遺伝子、脳状態などによって「自由」な状態を判別したり、分析したり、といった発想のことである。一つには、進化理論的観点がある。たとえば、動物行動学の泰斗コンラート・ローレンツは、進化理論的観点から、人間同士が攻撃し合ったり闘争し合ったりすることが、自然の条件の下で、淘汰を促進し、その淘汰のおかげで人間という種が保たれてきた、という趣旨の議論を、他の動物との連続性のもとで縷々展開した(ローレンツ 1970, p. 52ff)。簡単に言ってしまえば、人間がいわば自由意志によって他者に危害を加えたとき、場合によっては殺害に及んだとき、そうした自由意志をさらに根底から突き動かす原因となっているのは、進化理論的な意味での「適応度」(fitness)なのだ、ということである。同様なことは、デイリーとウィルソンによる進化心理学的な殺人論にも当てはまる。彼らは、殺人という行為の背後には、そうすることによって実は進化理論的な意味での「適応度」が上昇する、という生物学的な要因が潜んでいるという見解を、子殺しなどの事象に照らしながら、論じ進めていく。デイリーとウィルソンは、子殺しが社会的に一定程度黙認されてきたという歴史的事実に言及した上で、こう言う。「子殺しが起こり、合法化されている状況は、子殺しによって行為者の適応度が上昇する見込みが高い状況と、驚くほどよく合致するのである」(Daly & Wilson 1988, p. 58)。ここにも、親が自由意志によって、つまり意図的かつ自覚的に、子殺しをするとき、実はそうした自由意志を促しているのは「適応度」なのだ、という考え方を読み取ることができる(一ノ瀬 2011 第4章も参照)。

このような、犯罪行動などを加害者の生物的要因によって理解しようとする観点は、案外に古い歴史を持つ。少なくとも、一九世紀にガルの骨相学(phrenology)などに基づいて生来犯罪者説を展開したチェーザレ・ロンブローゾ以来の歴史を持つとは言えるだろう。ロンブローゾは、たとえば犯罪者の頭蓋骨の写真を重ね合わせるなどの手法によって、殺人者、追いはぎ、詐欺師、泥棒、などを特徴づける典型的な変則的頭蓋のタイプを定義したり(Lombroso 2006, p. 232)、あるいは「歩き方」(gaits)によって通常の人と犯罪者とを区別しようとしたりした(Lombroso 2006, p. 254)。ロンブローゾは、こうした研究によって犯罪の抑止を効率よく行うなど、社会防衛への貢献を目指していたわけだが、現在の私の文脈にこれを置いてみるならば、要するに、人が自分の自由意志で犯す加害行為というのは、実は根底的に生物的な条件に規制されているのだという、前段の「適応度」に即して確認した論点と類似の見方を読み取ることができる。

もっとも、骨相学などという、すでに衰退した疑似科学的匂いの漂う学問に依拠するなど、ロンブローゾの議論は今日的に見れば、時代がかった迷信的なものに聞こえるだろう。けれども実は、人々の思考の構造という点で、現代でも状況はさして変わっていない。その典型的な事例が、一九六〇年代から物議を醸した「XYY染色体仮説」(The XYY hypothesis)である。よく知られているように、女性の染色体は二つとも「X染色体」の「XX型」で、男性は「X染色体」と「Y染色体」を一つずつ備えた「XY型」である。けれども、たまに生じる複製ミスによって、「Y染色体」を二つ持つ精子が作り出されることがある。こうした精子が卵子と接合すると、通常よりも染色体の数が一つ多い計四七本の染色体を持つ胚が発生する。通常ならば「XY型」になるところが、この胚は染色体が一つ多いので「XYY型」となる。こうした胚が細胞分裂を繰り返して、人間の成人にまでなっていくのである。この「ＸＹＹ型」染色体保有者と犯罪傾向との連関を最初に報告したのは、パトリシア・ジェイコブズである。彼女は、スコットランドの精神病院などの調査に基づいて、精神病や攻撃的行動は「ＸＹＹ型」染色体に由来すると論じたのである。その結果、「ＸＹＹ型」染色体は「犯罪遺伝子」(criminal genes)と呼ばれ、マスコミなどを大いに賑わした。これは、ロンブローゾの依拠した骨相学とは違い、遺伝学的な根拠を持ち出してはいるけれども、生命科学的な要因によって暴力や犯罪の傾向を理解しようとする思考の構造という点では、ロンブローゾの「生来犯罪者説」と寸分も違いはない。もっともしかし、歴史が伝えているように、この「ジェイコブズ調査」は、事実と必ずしも合致していなかったし、一般大衆を母集団にして調査を行ったところ、精神病院での調査と変わらないことも分かり、すぐに騒ぎは下火となっていったのである(See Hubbard & Wald 1999, pp. 105-106)。

けれども、こうした生命科学的条件に犯罪行動の原因を位置づけようとする捉え方は、その後も綿々と続いている。たとえば、日本の犯罪心理学者・精神医学者の代表である福島章は、殺人行動を起こしてしまう人々の多くは「殺人精神病」という病気に罹っているのであり、そして「殺人精神病」は、脳の構造や機能の異常所見と連動しているとして、そうした異常所見を「微細脳器質性変異」と呼んでいる(福島 2005, pp. 211-221)。これも、「ＸＹＹ染色体仮説」とは異なるし、それよりもはるかに精緻になってはいるけれども、生命科学的な条件に暴力行動の原因を求めるという発想の点ではやはり「ＸＹＹ染色体仮説」と寸毫も変わりはない。そして、こうした方向性の見方に従うと、本人の自由意志によって犯罪などを犯しても、その根底には、意志に先立ってすでに成立していた生物的な条件が因果的に作用していたのだ、という理解が姿を現してくるのである。

8　リベットの実験

以上のような、人間の行動を生命現象という観点から理解していこうとする論調は、犯罪行動というよりももっと普遍的に、「自由意志」の問題一般に対しても波及していった。ここでなんといっても言及すべきは、ベンジャミン・リベットによって行われた有名な実験である。リベットは、被験者に、前もって予定して、あるいは突然に瞬間的に、手首や指を曲げてもらうという実験を行った。これによって、行為を促す意識を伴った意志が果たして「いつ」現れるのか、ということを認識しようとしたのである。その結果、自由で自発的な行為のおよそ五五〇ミリ秒前に脳は起動プロセスを開始し、それから三五〇ミリ秒ほど経った、行為開始の二〇〇ミリ秒ほど前になってはじめて、行為を実行しようとする意識を伴った意志の自覚が現れるということを見出した。すなわち、被験者が行為を実行しようとする自分の意志や意図に気づく三五〇ミリ秒も前に、自発的なプロセスは無意識的に起動してしまっているということである。ここで「自発的なプロセス」とされているのは、脳活動の電位変化のことであり、それは「準備電位」(readiness potential)と呼ばれる。行為実行に先立って「準備電位」が発生すること自体は、リベットの実験以前に、一九六〇年代にコーンフーバーとディーックによって発見されていた。これに対してリベットは、では行為を促す意識を伴った意志(conscious will)はいつ発生するのか、という問いを抱き、それを実験的に追求したわけである(See Libet 2004, pp. 123-128)。

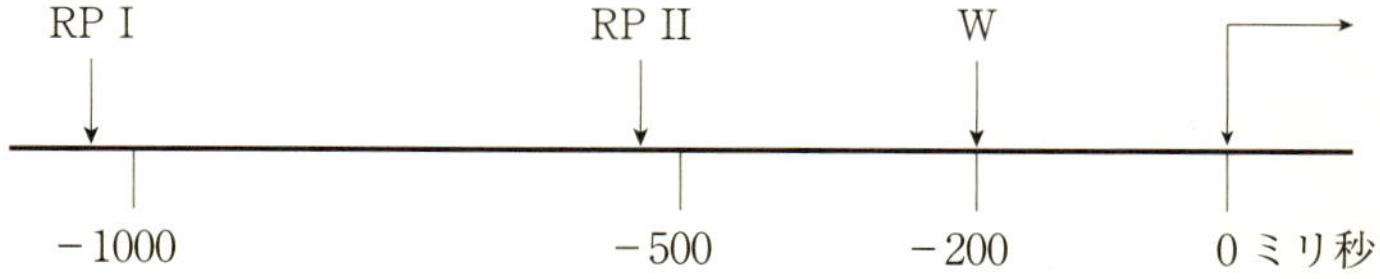

(See Libet 2004, p. 137 & Libet 1999, p. 51.)

けれども、こうした意志の発生は主観的な現象であって、その発生時点は、それを内観的に感得する被験者自身に報告してもらうほかない。しかし、「いまです」と発言してもらったり、ボタンを押したりしてもらうという方法では、発言する行為やボタンを押す行為という別の要素が混入してしまい、検証している行為についての正確な測定にはなりがたい。そこでリベットは、二・五六秒で針が円を一周する特別な時計盤を設定して、意志の自覚時の「時計が示した時間」を黙って記憶してもらい、試行が終わるごとに報告してもらう、という方法を考案したのである。この実験を繰り返し行い、かくして、プラスマイナス二〇ミリ秒の標準誤差におさまる、信憑性の高い結果を得るに至ったわけである。もちろん、すぐに想像できるように、前もって予定して手首や指を曲げる場合の準備電位(RPIと表す)と、予定なしに瞬間的にそうする場合の準備電位(RPIIと表す)とでは、その発生時点が異なっていた。けれども、意識を伴う意志の自覚(Wと表す)の発生時点は、二つの場合ともに、行為実行のおよそ二〇〇ミリ秒前ということで変わりはなかったのである。リベットは、こうした結果を上のような図にして(ただし、やや簡略化してある——一ノ瀬)示している。

9 拒否する自由

以上のようなリベットの実験は、どういうことを含意するだろうか。リベット自身の言葉に従うと、「自発的な行為につながるプロセスは、行為を促す意識を伴った意志が現れるずっと前に脳で無意識的に起動(initiate)する。これは、自由意志というものがあるとしても、自由意志が自発的な行為を起動しているのではないことを意味する」(Libet 2004, p. 136)。こうした結論は、私たちの「自由」の観念に対する常識に著しく反するもののように聞こえる。私たちは通常、自由に身体を動かしたり行動したりできると見なしているし、そうした行動は自分の意志によって起動されていると常識的に捉えているからである。しかるにリベットは、そうした常識は脳状態についての事実に反すると論じているのである。ならば、意識を伴った意志、つまりは自由意志と見なされているものは、どのような役割を果たしているのだろうか。なにもしていないのだろうか。リベットの発見した事実によれば、意識を伴う意志(W)は、準備電位(RP)よりは遅くに発生するとはいうものの、運動活動が実際に発生するよりは一五〇ミリ秒前から二〇〇ミリ秒前には現れるわけだから、そうした運動活動が発生するまでの間に、行為の生成プロセスの最終局面に影響を与えることが可能なはずである。

この点についてリベットは、いくつかの実験を重ねた結果、このように述べるに至る。「自発的なプロセスが完遂し、最終的な運動行為として結実するように、意識を伴った意志は決めることができる。あるいは、意識を伴った意志は、運動行為が現れないようにプロセスをブロック、または「拒否」(veto)することができる」(Libet 2004, p. 138)。とりわけリベットは「拒否」の機能に注目する。実際、私たちは日常的にも、いままさに行おうとしている行為を、社会的に受け入れられないだろうとか、自分の価値観とはやはり合わないからなどの理由で、最後の段階で止めることがある。かくして、自由意志についてこのような帰結が導かれる。「意識を伴った自由意志は、私たちの自由で自発的な行為を起動してはいない。その代わり、意識を伴った自由意志は行為の成果や行為の実際のパフォーマンスを制御することができる。この自由意志によって、行為を進行させたり、行為が生じないよう拒否することもできる」(Libet 2004, p. 139)。このようにリベットは、自由意志の意義を、意志プロセスの起動ではなく、行為遂行の誘導とか、行為遂行の拒否・中断というところに求めるわけである。

しかし、もちろん、こうした「拒否」もまた一種の行為であるから、それを起動する、通常の場合と同様な無意識的な発生源があるのではないか、という疑問が出るだろう。この点についてリベットは、「拒否」にもそうした無意識的な発生源がある可能性を理論的に許容しつつも、「拒否を促す意識的な決定は、先行する無意識プロセスによる直接的な指定なしで実行される可能性がある」(Libet 2004, p. 147)ということを、特段の実験的な証拠なしに、思弁的に推定している。

10　自由の持続性

以上、(1)適応度、(2)遺伝子、(3)脳状態、といった三つの生命科学的な様相によって「自由」の問題を論じる道筋を簡単に追いかけてみた。次には、この三つの道筋に対して、先に私が提示した、時制の区別と自由度の概念の導入という、自由論を展開するに当たっての二つの戦略を突き合わせてみたときに、どのような見解あるいは展望が導かれるかについて、簡潔に論じておこう。

まず、順番は逆になるが、はじめにリベットの実験について、つまり(3)の様相について見てみよう。

彼の実験のありさまについてはじめて聞かされた人々が思うであろうことは、おおよそ予想できる。最初の素朴な反応は、意識を伴った意志の発生時点についての内観報告はどれほど信頼できるのか、といった実験の技術的な側面に関する疑問であろう。また、「意識を伴った意志＝自由意志」という、リベットが暗黙に前提している図式は、果たして妥当なものなのだろうか、という疑問も湧くはずである。この点は、確かにリベットの側に瑕疵がある。リベットは、哲学者ではないので、概念の使用についていささか無頓着すぎるように思われるのである。アルフレッド・ミーリーが指摘しているように、リベットは「意図」(intention)、「決定」(decision)、「欲求」(wanting)、「願望」(wish)、「衝動」(urge)、といった概念を無造作に同一視して使用しているふしがある。こうした観点から、ミーリーは、もしリベットがこうした諸概念を適切に区別していたならば、「準備電位」は「欲求」や「衝動」に結びつくものであって、「意図」や「決定」に関わるものではない、と論じることの方が説得力があると気づいたのではないか、と指摘している(Mele 2006, p. 33ff)。

さらに、もう一つ素朴な疑問も生じるだろう。リベットは、あたかも運動活動は自由意志ではなく、準備電位として現れる無意識の脳活動によって引き起こされる、といった因果的図式を提起しているように読めるが、しかしでは、その「準備電位」それ自体の原因はなんなのだろうか。準備電位は、なんらの原因もなしに、突然「無からの創造」(creatio ex nihilo)として発生するのだろうか。いくらなんでも、そうは考えにくい。しかるにリベットは、このごく基本的な問いを扱っていないし、この問いの重要性にも注意を払っていない。これは重大な見落としであると言わなければならない。しかし、ではどう考えるべきか。二つの考え方の可能性があると思われる。一つは、そもそもリベットの実験は、手首や指を曲げて、それを意識した時点を時計盤に照らして記憶しておいてください、という指示を受けて行われているという事実に徹頭徹尾基づいており、したがって、準備電位が発生する原因というのは、そうした実験の指示に従おうとする意図なのである、と捉える可能性である(近藤2008, pp. 243-245)。あくまでも、指示に従って手首や指を曲げようという意図がずっと持続的にあり、それによって準備電位が引き起こされるのだとする捉え方である。このように捉えるならば、意識を伴った意志よりも前に準備電位が発生するというのが事実だとしても、それをもって、意図や自由意志が運動活動を起動することはない、というリベット流の帰結を導く必然性はなくなる。つまり、リベットの実験は、自由意志の問題に関して無効化されるわけである。そして、こうした捉え方をするということは、行為というものを一定の時間的幅を持つものとして解するということにほかならない。これは実に真っ当な捉え方であり、この点を見落としていたとするならば、リベットの実験は、まことに基本的な点で的外れであったと言うべきだろう。おおよそこうした見方に立つダニエル・デネットは、このように喝破する。「自由意志というのは、他のすべての精神的な力能と同じく、瞬間において計測されるものではなく、時間の幅で広がっていると考えられねばならない」(Dennett 2003, p. 242)。

もう一つの可能性は、リベットに譲歩して、意図とか意志というものを仮に瞬間的なものと捉えたとして、しかしそれでも準備電位が「無からの創造」のように突然現れるわけではなく、なにか原因があるはずだ、しかもその原因はやはり本人の意図や意志としか考えられないはずだ、という思考回路をたどることである。その場合、ほぼ必然的に、意図や意志がその発生に先立つ準備電位を引き起こすという「逆向き因果」(backward causation)の可能性をこの事態のなかに読み込むことになるだろう。私の考えでは、「逆向き因果」は一般に思われているほど奇怪なことだとは思われないので(一ノ瀬2010第15章での「仮現運動」についての議論を参照)、こうした道筋の可能性も理論的に追求する価値はあると思う。それに実際、テニスなどで瞬時の動きをしてボールを打ち返したとき、打ち返した直後にそういう方向に打ち返そうとしたという自分の意図を自覚すること(まさしくリベットの実験の結果そのものである)は、まれではない。その場合、自分の意志によって打ち返したのだけれども、意志は後から生じた、つまり意志は過去に向かって因果的影響を及ぼした、という理解可能性が立ち上がってくることはさほど不合理なことではないのではないか。もちろん、前段で論じたように、もともとボールを打ち返すという意図が継続していたとする、通常の「前向き因果」的な捉え方も可能なのだが、「逆向き因果」的な捉え方の可能性も言下に拒絶することはないと思われるのである。しかし、これについてはここではこれ以上深追いしないことにしよう。

加えて言えば、哲学の自由論に多少なりとも精通していて、両立主義の考え方に一定の共感を覚えている人ならば(私自身はそうではないが)、リベットの導く議論はやはり無効だと感じるだろう。というのも、ごく簡略化して言えば、両立主義に従えば、すべてが決定論的に確定しているなかで、意志を原因とする行為は自由で、そうでない行為は自由でない、ということになるのであって、その場合、意志そのものにそれに先立つ原因があることは自由が成立することの妨げにならないからである。つまり、準備電位が意識を伴う意志に先立って発生していたとしても、意志に由来する行為と、意志に由来しない行為という区別は依然としてつけることができる以上、自由か否かという判別に関して準備電位の発生はなんの影響も及ぼさない、ということである。むしろ、意志に、それに先立つ原因があるというのは当然であって(「無からの創造」を承認しない限り)、準備電位は単にそうした原因追求の文脈に置かれるにすぎないことになるのである。

11　倒錯か洞察か

　では、私自身の自由論における二つの戦略を念頭に置いた場合、リベットの実験はどういう意義を有することになるだろうか。まず、過去視線と未来視線という時制の区別に関して言えば、リベットの実験が問題にしている自由は純然たる記述的事実にのっとったものであり、したがって事実に関わらない権利連関型として現れるf-自由には定義的に関わりようがないということが言える。では反対に、p-自由を適切に扱っていると言えるだろうか。確かに、過去視線の回顧的な自由は、すでに述べたように、すでに確定した事実にも深くコミットした自由であり、そうした意味で、自由かどうかが最終的に決着されるはずだという考え方へと傾斜する自由である。その点で、リベットの扱う自由はp-自由に馴染むかもしれない。けれども、私がp-自由を導入したときに強調したように、p-自由は、なにか価値的な問題性あるいは逸脱が生じて、責任帰属が問題となるときに現れる責任連関型の自由である。すなわち、p-自由は、一面で事実にのっとるという側面を有しつつ、他面で責任を問題にするという規範にも本質的に踏み込んだ自由なのである。けれども、直ちに明らかなように、リベットの扱っている自由は、手首や指を曲げるといった行為の自由というものであり、それが責任と連関する場合は理論的になくはないけれども(指を曲げて拳銃の引き金を引いて誰かを銃殺するというような場合)、さしあたりそうした行為だけでは、p-自由の持つ責任連関型という本性には触れえないと言わなければならない。だとしたら、リベットの扱っている自由は、p-自由ですらない、ということになる。

言い方を換えれば、そもそも「自由」というのは、「束縛がない」という一般的な意義においてさしあたり理解されるのだとしても、実際は、無機的な物質には適用されず、動植物などにもなかなか適用されにくい、濃密に人間的な概念であって、そしてそうした人間的な側面は、ノモス的あるいは規範的なありようとして機能しているのであり、したがって、そうした「自由」に対して、リベットのように、単に記述的事実をもって対処しようとしても、壮大な的外れに終わる危険がある、あるいは、歪んだ倒錯に陥る恐れがある、ということである。そしておそらくこうした論点は、自由は必然と両立するか、という伝統的な問題設定一般の宿す根本的な問題性をも暴露するのではなかろうか。というのも、こうした問題の立て方だと、自由か否かということが、あたかも事実として必然的に決定されているかどうかという問題と並べて論じられる、という論立てを許容しているように聞こえるからである。この意味においても、私は、こうした伝統的問題設定をまともに受け取って、自由と必然の両立を主張する両立主義の立場に対して強い疑いを抱くのである。それもやはり、根本的な倒錯なのではないか、と。*

* もちろん、自由と必然の両立可能性を問題の起点とするという意味においては、非両立主義や自由主義も同様な倒錯に陥っていると言わなければならないだろう。ただ、そうした立場は結局、決定論的な事実とは異なるところに自由のありかを求めようとするので、両立主義と全く同じに、歪んだ倒

錯に陥っているということにはならないかもしれない。けれども、自由の決定論とは異なるありようを、量子論などで現れる「非決定論」的な事実に基づけようとするならば、同様な倒錯の罠が待ち受けているだろう。しかし、この辺りは事情が錯綜している。過去視線の責任連関型のp-自由は、規範的な文脈で機能するのだけれども、同時に何度も強調したように、すでに確定した事実にもコミットするという側面を持つ、いわばハイブリッドの概念なので、単純に決定論的事実に沿って論じるということは的外れだとしても、「非決定論」的な事実をまったく無視していいことにはならないからである。この点は、私自身の議論に沿って言えば、「自由度」の概念と連関する。正直、私自身は、両立主義に対しては根本的に異議を唱えたいが、非両立主義そのものというより、非両立主義の発想に対しては、(全面的にではないとしても)部分的に受け入れたいと思うところがある。

次に言えるのは、リベットの議論は、私の言う「自由度」の概念に対する親近性を一切持たない、ということである。彼の議論は、運動行為の起動点が意志ではなく準備電位にあるということを示唆するだけで、準備電位と自由、あるいは準備電位と当該行為との関係性に「程度」があるという考え方、たとえばこれこれの準備電位はこれこれの確率で当該行為を引き起こすけれども、それとはこれこれの点で異なる準備電位はその確率が低くなる、といった発想をまったく展開していない。あるいは、自由度と連関するような責任度や責任能力の問題について、リベットの議論は語るべき何ものも持たない。なるほど確かに、リベット自身、決定論を単なる「信念システム」だと見なしたり(Libet 2004, p. 5)、量子論的不確実性に言及はしているが(Libet 2004, p. 6 & p. 152)、そうした論点は「準備電位」に関しては機能していない。おそらく、リベットの議論にとっては、むしろこうした程度説的な考え方はみずからの論点を弱体化してしまう可能性があるとさえ言えるかもしれない。「準備電位」の起動点としての地位が弱まる場合を許すことになるからである。かくして私は、リベットの実験が促す議論は、「自由」という問題を基本的に取り違えた倒錯ではないかという強い疑いを表明しなければならない。

しかし、まったく彼の議論には意義がないのだろうか。そんなことはない。リベットの議論をはじめて聞く哲学者は、多くの場合、大きな違和感を抱く。えもいわれぬ居心地の悪さを感じる。それはやはり、彼の議論が、「自由」という問題の哲学的な核心部分になんらかの仕方で触れるからである。それはなんなのだろうか。私の診断はこうである。リベットの議論は、伝統的な自由論が知らないうちに陥ってしまっている倒錯の事態をことさら露わにするからである、と。その露わにする次第が見事であったのだ、と。つまり、リベットの実験は、それが倒錯に陥っているということそれ自体のうちに、哲学的な意義を有するのである。これは、哲学の文脈に即すならば、決して皮肉ではない。そもそも倒錯に陥っていたのはリベットではなく、これまでの哲学の自由論そのものなのだ。それを論理的に究極まで推し進めることで、なにが問題だったのかという洞察をリベットは図らずも私たちにもたらしてくれたのである。リベットは、実験的証拠に基づかない思弁には価値がないとして、哲学的な自由論を忌避しているが(Libet 2004, p.203)、自由を経験科学的にのみ解明しようとするリベットの立論こそ、哲学の伝統的自由論の末路であり、そこに宿る倒錯の顕現である。私は、こういう倒錯的事態の暴露という仕方で、哲学の議論は反転し続けながら進展してゆくのではないかと、そう思うのである。

12　不確実性と規範性

さてでは、⑴「適応度」や⑵「遺伝子」の様相のもとで、とりわけ犯罪行為に焦点を合わせながら、自由意志の問題に対して示唆を与えようとする議論についてはどう捉えるべきだろうか。私の見立てでは、ローレンツやデイリーとウィルソンらの議論と、ロンブローゾの生来犯罪者説からはじまり、犯罪遺伝子や殺人精神病などを論じる議論とは、少なくとも自由意志を生物学的な要因のなかへ解消させてしまおうとする論調という点で同様であると考えられる。よって、ここでは二つの文脈を一括して論じたい。

もっとも、自由意志を生物学的な要因の中に解消させてしまうという点では、⑶「脳状態」に焦点を当てたリベットの実験もまた同様であると言えるのではないか。確かに大枠においてはそうなのだが、基本的な点で、⑴と⑵の様相と、⑶の様相とでは、異なっていると考えられるので、私はここで両者を分けて論じようとしているのである。その相違とは、リベットの議論では、すでに前節で触れたように、議論の構造として、「自由度」に結びつくような程度説的な要素を組み込みにくいのに対して、「適応度」や「犯罪遺伝子」の場合は、そうした概念の本性上、程度説的な考え方に馴染むという、この点にある。⑴「適応度」に基づく進化理論的な理解というのは、「適応度差」(fitness difference)が「自然選択」(natural selection)の原因となる、という文脈に対応している。こうした自然選択の過程は、第3章で触れたことだが、ローゼンバーグのように、道具主義的な立場から決定論的に自然選択の概念を理解していこうとする路線もあるけれども(Rosenberg 1994, pp. 57-83)、標準的には「確率論的」(stochastic)なものであると捉えられる。

たとえば、第3章でも引用したが、自然選択と遺伝的浮動との対比について検討する文脈で、ビーティはこう言う。「ここで進行していることは、一見そう思われるかもしれないが、「確率論的」か「決定論的」かのどちらが望ましいかについての論争なのではない。現代の進化理論研究者は、進化が確率論的かどうかについてそれほど真剣に議論を費やすことなく、進化がどのように確率論的かについて論じているのである」(Beatty 1984, p. 185)。あるいは、「自然選択は統計的現象である。それが意味するのは単に、よりよい遺伝子型は生き残るためのよりよい偶然性(チャンス)を持つ、ということであるにすぎない」(Mayr 1970, p. 107)というように明言されることもある。だとすれば、「適応度」の概念を導入することで、「自由」の問題を論じるという方向性は、いきおい、「自由」の度合いを認めていこうとする考え方に親和してゆくはずである。ただ、どういう意味で私の言うような「自由度」に結びつくのかは必ずしも明らかではない。適応度が高まる行為を実際に遂行することが、すなわち「自由度」が1に近いということなのか、あるいはそれともその逆なのか。この辺りは、本気でこの路線を追求するつもりなら、さらにすり合わせをしていく必要がある。いずれにせよ、(1)「適応度」の様相について述べた論点は、ほぼそのまま(2)「遺伝子」の様相に対しても当てはまっていくだろう。なぜならば、ごりごりの(冷静に言えば理解不能の)「遺伝子決定論」(genetic determinism)を採用しない限り、「氏と育ち」(nature and nurture)という著名な言い方からすぐに理解できるように、「氏」すなわち「遺伝子」だけで生物のあり方が決定されてしまうなどというように考える可能性はまったくなく、生命現象は、「氏」である「遺伝子」と、「育ち」すなわち「環境」との相関において、偶然性・不確実性のなかで現出してくる、と捉えるのが最も自然であり説得力のある道筋だからである。

では、(1)「適応度」と(2)「遺伝子」の様相からする自由意志理解は、時制による区別に関してはどのように位置づけられるだろうか。この点については、(1)も(2)も、(3)「脳状態」の様相の場合と同様で、純然たる記述的事実を記しているだけであり、定義上、f-自由には関わりえず、せいぜいp-自由と結びつきえるだけであると指摘しなければならない。実際、ソーバーも言うように、「進化が重要なのは、歴史が重要だからである。進化理論は生命科学のなかで最も歴史的な主題を扱う」(Sober 2000, p. 7)。だとしたら、進化理論的な視点から自由を論じるとき、それがp-自由と交わっていくのは当然だろう。しかるに、すでに何度も確認したように、p-自由は、すでに生じた過去の事実・データに基づくという側面を持ちつつも、それだけでなく、責任帰属という規範的な側面をも持つ、ハイブリッドの概念である。しかるに、一見して明らかなように、(1)「適応度」と(2)「遺伝子」の様相に基づく自由意志理解には、議論の本性からして当たり前と言えば当たり前だが、生命科学的な事実の提示があるだけで、規範的な含意はない。だとしたら、やはり(1)「適応度」と(2)「遺伝子」の様相に基づく自由意志理解もまた、厳密には、p-自由への提言にもならないと言わなければならない。そうした自由理解は、リベットの議論に比して、構成上、「自由度」の概念の導入を受け入れる態勢になっているとはいえ、「自由」という問題、「自由」という語法に対しては、まだ真には届いていないと、そう私には思われるのである。

しかしでは、生命科学的なアプローチから「自由」の問題に向かうという議論の立て方は全面的に不毛なのだろうか。ここでそう断言することには、強い躊躇を感じる。以上の議論で私が問題にしたことの核心は、生命現象に基づいて「自由」を論じるときには、「自由」にまつわる規範性が落とされてしまうという懸念であった。けれども、ひるがえって、果たして「規範性」とはなんなのだろうか。しかも、私が目指している「規範性」は、自由度のような「不確実性」込みの規範性である。それはどのようなものなのか。そうした規範性の像を明瞭に描くために、しかもそのもとで自由度を測定するために、かなり本質的な意味で、生命現象的な事実を取り入れる必要が実際上出てくるのではないか。実のところ、たとえば犯罪概念の規定のなかに生物が事実として感じる痛みの感覚についての知見が本質的に入り込んでいることは間違いない。だとしたら、事実／規範という対比を振りかざして議論を一刀両断することは不適切なのではないか。

事実／規範という対比は成り立たず、どちらか一方だけが必要だとか、どちらか一方に還元されてしまうとか、そうしたことを言いたいのではない。事実と規範という区別が明確な場面は世界に充満している。制限時速六〇キロ以内となっている道路で、時速八〇キロで走っている車があったからといって、それによって直ちに制限時速が変更されてしまうことはないだろう。事実と規範の区別はある。その意味で、以上に論じた私の議論の核となる論点は生きると思う。けれども、たとえば「陶器」と「職位」の区別のように、そもそも全面的に範疇を異にするというような仕方で、事実と規範は区分されているかというと、そうとは言えないように感じられるのである。ここでは、Ｊ・Ｓ・ミル以来の、「望まれている」(desired) と「望ましい」(desirable) との関係についての問題、そしてそれに対する「自然主義的誤謬」(naturalistic fallacy) の議論など、哲学的なエピソードが想起されてくる。しかし、私が指摘したいのは、事実と規範という区別が厳として存在することは確かだとしても、両者を区分ける境界線は必ずしも明瞭ではないのではないか、という疑念なのである。独裁政治の形態では、独裁者が事実として行ったことがそのまま規範となってしまうようなこともある。しかし、そうした場合でも、人々の反発があって、独裁者の専断が非難される場合もあるかもしれない。そうしたことが示唆するように、事実／規範という対比は、ある種のゆらぎのもとにあると言うべきなのではないか。自由の度合いという不確実性に対して、さらにこうした事実／規範の対比それ自体にまつわる高階の不確実性にも考慮を払わなければならないのではないか。こうした深部にまで届くような反省を促してくれること、これこそが、生命科学的なアプローチからの自由理解が胚胎している滋味なのだと言ってよいだろう。

かくして、章題「自由は生命現象か」にはこう答えられる。確かに自由は生命現象であるという側面を持つ、しかし、そうした側面は、つねに自由に宿る規範性を考慮しながら探究されなければならない、と。ことの本質は、生命現象にもまとわりついている、不確実性にある。そのリアリティを正面から見据えること、それが私たちには求められている。本書は、そうした要請への一つの応答の試みなのであった。

あとがき

未来の希望は、不確実性に浸りきることによって開かれる、と私は「序」で記した。本書を読み終えて、果たしてこのような希望の道筋が少しでも開けただろうか。おそらく、本書から立ち上がる視界を次のようにまとめることはできるだろう。認識や評価を、真か偽、善か悪のような二者択一の形でばっさりと論じるのではなく、どの「程度」の、という程度説的な視点をいつも考慮して、肌理の細かい分析を心がけること、それは面倒なことではあるけれども、結局は問題を丁寧にそして公平に扱うことにつながるはずだ、と。事柄が説得的かどうか、満足できるかどうか、というのはのどが渇いているときに水を飲むことに象徴させることができる。コップ四分の一の水を飲むのと、コップ丸々いっぱいの水を飲むのと、渇きが癒される度合いが違うはずである。もちろん、渇きが癒されるのは一時的なことで、また再び渇きが訪れるだろう。私たちの知識や評価にも同じことが当てはまる。正しいかどうか、是認できるかどうか、それは「どれくらい」という程度を許容するし、そして事態に応じて可変的でもある。こうした機微を拾い出し洗い出すことが、リアリティに素直に対峙することになるのではなかろうか。「ファジー機能」を開発し、「無常」の世界観に慣れ親しんでいる日本人にとって、本書が描き出す方向性は決して奇異には映らないであろうことを願う。そして私は、こうした見方は一定の希望をもたらすと感じているのである。たとえば、国の借金が過大であることを、それを一気に帳消しにすることと対照させるならば、はじめから絶望的になる。けれども、一年ごとに、まず借金のかさむ度合いを少なくしていき、やがて借金を新たにしなくてもよいところまで持っていき、そうしてちょっとでも返済できる状況を見据えていく、というように段階を一つずつクリアしていこうと考えるならば、少しは希望が見えてきそうではないか。楽観にすぎない、と言われるかもしれない。しかし、楽観的眺望をもたらすということは、希望というものの一部をなすのではないか。私は、「不確実性のリアリズム」がこんな風に適用され、希望へと結びつくことを期待しているのである。こうした希望への筋道が、本書によってどこまで見通されたか。それはもう、読者の皆さんのご判断にゆだねるしかない。

本書は、拙著『原因と理由の迷宮』(勁草書房、二〇〇六年)の議論の延長線上で、「不確実性」についてさらに考え続けながら、そのつど発表してきた論考に基づいている。それらを大幅に改訂し、思考の糸を紡ぎ直し結び合わせることによって、一冊の本としての本書が成立してきた。各章のもととなった論考の初出情報を掲げておく。

第1章

「自然主義的認識論のゆらぎ——制度と曖昧性をめぐる考察」(『自然主義と反自然主義』哲学雑誌第一二〇巻七九二号、哲学会、有斐閣、二〇〇五年一〇月、一—二八頁)

第2章

「ベイジアン・ネットとシンプソンのパラドックス——「確率的因果」についての一つの覚え書

き」(『哲学研究論集』第三号、東京大学大学院人文社会系研究科哲学研究室、二〇〇六年五月、一―二二頁)

第3章

「生命現象における決定性と偶然性――遺伝子決定論から自然選択/遺伝的浮動の対比まで」(『哲学研究論集』第五号、東京大学大学院人文社会系研究科哲学研究室、二〇〇八年一〇月、一―六四頁)

第4章

「境界線事例に対する「真理値グラット」アプローチ」(『哲学研究論集』第四号、東京大学大学院人文社会系研究科哲学研究室、二〇〇七年九月、一―二二頁)

「曖昧性のメタフィジックス」(岩波講座哲学第二巻『形而上学の現在』、岩波書店、二〇〇八年八月、一八七―二一二頁)

第5章

「生命現象に基づく「自由」理解についての一考察」(『哲学研究論集』第六号、東京大学大学院人文社会系研究科哲学研究室、二〇一〇年三月、一―二七頁)

本書が成るまでに、多くの方々の恩恵を受けた。私は、各章の内容に対応する発表をいろいろな機会に行い、さまざまな反応をいただき、それが本書をまとめるに際しての原動力になったからである。とりわけ、出口康夫氏、狩野裕氏、唐沢かおり氏、Huw Price 氏、Helen Beebee 氏、Alexander Bird

氏、中山康雄氏には、貴重なご助言やコメントをいただいた。記して感謝申し上げたい。また、私は、本書の執筆中、英国 Oxford 大学にて the 2010 Uehiro Lecturer を務め、本書の内容の一部を含めて連続講義をかの地にて行った。そこで、Julian Savulescu 氏からいただいた多くの貴重なご意見は大変有益であった。ここに深く感謝の意を表したい。そして、本書が成立に至ったのは、なによりも岩波書店の編集者であられる(であった)中川和夫氏のおかげである。私はたまたま本書執筆中に、もう一つの著書『死の所有』(東京大学出版会、二〇一一年)の執筆も並行して行うという巡り合わせになってしまった。その状況からして、中川氏の見事に頃合いを見計らった執筆への励ましがなかったならば、このような形で本書を刊行することは到底叶わなかったことは間違いない。書物は編集者によって生まれてくる、という因果関係をつくづく実感したものである。中川氏に心よりお礼を申し上げる次第である。

最後に私事ながら、私のまったく彩りのない生活に明るさをもたらし、執筆を側面から助けてくれている、妻りつ子、愛犬しずか、愛猫みや、に感謝したい。

本書が哲学に関心を抱く人々の胸に少しでも届くことを願いつつ。

二〇一一年一月　土浦にて

一ノ瀬正樹

ライプニッツの哲学　増補改訂版
—論理と言語を中心に—
石黒ひで
A5判二九四頁
定価七六六五円

現代哲学の戦略
—反自然主義のもう一つ別の可能性—
門脇俊介
四六判二七〇頁
定価一九四〇円

経験論と心の哲学
W・セラーズ
浜野研三訳
四六判二六二頁
定価三〇四五円

ジェイムズの多元的宇宙論
伊藤邦武
四六判二八二頁
定価三三六〇円

パースの宇宙論
伊藤邦武
四六判二六二頁
定価一九四〇円

〈双書　哲学塾〉
なぜ意識は実在しないのか
永井均
B6判変型一六八頁
定価一四七〇円

岩波書店刊
定価は消費税5%込です
2011年3月現在

一ノ瀬正樹
1957年，茨城県土浦市に生まれる．1988年，東京大学大学院人文科学研究科博士課程（哲学専攻）単位取得．
現在，東京大学大学院人文社会系研究科教授，博士（文学）．
主要著訳書
『人格知識論の生成――ジョン・ロックの瞬間』（東京大学出版会，1997年，和辻哲郎文化賞および中村元賞受賞）
『原因と結果の迷宮』（勁草書房，2001年）
『原因と理由の迷宮――「なぜならば」の哲学』（勁草書房，2006年）
『功利主義と分析哲学――経験論哲学入門』（放送大学教育振興会，2010年）
『死の所有――死刑・殺人・動物利用に向きあう哲学』（東京大学出版会，2011年）
Philosophy of Uncertainty and Medical Decisions. Bulletin of Death and Life Studies. vol. 2.（共著，21st Century COE Program DALS. Graduate School of Humanities and Sociology. The University of Tokyo. 2006）
D. ヒューム『人間知性研究』（共訳，法政大学出版局，2004年）

確率と曖昧性の哲学

2011年3月29日　第1刷発行

著　者　一ノ瀬正樹《いちのせまさき》

発行者　山口昭男

発行所　株式会社 岩波書店
〒101-8002 東京都千代田区一ツ橋2-5-5
電話案内 03-5210-4000
http://www.iwanami.co.jp/

印刷・三陽社　カバー・半七印刷　製本・牧製本

ISBN 978-4-00-025805-0　　Printed in Japan

事項・人名索引

ア 行

カ 行

サ 行

タ 行

ナ　行

ハ　行

マ 行

ヤ 行

ラ・ワ 行

文献表

阿部謹也 2005.　『阿部謹也自伝』新潮社.

Ariew, A. 1998.　'Are Probabilities Necessary For Evolutionary Explanations ?'. *Biology and Philosophy* 13 : 245-253.

Bayes, T. 1764.　*An Essay towards Solving a Problem in the Doctrine of Chances.* Quoted from *Bayes's Theorem,* 2002, ed. R. Swinburne, Oxford University Press, 117-149.

Beall, JC. 2004.　'Introduction : At the Intersection of Truth and Falasity'. In *The Law of Non-Contradiction : New Philosophical Essays,* eds. G. Priest, JC. Beall, and B. Armour-Garb, Oxford University Press, 1-19.

Beatty, J. 1984.　'Chance and Natural Selection'. *Philosophy of Science* 51 : 183-211.

Boyd, R. N. 1999.　'Homeostasis, Species, and Higher Taxa'. In *Species : New Interdisciplinary Essays,* 1999, ed. R. A. Wilson, The MIT Press.

Brandon, R. N. 1990.　*Adaptation and Environment.* Princeton University Press.

———— 2005.　'The Difference Between Selection and Drift : A Reply to Millstein'. *Biology and Philosophy* 20 : 153-170.

Brandon, R. N. and Ramsey, G. 2007.　'What's Wrong with the Emergenist Statistical Interpretation of Natural Selection and Random Drift ?'. In *The Cambridge Companion to The Philosophy of Biology,* eds. D. H. Hull and M. Ruse, Cambridge University Press, 66-84..

Broome, J. 1984.　'Indefiniteness in identity'. *Analysis* 44 : 6-12.

Buller, D. J. 2007.　'Varieties of Evolutionary Psychology'. In *The Cambridge Companion to The Philosophy of Biology,* eds. D. H. Hull and M. Ruse, Cambridge University Press. 255-274.

Cartwright, N. 2003.　'What Is Wrong with Bayes Nets ?'. In *Probability Is the Very Guide of Life,* 2003, eds. H. E. Kyburg and M. Thalos, Open Court, 253-275.

Chapman, G. B. and Elstein, A. S. 2000.　'Cognitive Processes and Biases in Medical Decision Making'. In *Decision Making in Health Care,* eds. G. B. Chapman and F. A. Sonnenberg, Cambridge University Press. 183-210.

Cohen, M. R. and Nagel, E. 1934. *An Introduction to Logic and Scientific Method.* Harcourt, Brace and Co.

Daly, M. and Wilson, M. 1988. *Homicide,* Aldine de Gruyter.(邦訳『人が人を殺すとき』長谷川眞理子・長谷川寿一訳, 新思索社, 1999 年).

Darwin, C. 2006. On the Origin of Species. In *From So Simple A Beginning,* ed. E. O. Wilson, W. W. Norton & Company. 441-760.

Dennett, D. C. 2003. *Freedom Evolves.* Penguin Books.(邦訳『自由は進化する』山形浩生訳, NTT 出版, 2005 年).

Dummett, M. 1959. 'Truth'. Quoted from Dummett, M. 1978, *Truth and Other Enigmas,* Harvard University Press.

Edgington, D. 1992. 'Validity, uncertainty and vagueness'. *Analysis* 52 : 193-204.

——— 1995. 'The logic of uncertainty'. *Critica* 27 : 27-54.

——— 1996. 'Vagueness by degrees'. In Keefe & Smith 1996, 294-316.

Eells, E. 1991. *Probabilistic Causality.* Cambridge University Press.

Endler, J. A. 1986. *Natural Selection in the Wild.* Princeton University Press.

Evans, G. 1978. 'Can there be vague objects ?'. *Analysis* 38 : 208.

Feldman, R. 2001. 'Naturalized Epistemology'. *Stanford Encyclopedia of Philosophy,* ed. E. N. Zalta. http://plato.stanford.edu/entries/epistemology-naturalized/

ファインマン, R. P.・ワインバーグ, S. 1990. 『素粒子と物理法則』小林澈郎訳, 培風館.

Field, H. 2008. *Saving Truth From Paradox.* Oxford University Press.

Fine, K. 1975. 'Vagueness, truth and logic'. *Synthese* 30 : 265-300.

Flew, A.(editorial consultant) 1979. *A Dictionary of Philosophy.* Pan Books.

Francione, G. L. 2008. *Animals as Persons.* Columbia University Press.

Frankfurt, H. G. 1986. 'Alternative Possibilities and Moral Responsibility'. In *Moral Responsibility,* ed. J. M. Fisher, Cornell University Press.

福島章 2005. 『犯罪精神医学入門』中公新書.

Garrett, B. 1991. 'Vague Identity and Vague Objects'. *Noûs* 25 : 341-351.

Geach, P. 1980. *Reference and Generality.* 3rd ed., Cornell University Press.

Gillies, D. 1987. 'Was Bayes a Bayesian ?'. *Historia Mathematica* 14 : 325-346.

——— 2002. 'Causality, Propensity, and Bayesian Networks'. *Synthese* 132 : 63-88.

Glymour, C. 1980. *Theory and Evidence.* Princeton University Press.
Grim, P. 2004. 'What is a Contradiction?'. Quoted from Priest, Beall, and Armour-Grab 2004.
Haack, S. 1993. *Evidence and Inquiry: Towards Reconstruction in Epistemology.* Blackwell.
Hájek, A. 2001. 'Probability, Logic, and Probability Logic'. In *Philosophical Logic*, ed. L. Goble, Blackwell, 362-384.
———2003. 'Conditional Probability Is the Very Guide of Life'. In *Probability Is the Very Guide of Life*, 2003, eds. H. E. Kyburg and M. Thalos, Open Court, 183-203.
Hartl, D. L. and Clark, A. G. 2007. *Principles of Population Genetics.* Fourth Edition. Sinauer Association, Inc. Publishers.
長谷川晃 1991. 『権利・価値・共同体』弘文堂.
平野龍一 1966. 『刑法の基礎』東京大学出版会.
広田すみれ・増田真也・坂上貴之 2002. 『心理学が描くリスクの世界』慶應義塾大学出版会.
Hitchcock, C. 2002. 'Probabilistic causation'. In *The Stanford Encyclopedia of Philosophy (Fall)*, ed. E. N. Zalta. http://plato.stanford.edu/entries/causation-probabilistic/
Hodge, M. J. S. 1987. 'Natural Selection as a Causal, Empirical, and Probabilistic Theory'. In *The Probabilistic Revolution Vol. 2: Ideas in the Sciences*, eds. L. Krüger, G. Gigerenzer, and M. S. Morgan, The MIT Press.
Horan, B. 1994. 'The Statistical Character of Evolutionary Theory'. *Philosophy of Science* 61: 76-95.
堀内捷三 1987. 「責任論の課題」, 芝原邦爾・堀内捷三・町野朔・西田典之編『刑法理論の現代的展開　総論 II』所収, 日本評論社, 171-202 頁.
Howson, C. and Urbach, P. 1993. *Scientific Reasoning.* Second Edition, Open Court.
Hubbard, R. and Wald, E. 1999. *Exploring the Gene Myth.* Beacon Press. (邦訳『遺伝子万能神話をぶっとばせ』佐藤雅彦訳, 東京書籍, 2000 年).
Hughes, G. E. and Cresswell, M. J. 1968. *An Introduction to Modal Logic.* Methuen.
Hume, D. 1999. *An Enquiry concerning Human Understanding.* edited by Tom. L. Beauchamp, Oxford University Press. (邦訳『人間知性研究　付：人間本性

論摘要』斎藤繁雄・一ノ瀬正樹訳，法政大学出版局，2004 年).

Hyde, D. 1997. 'From Heaps and Gaps to Heaps of Gluts'. *Mind* 106 : 641-660.

———2004. 'Sorites Paradox', *Stanford Encyclopedia of Philosophy*, ed. E. N. Zalta. http://plato.stanford.edu/entries/sorites-paradox/

一ノ瀬正樹 1994. 「原因と結果の概念——責任概念への帰還」，河本秀夫・一ノ瀬正樹編『真理への反逆——知識と行為の哲学』所収，富士書店，1994 年，56-98 頁.

———1997. 『人格知識論の生成——ジョン・ロックの瞬間』東京大学出版会.

———1999. 「音楽化された認識論に向けて」，河本英夫・佐藤康邦編『感覚—世界の境界線』所収，白菁社，165-199 頁.

———2000. 「「観念」再考——経験論の源泉へ」，渡邊二郎監修『西洋哲学史の再構築に向けて』所収，昭和堂，278-338 頁.

———2001. 『原因と結果の迷宮』勁草書房.

———2002. 「偶然性」『事典 哲学の木』講談社，279-281 頁.

———2004. 「ウイリアムソン哲学の知識第一説——認識説・反明輝性・証拠的条件づけ」『哲学研究論集』第 1 号，東京大学大学院人文社会系研究科哲学研究室，1-17 頁.

———2005. 「自由・偶然・必然——ヒューム因果論が遭遇する暗黒」，中才敏郎編『ヒューム読本』所収，法政大学出版局，61-85 頁.

———2006. 『原因と理由の迷宮——「なぜならば」の哲学』勁草書房.

———2008. 「加害と被害をめぐる生死の境界」，高橋都・一ノ瀬正樹編『医と法をめぐる生死の境界』所収，東京大学出版会，145-164 頁.

———2010. 『功利主義と分析哲学——経験論哲学入門』日本放送出版協会.

———2011. 『死の所有——死刑・殺人・動物利用に向きあう哲学』東京大学出版会.

Ichinose, M. 2004. 'A Note on Abortion and the Sorites Paradox'. *The Journal of Applied Ethics and Philosophy*, vol. 2. Department of Philosophy, Graduate School of Humanities and Sociology, The University of Tokyo, 1-9.

———2006. 'Bayesianism, Medical Decisions, and Responsibility'. In *Philosophy of Uncertainty and Medical Decisions*, Bulletin of Death and Life Studies, vol. 2, the 21st Century COE Program DALS, Graduate School of Humanities and Sociology, The University of Tokyo, 15-42.

———2009. 'Hume's Determinism Undetermined'. a paper read in the Lectures of Distinguished Scholar organised by Seoul National University BK21 Group for Philosophical Education and Research at Seoul, South Korea.
———2010. 'Counterfactuals and Degrees of Truth'. *Philosophical Studies* XXVIII, Department of Philosophy, Graduate School of Humanities and Sociology, The University of Tokyo, 2010, 1-8.
石黒ひで 1984. 『ライプニッツの哲学』岩波書店.
Jaskowski, S. 1969. 'Propositional Calculus for Contradictory Deductive Systems'. *Studia Logica* 24 : 143-157.
Jeffrey, R. 1983a. 'Bayesianism with a human face'. Quoted from R. Jeffrey, 1992. *Probability and the Art of Judgment*, Cambridge University Press. 77-107.
———1983b. *The Logic of Decision*, Second edition, University of Chicago Press.
狩野裕 2002. 「構造方程式モデリング，因果推論，そして非正規性」，甘利俊一・狩野裕・佐藤俊哉・松山裕・竹内啓・石黒真木夫共著『多変量解析の展開——隠れた構造と因果を推論する』所収，岩波書店，65-129 頁.
加藤尚武 1999. 『脳死・クローン・遺伝子治療』PHP 新書.
Keefe, R. 2000. *Theories of Vagueness*. Cambridge University Press.
Keefe, R. and Smith, P. eds. 1996. *Vagueness : A Reader*. The MIT Press.
木村資生 1988. 『生物進化を考える』岩波新書.
Kitcher, P. 1993. 'Four Ways of "Biologicizing" Ethics'. In *Evolution und Ethik*, ed. K. Bayertz, Reclam. Quoted from *Conceptual Issues in Evolutionary Biology*, Second Edition, 1994, ed. E. Sober, The MIT Press, 439-450.
Knobe, J. 2008. 'The Concept of Intentional Action : A Case Study in the Uses of Folk Psychology'. In *Experimental Philosophy*, ed. J. Knobe and S. Nichols, Oxford University Press.
小島寛之 2005. 『使える！ 確率的思考』ちくま新書.
近藤智彦 2008. 「脳神経科学からの自由意志論——リベットの実験から」，信原幸弘・原塑編『脳神経倫理学の展望』所収，勁草書房，229-254 頁.
Leibniz, G. W. 1966. *Nouveaux essais sur l'entendement humain*. chronologie et introduction par J. Branschwig. Garnier-Flammarion.
Lewis, D. 1986. 'A Subjectivist's Guide to Objective Chance'. In *Philosophical Papers, Volume II*, Oxford University Press, 83-132.
———1986. 'Probabilities of Conditionals and Conditional Probabilities', In

Philosophical Papers, vol. II, Oxford University Press, 133-156.

———1988. 'Vague Identity : Evans misunderstood'. *Analysis* 48 : 128-30. Quoted from Keefe & Smith 1996, 318-320.

———1993. 'Many, but almost one'. Quoted from Lewis, D., 1999, *Papers in Metaphysics and Epistemology*, Cambridge University Press, 164-182.

Libet, B. 1999. 'De We Have Free Will ?'. *Journal of Consciousness Studies*, 6, No. 8-9, 47-57.

———2004. *Mind Time : The Temporal Factor in Consciousness*. Harvard University Press.(邦訳『マインド・タイム——脳と意識の時間』下條信輔訳，岩波書店，2005年).

Locke, J. 1960. *Two Treatises of Government*. ed. P. Laslett, Cambridge University Press.

———1975. *An Essay concerning Human Understanding*, ed. P. H. Nidditch, Oxford University Press.

Loewer, B. 2001. 'Determinism and Chance'. *Studies in History and Philosophy of Modern Physics* 32 : 609-620.

Lombroso, C. 2006. *Criminal Man*. translated and with a new introduction by M. Gibson and N. H. Rafter. Duke University Press.

ローレンツ，コンラート . 1970. 『攻撃——悪の自然誌』日高敏隆・久保和彦訳，みすず書房.

Lowe, E. J. 1994. 'Vague Identity and Quantum Indeterminacy'. *Analysis* 54 : 110-14.

Machina, K. F. 1976. 'Truth, belief and vagueness'. Quoted from Keefe & Smith 1996, 174-203.

Malinas, G. 2003. 'Simpson's Paradox : A Logically Benign, Empirically Treacherous Hydra'. In *Probability Is the Very Guide of Life*, 2003, eds. H. E. Kyburg and M. Thalos, Open Court, 165-182.

Malinas, G. and Bigelow, J. 2004. 'Simpson's Paradox'. In *The Stanford Encyclopedia of Philosophy*(*Spring*), ed. E. N. Zalta. http://plato.stanford.edu/archives/spr2004/entries/paradox-simpson/

Mayr, E. 1970. *Populations, Species, and Evolution*. The Belknap Press of Harvard University Press.

McCullagh, C. B. 1984. *Justifying Historical Descriptions*. Cambridge University Press.

Mele, A. 2006. *Free Will and Luck.* Oxford University Press.

Millstein, R. 2002. 'Are Random Drift and Natural Selection Conceptually Distinct?'. *Biology and Philosophy* 17 : 33-53.

———2003. 'Interpretations of Ptrobability in Evolutionary Theory'. *Philosophy of Science* 70 : 1317-1328.

森元良太 2007. 「決定論と確率概念」『生物の科学・遺伝』別冊 No. 20, (株)エヌ・ティー・エス，146-150 頁.

中島信之 2006. 『あいまいさの系譜』三恵社.

Nelkin, D. and Lindee, M. S. 2004. *The DNA Mystique.* University of Michigan Press.(邦訳『DNA 伝説』工藤政司訳，紀伊國屋書店，1997 年).

Noonan, H. 1982. 'Vague Objects'. *Analysis* 42 : 3-6.

Parsons, T. and Woodruff, P. 1995. 'Worldly indeterminacy of identity'. *Proceedings of the Aristotelian Society* 95 : 171-91. Quoted from Keefe & Smith 1996.

Pearl, J. 1988. *Probabilistic Reasoning in Intelligent Systems.* Revised Second Edition. Morgan Kaufmann Publishers.

Popper, K. 1982. *Quantum Theory and the Schism in Physics.* Routledge.(邦訳『量子論と物理学の分裂』小河原誠・蔭山泰之・篠崎研二訳，岩波書店，2003 年).

Priest, G. 1986. 'Contradiction, belief and rationality'. *Proceedings of the Aristotelian Society* 86 : 99-116.

———1998. 'What's So Bad About Contradictions?'. Quoted from Priest, Beall, and Armour-Grab 2004.

———2001. *An Introduction to Non-Classical Logic.* Cambridge University Press.

Priest, G., Beall, JC., and Armour-Garb, B. eds. 2004. *The Law of Non-Contradiction : New Philosophical Essays.* Oxford University Press.

Priest, G. and Tanaka, K. 2004. 'Paraconsistent Logic'. *Stanford Encyclopedia of Philosophy*, ed. E. N. Zalta. http://plato.stanford.edu/entries/logic-paraconsistent/

Quine W. V. 1969. 'Epistemology Naturalized'. In *Ontological Relativity and Other Essays.* Columbia University Press, 69-90.

Ramsey, F. P. 1990. *Philosophical Papers.* ed. D. H. Mellor, Cambridge University Press.

Reichenbach, H. 1991. *The Direction of Time*. University of California Press.

Rosenberg, A. 1994. *Instrumental Biology or the Disunity of Science*. The University of Chicago Press.

———2001. 'Discussion Note : Indeterminism, Probability, and Randomness in Evolutionary Theory'. *Philosophy of Science* 68 : 536-544.

Ruse, M. 2003. *Darwin and Design : Does evolution have a purpose ?*. Harvard University Press.（邦訳『ダーウィンとデザイン――進化に目的はあるのか？』佐倉統・土明文・矢島壮平訳，共立出版，2008 年）.

Sainsbury, R. M. 1984. 'What is a vague object ?'. *Analysis* 49 : 99-103.

———1990. *Concepts without boundaries*, an Inaugural Lecture at King's College London. Quoted from Keefe & Smith 1996, 251-264.

佐藤直樹 1995. 『〈責任〉のゆくえ』青弓社.

Schaffer, J. 2007. 'Deterministic Chance ?'. *British Journal for the Philosophy of Science* 58 : 113-140.

Searle, J. 1969. *Speech Acts*. Cambridge University Press.（邦訳『言語行為』坂本百大・土屋俊訳，勁草書房，1986 年）.

Simpson, E. H. 1951. 'The interpretation of interaction in contingency tables'. *Journal of the Royal Statistical Society*, Series B, 13 : 238-241.

Slobogin, C. 2007. *Proving the Unprovable*. Oxford University Press.

Sober, E. 1984. *The Nature of Selection*. The University of Chicago Press.

———1988a. 'Apportioning Causal Responsibility'. *The Journal of Philosophy* 85 : 303-318.

———1988b. 'What is Evolutionary Altruism ?'. *Canadian Journal of Philosophy*, suppl. vol. 14 : 75-99. Quoted from *The Philosophy of Biology*, eds. D. L. Hull and M. Ruse, 1998, Oxford University Press, 459-478.

———2000. *Philosophy of Biology*. Second Edition. Westview.（邦訳『進化論の射程』松本俊吉・網谷祐一・森元良太訳，春秋社，2009 年）.

Spirtes, P., Glymour, C., and Scheines, R. 2000. *Causation, Prediction, and Search*. The MIT Press.

Stigler, S. M. 1982. 'Thomas Bayes' Bayesian Inference', *Journal of the Royal Statistical Society*, Series A, 145 : 250-258.

———1999. 'John Craig and the Probability of History'. In *Statistics on the Table*. Harvard University Press, 252-273.

Strawson, G. 2008. 'The Impossibility of Ultimate Moral Responsibility'. In

Real Materialism, Oxford University Press. 319-331.

Suppes, P. 1970. *A Probabilistic Theory of Causality*. North-Holland Publishing Company.

Swinburne, R. 2002. 'Introduction'. In *Bayes's Theorem*, 2002, ed. R. Swinburne, Oxford University Press, 1-20.

高橋陽一郎 2008. 「現代確率論の常識」『科学』Vol. 78, No. 4, 岩波書店, 398-406 頁.

高柳信一 1973. 「近代国家における基本的人権」, 東京大学社会科学研究所編『基本的人権 1 総論』所収, 東京大学出版会, 3-132 頁.

丹治信春 1997. 『クワイン——ホーリズムの哲学』講談社.

Taylor, R. 1992. *Metaphysics*. fourth edition. Prentice-Hall, Inc.

戸田山和久 2002. 『知識の哲学』産業図書.

東京大学生命科学教科書編集委員会 2007. 『理系総合のための生命科学』羊土社.

———2008. 『文系のための生命科学』羊土社.

Tversky, C. R. and Kahneman, D. 1974. 'Judgment under uncertainty : Heuritics and biases'. *Science* 185 : 1124-1131.

Tye, M. 1990. 'Vague Objects'. *Mind* 99 : 535-557.

Unger, P. 1979. 'There are no ordinary things'. *Syntheses* 41 : 117-154.

———1980. 'The problem of the many'. In *Midwest Studies in Philosophy, vol. 5*, eds. P. A. French, T. E. Uehling, and H. K. Wettstein. University of Minnesota Press, 411-469.

Van Fraassen, B. C. 1968. 'Presuppositions, implication, and self-reference'. *Journal of Philosophy* 65 : 136-152.

———1991. *Quantum Mechanics : An Empiricist View*. Oxford University Press.

Whitehead, A. N. 1985. *Science and the Modern World*. Free Association Books.

Williamson, J. 2005. *Bayesian Nets and Causality*. Oxford University Press.

Williamson, T. 1994. *Vagueness*. Routledge.

———2000. *Knowledge and its Limits*. Oxford University Press.

Wittgenstein, L. 1963. *Philosophical Investigations*. translated by G. E. M. Anscombe, Basil Blackwell.

Wrenn, C. B. 2003. 'Naturalistic Epistemology'. *The Internet Encyclopedia of Philosophy*, http://www.iep.utm.edu/n/nat-epis.htm

Wright, C. 1975. 'On the coherence of vague predicates'. *Synthese* 30 : 325-365.
矢野善郎 2008. 「社会学と進化心理学との距離」『創文』No. 507, 創文社, 18-22 頁.
Yatabe, S. and Inaoka, H. 2006. 'On Evans's vague Object from Set Theoretic Viewpoint'. *Journal of Philosophical Logic* 35 : 423-434.
Yolton, J. W. 1993. *A Locke Dictionary*. Blackwell.
吉満昭宏 2010. 「曖昧性と因果性――一ノ瀬正樹著『原因と理由の迷宮』(2006 年・勁草書房)について」『科学哲学』43-2, 日本科学哲学会, 95-109 頁.